SÔSEKI

La Porte

Roman traduit du japonais
par Corinne Atlan

Éditions
Philippe Picquier

DU MEME AUTEUR

AUX ÉDITIONS PHILIPPE PICQUIER

Petits contes de printemps,
Sanshirô,
Les Herbes du chemin
Choses dont je me souviens
Haikus

Titre original : *Mon*

Mas de Vert
132100 Arles

Conception graphique : Phicquier & Protière

ISBN : 978-2-8097-0876-9
ISSN : 1251-6007

1

Sôsuke avait commencé par apporter un coussin sur la véranda pour s'installer dans un coin bien ensoleillé, jambes croisées en tailleur, une revue dans les mains, mais il n'avait pas tardé à abandonner celle-ci et à s'affaler par terre. Par cette magnifique journée d'automne, on entendait résonner distinctement le bruit des socques de bois des passants à travers les rues de ce quartier paisible. Appuyé sur un coude, Sôsuke regardait au-delà de l'avancée du toit la belle étendue de ciel d'un bleu limpide, un ciel vraiment immense, comparé aux dimensions exiguës de la véranda où il était allongé. Tout en se disant que cela le changeait vraiment d'être là à regarder tranquillement le ciel en ce dimanche exceptionnel, il fixa un moment le disque éblouissant du soleil en fronçant les sourcils, puis, aveuglé, roula sur lui-même pour se tourner cette fois face aux cloisons de papier donnant sur la pièce où se tenait sa femme, occupée à coudre.

— Il fait beau, hein ? lança-t-il, mais il n'obtint qu'un « hmm » en réponse. Lui non plus ne devait pas avoir tellement envie de parler, car il retomba dans le silence jusqu'à ce que sa femme lui dise :

— Tu devrais aller faire une petite promenade.

Ce fut à son tour de répondre par un grognement laconique.

Quelques instants plus tard, la jeune femme approcha son visage de la partie vitrée des cloisons pour jeter un coup d'œil à son époux, qu'elle put voir couché sur la véranda dans une étrange position : genoux repliés, recroquevillé comme une langouste, sa tête brune serrée dans ses deux mains croisées par-derrière, le visage entièrement caché par les coudes.

— Tu vas t'enrhumer, à dormir dans un endroit pareil, lui fit-elle remarquer.

Elle avait ce ton particulier propre aux étudiantes modernes, qui rappelle l'accent de Tôkyô sans l'être tout à fait.

Entre ses coudes, Sôsuke ouvrit tout grands des yeux clignotants, et répondit :

— Ça va, ça va, je ne dors pas.

Puis tout retomba dans le silence. Des sonnettes de pousse-pousse aux roues caoutchoutées résonnèrent deux ou trois fois en passant dans la rue, le chant d'un coq annonça l'heure dans le lointain. Sôsuke s'abandonnait à la douce sensation des rayons de soleil qui chauffaient sa peau en pénétrant sous sa chemise, et prêtait une oreille distraite aux bruits du dehors, quand, tout à coup, il parut se rappeler quelque chose et appela sa femme à travers les cloisons :

— Dis donc, Oyone, comment s'écrit le caractère *kin* de *kinrai*[1], déjà ?

---

1. Le caractère *kin* qui signifie « proche » (*kinrai* : « récent »), et peut également se prononcer « ô » comme dans *ômi* (nom d'une province), est un idéogramme de base. La question de Sôsuke revient donc à demander l'orthographe d'un mot extrêmement facile à écrire.

Sa femme ne sembla pas étonnée outre mesure et répondit, sans même émettre ce gloussement nerveux caractéristique des jeunes femmes :

— C'est le même que le *ô* de *ômi*, non ?

— Mais je ne sais pas écrire le *ô* de *ômi*, justement.

Oyone fit glisser à moitié les cloisons et passa à travers l'ouverture une longue règle du bout de laquelle elle traça le caractère *kin* sur le sol de la véranda.

— C'est comme ça, non ? dit-elle simplement, le bout de la règle arrêté sur le trait final du caractère, avant de s'absorber dans la contemplation du ciel limpide.

Sôsuke fit, sans même la regarder :

— Ah, c'était donc bien ça !

Il n'avait pas l'air de plaisanter, car il ne souriait pas le moins du monde. Sa femme, elle, semblait avoir complètement oublié l'existence du caractère *kin*.

— Vraiment, quel beau temps ! fit-elle, se parlant à demi à elle-même, puis elle retourna à sa couture en laissant les cloisons entrouvertes.

Sôsuke releva un peu sa tête serrée entre ses coudes, et dit en la regardant pour la première fois :

— C'est quand même curieux, ces caractères !

— Pourquoi ?

— Pourquoi ? Eh bien, parce que, si on commence à hésiter et à avoir des doutes sur la façon d'en écrire un, même le plus facile, on finit par ne plus s'y retrouver. Tiens, l'autre jour, j'ai vraiment hésité avant d'écrire « bonjour ». J'ai écrit le premier caractère comme il fallait sur une feuille de papier mais, après ça, à force de le regarder, j'avais l'impression de m'être trompé quelque part. Et plus je le regardais, moins ça me paraissait être le « bon » de « bonjour ». Ça ne t'est jamais arrivé, ce genre d'expérience ?

— Jamais de la vie !

— Il n'y a que moi alors ? fit Sôsuke en posant une main sur sa tête.

— Il y a quelque chose qui cloche chez toi, voilà tout.

— C'est peut-être parce que je suis neurasthénique ?

— C'est sûrement ça, fit Oyone en regardant son mari.

Celui-ci finit par se lever.

Il enjamba d'un bond la boîte à couture et les fils épars, poussa les cloisons coulissantes de la salle à manger et se retrouva dans le salon. Le côté sud était bouché par le vestibule, et les cloisons du fond produisirent sur ses pupilles, après cette longue exposition au soleil, une impression d'intense fraîcheur. Ces cloisons donnaient sur un haut talus escarpé qui paraissait menacer le toit et se dressait dès les abords de la véranda, obstruant le passage aux rayons du soleil qui auraient dû éclairer la maison dès le matin. Des herbes poussaient sur le talus, dont aucun revêtement de pierre ne venait renforcer la base, si bien qu'on pouvait craindre de le voir s'écrouler à tout moment. Curieusement, cela n'était encore jamais arrivé, ce qui avait sans doute incité le propriétaire à laisser les choses en l'état depuis fort longtemps. Cette butte était à l'origine couverte de taillis de bambous, et quand on l'avait défrichée, seules les racines étaient restées enfouies dans la terre sans être retournées, ce qui rendait le terrain beaucoup plus résistant qu'on ne pouvait s'y attendre : c'est du moins ce qu'était venu leur expliquer un jour, exprès, à la porte de service, le vieux marchand de quatre-saisons qui habitait le quartier depuis vingt ans. Sôsuke avait répondu à cela en lui demandant si, du fait de ces racines, on ne risquait pas de voir repousser ces bambous et se former de nouveaux taillis.

— Pas si simple que quelque chose repousse, quand un terrain a été aussi bien défriché ! avait répondu le vieillard. Mais cette butte-là, elle tiendra bon, vous n'êtes pas près de la voir s'écrouler !

Et il était reparti, après avoir plaidé cette cause avec autant d'ardeur que s'il était personnellement concerné.

Même les teintes automnales n'avaient aucune prise sur la butte. Les herbes sauvages, toujours vertes, perdaient simplement leur parfum, et continuaient à former des broussailles désordonnées. Les plantes gracieuses telles que les graminées ou la vigne vierge brillaient par leur absence. En revanche se dressaient à mi-pente, vestiges du passé, deux plants de bambou chinois, ainsi que trois autres au sommet. Ceux-là seulement jaunissaient un peu et quand le soleil éclairait leurs tiges, on pouvait, en passant la tête sous l'avancée du toit, voir un semblant de chaudes teintes automnales colorer le haut du talus. Sôsuke, qui partait tôt le matin et ne rentrait qu'après quatre heures, n'avait guère le loisir de contempler ce sommet à l'époque où les journées raccourcissent. En prenant de l'eau dans le pot à eau, au moment où il sortait des cabinets tout sombres, il leva machinalement les yeux vers le jardin et repensa à cette histoire de bambous. Les touffes de petites feuilles rassemblées en haut des tiges ressemblaient tout à fait à des têtes de bonzes : pas un frémissement dans ces feuilles alourdies qui pendaient vers le sol, complètement immobiles, ivres du soleil d'automne.

Sôsuke referma les cloisons, retourna au salon et s'assit devant la table. Cette pièce était dénommée salon parce qu'on y recevait les visiteurs mais, en réalité, l'appellation de bureau ou encore de salle de séjour aurait été plus appropriée. Comme il y avait un *tokonoma*[1] sur le côté nord, on y avait suspendu, pour lui donner une raison d'être, un étrange rouleau de peinture sur soie, devant lequel était disposée une composition florale maladroite, dans les tons rouge-brun. Sur les piliers de traverse dépourvus de tout tableau ou ornement brillaient seulement deux clous de cuivre. A part cela, il y avait une bibliothèque à porte vitrée, qui ne contenait d'ailleurs rien de remarquable.

Sôsuke ouvrit le tiroir à ferrures argentées de la table, se mit à chercher quelque chose à l'intérieur avec ardeur, mais ne parut rien trouver et le referma bientôt d'un coup sec. Puis il souleva le couvercle de son écritoire et commença à rédiger une lettre. Quand il l'eut terminée, il la cacheta puis réfléchit un moment.

— Dis donc, la maison des Saeki, c'est à quel numéro de Nakarokubanchô ? demanda-t-il à sa femme à travers les cloisons de papier le séparant de la pièce voisine.

— 25, je crois, répondit-elle, ajoutant, quand Sôsuke eut fini d'écrire l'adresse : Tu sais, une lettre, ça n'ira pas. Tu dois y aller et leur parler.

— Que ça aille ou non, je vais déjà l'envoyer. Et si ça ne suffit pas, je me déplacerai, trancha Sôsuke. Puis, comme sa femme ne répondait pas : Hein, ça ira, non ? insista-t-il.

N'osant sans doute pas dire le contraire, elle ne discuta pas davantage. Sôsuke, son courrier à la main, passa directement du salon au vestibule. Sa femme, qui avait entendu le bruit de ses pas, le rejoignit dans l'entrée en faisant le tour par la véranda le long de la salle à manger.

---

1. Renfoncement destiné à recevoir des objets décoratifs (peinture, fleurs).

— Je vais faire un tour, dit-il.

— Bonne promenade ! répondit-elle en souriant légèrement.

Environ une demi-heure plus tard, la porte grillagée de l'entrée s'ouvrit brusquement. Oyone interrompit à nouveau son ouvrage et alla jusqu'à l'entrée en longeant la véranda, pensant voir arriver Sôsuke, mais à la place de celui-ci elle y trouva son frère cadet Koroku, coiffé de la casquette des élèves du cycle supérieur du lycée.

— Quelle chaleur, fit-il en déboutonnant son long manteau de drap noir, d'où dépassait de quelques centimètres seulement le bord de son large pantalon traditionnel.

— Evidemment, avec tout ça ! Je me demande pourquoi tu sors avec un manteau aussi épais par un beau temps pareil.

— Eh bien, j'ai pensé qu'il ferait froid après le coucher du soleil, dit Koroku, à moitié pour se justifier, en suivant sa belle-sœur jusqu'à la salle à manger où il aperçut le kimono qu'elle était en train de coudre.

— Vous êtes toujours aussi active ! fit-il remarquer en s'asseyant devant le brasero.

Sa belle-sœur posa son ouvrage dans un coin, puis vint à côté de lui, enleva la bouilloire de dessus le brasero et commença à allumer le charbon de bois.

— Si c'est pour m'offrir du thé, ce n'est pas la peine, dit Koroku.

— Tu n'en veux pas ? insista-t-elle, avec son accent typique d'étudiante. Des gâteaux, alors ? ajouta-t-elle en riant.

— Il y en a ?

— Ah non ! il n'y en a pas, répondit-elle franchement avant d'ajouter comme si elle venait de se le rappeler : Si, attends, j'en ai peut-être.

Tout en parlant, elle s'était levée et avait enlevé le seau à charbon placé à côté d'une petite armoire dont elle fit coulisser la porte. Koroku regardait la silhouette de sa belle-sœur vue de dos, avec le nœud de son obi [1] qui faisait une bosse sous la veste courte qu'elle portait par-dessus le kimono. Comme les recherches avaient l'air de se prolonger :

— Laissons tomber les gâteaux, dit-il. Dites-moi plutôt où est mon frère aujourd'hui.

— Ton frère... Eh bien, il vient de... répondit Oyone sans se retourner, en continuant à farfouiller dans la petite armoire. Finalement elle referma la porte d'un coup sec.

— Ça ne va pas, ça. Ton frère a dû tous les manger je ne sais trop quand.

Elle revint se mettre près du brasero.

— Faites-moi quelque chose de bon à dîner ce soir, alors.

— C'était bien mon intention, répondit-elle en regardant l'horloge murale, qui marquait déjà près de quatre heures. Quatre heures, cinq heures, six heures, comptat-elle, pendant que Koroku la regardait en silence.

En réalité il n'était pas très intéressé par ce bon dîner en perspective. Il finit par demander :

— Dites, est-ce qu'il est allé voir les Saeki ?

— Ça, pour dire qu'il va y aller, il le dit. Mais tu sais bien, il part le matin et ne rentre que le soir, et quand il rentre il est tellement épuisé que, rien que pour aller aux bains, c'est toute une histoire. Alors ça m'ennuierait de le relancer en plus pour ça.

— C'est sûr qu'il est très occupé, mais moi je n'arrive même plus à travailler normalement, tellement je me

1. Large ceinture nouée par-derrière qui forme une grosse coque au dos du kimono.

fais de souci à cause de cette affaire qui n'est toujours pas réglée.

Tout en parlant, Koroku avait pris les pincettes de cuivre du brasero et griffonnait rageusement dans les cendres du brasero. Oyone avait les yeux fixés sur le bout des pincettes.

— C'est pour ça, je te dis, qu'il vient de leur envoyer une lettre, dit-elle pour le consoler.

— Pour leur dire quoi ?

— Je ne l'ai pas lue mais c'est sûr, c'est pour leur parler de cette affaire. Tu n'as qu'à lui demander quand il rentrera tout à l'heure, tu verras.

— S'il leur a vraiment écrit, ça ne peut être que pour ça, c'est sûr.

— Il leur a écrit, je t'assure, et il vient même de sortir avec cette lettre à la main pour la poster.

Koroku n'avait pas envie de prêter plus longtemps l'oreille aux paroles, moitié de consolation, moitié d'excuses, de sa belle-sœur. Il se disait que si son frère avait le temps d'aller se promener, il pouvait tout aussi bien se rendre en personne chez les Saeki au lieu de leur écrire, et que cela aurait mieux valu. Cette idée ne faisait qu'augmenter sa mauvaise humeur. Il passa au salon, prit dans la bibliothèque un livre occidental à la couverture rouge et se mit à le feuilleter.

2

Sôsuke, parfaitement ignorant de tout cela, était allé jusqu'au coin de la rue et avait acheté au bureau de tabac un timbre et un paquet de cigarettes Shikishima, puis était tout de même allé immédiatement poster la lettre, mais une humeur légèrement vagabonde le retint de rentrer aussitôt par le même chemin et il se mit à flâner au hasard des rues, la fumée de sa cigarette flottant dans le soleil d'automne. En chemin l'envie lui vint de marcher suffisamment loin pour se graver dans la tête une impression plus nette de la réalité de cette ville appelée Tôkyô et pouvoir ensuite rentrer se coucher avec ces images en souvenir de son dimanche. Cela faisait des années que le seul air qu'il respirait était celui de Tôkyô, il avait même l'habitude de traverser deux fois par jour les quartiers les plus animés, dans le tramway qu'il empruntait tous les jours pour aller au bureau et en revenir, mais il n'avait jamais pris pleinement conscience pendant toutes ces années que c'était lui-même qui traversait ces rues animées et il faisait toujours ce voyage comme s'il planait dans le haut ciel, tant il était absorbé de corps comme d'esprit. Complètement sous l'emprise de ses préoccupations journalières, il n'avait jamais prêté attention à ce qui l'entourait, et quand revenait son jour de congé hebdomadaire, unique occasion pour lui de goûter un peu de calme et de tranquillité, son rythme de vie habituel semblait fondre à nouveau sur lui avec une angoissante rapidité. Il arrivait invariablement à la conclusion que, tout en vivant à Tôkyô, il n'avait encore jamais eu l'occasion de voir à quoi ressemblait cette ville, et en éprouvait chaque fois un étrange sentiment de tristesse.

Dans ces cas-là, il partait toujours faire un tour en ville, comme sur un coup de tête, et si en plus il avait un peu d'argent sur lui, l'envie lui prenait de l'employer, pour une fois, à faire la fête. Cependant sa tristesse ne devait pas être assez intense pour le précipiter tête baissée dans la réalisation de ce projet, et avant même de commencer à le mettre à exécution, cela lui paraissait absurde et il y renonçait. Sans compter qu'étant donné sa situation, son portefeuille n'était généralement pas assez garni pour laisser place aux actions inconsidérées, si bien qu'il lui paraissait finalement plus simple de s'en retourner chez lui en flânant, les mains dans les poches, plutôt que de s'embarquer dans une aventure. C'est ainsi que Sôsuke finissait par compenser plus ou moins sa tristesse jusqu'au dimanche suivant par le biais d'une simple promenade ou de la visite d'un quartier commerçant.

Ce jour-là aussi, donc, il monta par défi dans un tramway, où il se trouva bien plus à l'aise que d'habitude, car les passagers étaient peu nombreux bien que ce fût un dimanche ensoleillé. Tous arboraient des physionomies paisibles et paraissaient calmes et posés. En s'asseyant, Sôsuke songea au contraste que cela produisait avec son propre sort, lui qui prenait chaque matin à heure fixe la direction du quartier des affaires de Marunouchi, au milieu de la bousculade, pour s'emparer le premier d'une place. Vraiment, quel sinistre spectacle que celui de ses compagnons de voyage dans ces tramways aux heures de pointe ! Agrippé aux courroies de cuir, ou bien assis sur les banquettes de velours, jamais il n'avait été témoin de la moindre manifestation de courtoisie élémentaire. Il n'en espérait d'ailleurs pas tant et se contentait de voyager avec eux, automate parmi les automates, genoux serrés les uns contre les autres, épaules alignées, jusqu'à l'arrêt où il se levait sans prévenir pour descendre. Pour l'heure, une vieille dame assise devant lui parlait à l'oreille de sa petite-fille, âgée d'une huitaine d'années, et leur voisine qui les observait, une dame d'une trentaine d'années aux allures de femme de commerçant, trouvant l'enfant mignonne, s'était mise à lui demander quel âge elle avait, comment elle s'appelait, etc. Sôsuke, témoin de ce spectacle, se croyait momentanément transporté dans un autre monde.

Au-dessus de sa tête, tout le long des parois, étaient accrochés des panneaux de réclames. D'ordinaire, Sôsuke n'y prêtait aucune attention. Il lut machinalement la première : c'était l'affiche d'une société de transports annonçant : « Déménagements sans soucis ». Sur la deuxième, trois lignes se succédaient : « Si vous êtes économe – Si vous êtes attentif à l'hygiène – Si vous voulez prévenir les incendies », suivies de l'inscription : « Utilisez la cuisinière à gaz ! » On y avait même joint une illustration représentant une cuisinière d'où sortait une flamme. La troisième affiche proclamait en lettres blanches sur fond rouge : « *Les Neiges d'antan*, une œuvre du célèbre écrivain russe, le comte Tolstoï, actuellement au théâtre Kotatsu ».

Sôsuke relut soigneusement trois fois de suite ces réclames pendant une dizaine de minutes. Il n'avait pas spécialement l'intention d'aller voir la pièce, ni d'acheter quoi que ce soit, mais cela lui procurait une intense satisfaction de prendre son temps pour lire une à une ces réclames, bien les imprimer dans son cerveau, et en comprendre clairement le sens. Sa vie était tellement dépourvue de calme et de loisir en dehors de ces sorties dominicales que ce petit détail lui paraissait un luxe inouï et l'emplissait de fierté.

Il descendit à Surugadaï. Il remarqua tout de suite un beau livre occidental exposé dans une vitrine du côté droit de la rue. Il s'arrêta un long moment devant la vitrine pour contempler les lettres dorées imprimées en creux sur les motifs rayés rouge et bleu de la couverture. Il avait beau comprendre le sens du titre étalé sous ses yeux, cela ne suscitait absolument pas en lui la curiosité de prendre l'ouvrage en main pour le feuilleter. Avoir envie d'entrer dans une librairie en passant devant, et, une fois dedans, éprouver l'envie d'acheter quelque chose, tout cela lui paraissait appartenir à une vie ancienne, aujourd'hui révolue. Tout ce que la vue de cet ouvrage, *History of Gambling* (« Histoire du jeu »), exposé au beau milieu de la vitrine avec sa superbe reliure, avait éveillé en lui était un fugitif attrait de la nouveauté.

Sôsuke eut un léger sourire, puis traversa rapidement la chaussée encombrée, pour regarder cette fois une vitrine d'horloger. Plusieurs montres et chaînes en or y étaient exposées, mais là encore, seuls leurs formes et leurs coloris magnifiques se reflétèrent dans ses pupilles, sans aller jusqu'à susciter en lui le désir d'en acheter une. Suivant sa manie, il lut les prix sur les étiquettes attachées par des cordonnets de soie et compara les marchandises. Le prix peu élevé des montres en or véritable le surprit.

Il s'arrêta aussi un moment devant le magasin de parapluies. Dans une boutique d'accessoires européens, son regard fut attiré par des cravates, à côté de chapeaux de soie. Comme elles étaient de bien meilleure qualité que celle qu'il avait l'habitude de porter tous les jours, il faillit entrer dans le magasin pour demander le prix mais se ravisa, trouvant ridicule de vouloir changer de cravate du jour au lendemain, et, répugnant brusquement à ouvrir son porte-monnaie, il passa son chemin. Il resta aussi longtemps devant les vitrines de marchands de tissus et retint un grand nombre d'appellations de crêpe japonais et d'étoffes artisanales restée jusqu'alors inconnues de lui. Il s'attarda indéfiniment devant un magasin à l'enseigne « Aux nouveautés de Kyôto », à contempler les demi-cols pour femmes finement brodés, placé si près de la vitrine que le bord de son chapeau la touchait. Certains de ces cols, de qualité supérieure, auraient été fort seyants à sa femme, et il eut l'espace d'un instant l'idée de lui en rapporter un, aussitôt suivie par la réflexion que ce geste aurait mieux convenu cinq ou six ans plus tôt, ce qui l'amena à effacer immédiatement de son esprit cette inhabituelle velléité d'attention aimable. Il s'éloigna de la vitrine avec un sourire amer et se remit à marcher, sans prêter aucune attention aux passants ni aux étalages pendant une cinquantaine de mètres, en proie à un sentiment de dépression.

Quand il regarda enfin autour de lui, son attention fut sollicitée par une grande librairie au coin de la rue, à l'entrée de laquelle des réclames en gros caractères vantaient les nouvelles parutions. Il y avait des affiches collées sur un panneau en échelle long et étroit, d'autres étaient appliquées directement en couleurs sur une planche peinte, comme les motifs d'un tableau. Sôsuke les lut une à une. Il avait déjà vu dans les publicités des journaux certains noms d'auteurs ou les titres de leurs œuvres, d'autres lui étaient totalement inconnus.

Dans un coin à l'ombre à l'angle de ce magasin, un homme d'une trentaine d'années coiffé d'un chapeau melon, assis à son aise en tailleur par terre, gonflait de gros ballons de caoutchouc, aux cris de : « Messieurs mesdames ! De quoi amuser vos enfants ! » En gonflant, le ballon prenait la forme d'un *daruma*[1] et Sôsuke resta en admiration devant les yeux et la bouche tracés à l'encre de Chine aux endroits voulus. De plus, quand on soufflait une seule fois dedans, il continuait à gonfler indéfiniment, et qu'on le pose sur le bout d'un doigt ou sur la paume de la main, il se remettait toujours en équilibre sur son derrière. Pour le dégonfler d'un coup, il suffisait de lui enfoncer dans le derrière un petit bout de bois comme un cure-dents.

De nombreux passants traversaient ce coin de rue en se hâtant, mais aucun ne prenait la peine de s'arrêter pour regarder. L'homme au chapeau melon, assis dans un coin de rue ombragé au beau milieu de cette agitation, continuait, l'air parfaitement indifférent à tout ce qui se passait autour de lui, à gonfler ses *daruma* en criant : « Messieurs mesdames ! De quoi amuser vos enfants ! » Sôsuke en acheta un pour un sou et demi, se le fit dégonfler et le mit dans son kimono. Il avait envie de se faire couper les cheveux, chez un coiffeur chic, mais où en trouver un ? Le jour arriva à sa fin avant qu'il ait pu en dénicher un, et il reprit le tramway pour rentrer chez lui.

---

1. Daruma ou Bodhidarma est le fondateur du bouddhisme zen. D'après la tradition, ce saint restait indéfiniment en prière sans dormir : les poupées porte-bonheur de forme ronde qui le représentent se relèvent automatiquement quand on les renverse, et on en peint généralement soi-même les yeux.

Quand Sôsuke, arrivé au terminus, tendit son billet au conducteur, le ciel avait déjà perdu toute sa luminosité et l'obscurité commençait à étendre son ombre sur les rues humides. Au moment de descendre, en se tenant à la barre de fer du tramway, il fut saisi par le froid. Tous les gens descendus en même temps que lui se dispersèrent d'un pas pressé, comme appelés par quelque événement. Des deux côtés de la rue, une buée blanchâtre s'élevant des toits des maisons semblait glisser sur les auvents pour venir se dissiper dans l'atmosphère. Sôsuke accéléra lui aussi l'allure, en direction d'une avenue plantée d'arbres. A la pensée que ce beau dimanche tranquille et ensoleillé était déjà terminé, une vague tristesse l'étreignit, un sentiment de la précarité des choses. Puis, en songeant que dès le lendemain il lui faudrait reprendre comme d'habitude le rythme infernal du travail, il se prit à regretter cette agréable demi-journée, et la perspective des six jours et demi d'activités sans âme qui allaient suivre lui parut encore plus insupportable que d'ordinaire. Tandis qu'il marchait, seules flottaient devant ses yeux les images d'une vaste pièce mal exposée au soleil, aux fenêtres chiches, les visages de ses collègues assis à côté de lui, et l'expression de son chef de bureau quand il lui disait : « Dites voir, monsieur Nonaka... »

Il dépassa la poissonnerie « Au roi de la mer », tourna dans la venelle qui menait à la haute butte. De part et d'autre de celle-ci s'alignaient quatre ou cinq maisons de construction identique destinées à la location. Jusqu'à récemment, il y avait eu sur ce terrain, derrière une haie de cèdres clairsemés, une maison vétuste sans doute habitée par le dernier serviteur d'une grande famille, mais un nommé Sakai, qui habitait en haut de la butte, l'avait rachetée et s'était empressé de démolir cette masure au toit de chaume, de supprimer la haie de cèdres pour faire construire ces nouvelles maisons à la place. La maison de Sôsuke, la dernière à gauche tout au bout du chemin, était un peu sombre parce qu'elle se trouvait juste en dessous de la butte mais, d'un autre côté, c'était la plus éloignée de la rue, et c'était à cause de cette tranquillité qu'il l'avait choisie, après avoir pris l'avis de sa femme.

Sôsuke poussa en hâte la porte d'entrée grillagée, pensant, puisque se terminait déjà cet unique dimanche de la semaine, prendre rapidement un bain et profiter du temps qui lui resterait pour se faire couper les cheveux et dîner tranquillement. Un bruit de vaisselle lui parvint de la cuisine. En entrant, il marcha sans le vouloir sur les socques de bois que Koroku avait laissés là en se déchaussant. Il se baissait pour les remettre en place quand Koroku apparut. De la cuisine Oyone demanda :

— Qui est-ce ? C'est ton frère ?

Sôsuke passa dans le salon en disant : « Tiens ! Tu étais là ? » Depuis qu'il avait posté sa lettre, de sa promenade dans le quartier de Kanda jusqu'à son retour à la maison, pas une seule fois le nom de son frère ne lui était venu à l'esprit. La vue de Koroku éveilla en lui un sentiment désagréable, comme un remords. Il appela sa femme dans la cuisine.

— Oyone ! Oyone ! Koroku est là, prépare-lui quelque chose de bon à dîner.

Celle-ci avait surgi aussitôt de sa cuisine et se tenait sur le seuil du salon, laissant les cloisons ouvertes entre les deux pièces.

— Oui, tout de suite, se contenta-t-elle de répondre à cette recommandation superflue. Sur le point de repartir, elle se ravisa pour demander : Koroku, excuse-moi de te déranger, mais peux-tu fermer les volets du salon et allumer la lampe ? Kiyo et moi nous sommes occupées dans la cuisine.

— Bien, fit simplement Koroku en se levant.

Dans la cuisine, on entendait Kiyo hacher quelque chose, ainsi qu'un bruit d'eau coulant dans l'évier. « Madame, où est-ce que je mets ça ? » fit la voix de Kiyo. Puis celle de Koroku : « Oyone, où sont les ciseaux pour moucher la lampe ? » suivie d'un chuintement d'eau chaude débordant sur le feu.

Dans le salon tout sombre, Sôsuke, pensif, se chauffait les doigts au-dessus du brasero, seule la braise rouge émergeant des cendres éclairait la pièce. Juste à ce moment, derrière le talus, une des filles du propriétaire se mit à jouer du piano. Revenant à lui, Sôsuke se leva et sortit sur la véranda pour fermer les volets du salon. Au-dessus des bambous, se détachant en ombres noires sur le ciel, brillaient une ou deux étoiles. Derrière les bambous s'élevait le son du piano.

3

Quand Sôsuke et Koroku revinrent de l'établissement de bains, leurs serviettes à la main, les plats préparés par Oyone les attendaient, habilement arrangés sur une table basse carrée placée au milieu du salon. Dans le brasero brûlait une flamme plus drue que tout à l'heure, et la lampe éclairait brillamment la pièce.

Sôsuke approcha un coussin de la table pour s'installer confortablement et tendit serviette et savon à Oyone, qui demanda en les prenant :

— Le bain était bon ?

Ce à quoi Sôsuke répondit par un grognement, mais cette façon de faire semblait due, plutôt qu'à de la grossièreté pure et simple, à cette sensation de relâchement cérébral consécutive à un bain brûlant.

— C'était très agréable, dit Koroku en regardant Oyone, pour se mettre au diapason.

— Mais ce qu'il peut y avoir comme monde, c'est infernal ! fit Sôsuke d'un air las, en appuyant les coudes au bord de la table.

Sôsuke allait toujours au bain en rentrant du bureau, à cette heure du crépuscule précédant le repas du soir qui est toujours celle de la plus grande affluence. Cela faisait bien deux ou trois mois qu'il n'avait pu observer la couleur de l'eau à la lumière du jour. En soi, cela n'aurait pas été bien grave si cet inconvénient ne l'avait en outre incité à laisser passer trois ou quatre jours sans fouler le parquet de l'établissement de bains. Il projetait toujours de se lever tôt le dimanche et de commencer la journée en faisant un plongeon dans un bain tout propre, mais quand le dimanche arrivait, il se rappelait que c'était son unique occasion de faire la grasse matinée, et laissait s'écouler les heures en se prélassant au fond de son lit, la force de l'inertie le poussant chaque fois à renoncer à ce projet, somme toute bien compliqué, pour le reporter au dimanche suivant.

— J'aimerais bien pouvoir aller me baigner le matin, dit Sôsuke.

— Tu dis ça, mais chaque fois que tu aurais l'occasion d'y aller, tu préfères faire la grasse matinée, répondit sa femme pour le taquiner.

Koroku, de son côté, était intimement persuadé que son frère avait ce défaut de naissance. Bien que lui-même fût étudiant, il n'arrivait pas à comprendre l'importance démesurée que son frère attachait à ses dimanches. Après six jours de travail à l'effet déprimant, Sôsuke n'avait que cette unique journée pour le réconforter un peu, mais il mettait tellement d'espoir dans ces simples vingt-quatre heures, et voulait réaliser tellement de projets à la fois qu'il n'avait guère de chances d'en mettre plus de deux ou trois sur dix à exécution. Et de plus, quand il s'avisait de les mener à bien, il se mettait à regretter le temps qu'il allait y passer, et restait finalement là sans bouger, les bras croisés, tandis que les heures s'écoulaient, et sa journée du dimanche avec. C'était sa situation qui obligeait Sôsuke, dans l'intérêt même de sa tranquillité d'esprit, de sa santé et de ses distractions, à économiser à ce point ses efforts, et s'il ne faisait rien pour l'affaire de Koroku, ce n'est pas qu'il ne voulait pas s'en occuper mais parce qu'il n'avait plus la capacité mentale de le faire. Et c'était cela que Koroku trouvait inadmissible. Il considérait son frère comme un égoïste qui n'en faisait qu'à sa tête, passait ses loisirs à flâner et à s'amuser avec sa femme, au lieu d'essayer de faire quelque chose pour l'aider, et ne lui portait, au fond, qu'une affection superficielle.

En réalité, Koroku n'avait commencé à voir les choses ainsi que depuis peu de temps et, pour être exact, cela remontait aux débuts des négociations avec les Saeki. Avec toute l'impétuosité de la jeunesse, Koroku s'était persuadé qu'avec l'appui de son frère les choses seraient réglées du jour au lendemain, mais contrairement à son attente, et à sa grande déception, celui-ci avait hésité indéfiniment avant d'agir, et ne s'était même pas donné la peine d'aller voir les Saeki.

Mais ce jour-là, quand il avait retrouvé son frère après avoir attendu son retour, son chaleureux accueil fraternel sans le moindre échange de banales formules de politesse lui avait fait remettre à plus tard ce qu'il voulait lui dire, et c'est calmement et en toute confiance qu'ils avaient discuté en prenant leur bain ensemble.

Les deux frères s'étaient donc mis à table dans une atmosphère détendue et Oyone avait pris place sans façon à l'un des coins de la table. Sôsuke et Koroku vidèrent chacun deux ou trois tasses de saké, et Sôsuke dit en riant avant de commencer à manger :

— Ah, j'ai quelque chose d'amusant à vous montrer !

Il sortit de son kimono le ballon qu'il avait acheté, et le gonfla. Puis il le posa sur le couvercle d'un bol et leur en expliqua les particularités. Amusés, Koroku et

Oyone regardaient osciller le ballon. Finalement, Koroku le fit tomber de la table en soufflant dessus mais le *daruma* ne se renversa pas.

— Regardez ça ! fit Sôsuke.

Oyone eut un éclat de rire bien féminin. Elle souleva le couvercle de la marmite de riz, dit en se tournant vers Koroku, comme si elle cherchait à excuser son mari :

— Quel insouciant, ton frère, hein ?

Sôsuke lui prit le bol de riz des mains et se mit à manger, sans un mot pour se défendre. Koroku prit lui aussi ses baguettes.

Le *daruma* n'occupa pas davantage la conversation, mais tous trois gardèrent jusqu'à la fin du repas ce même ton d'innocente cordialité. Finalement, Koroku changea l'ambiance en lançant :

— A propos, c'est affreux ce qui est arrivé au prince Itô !

Cinq ou six jours plus tôt, Sôsuke, qui venait de lire l'édition spéciale annonçant l'assassinat du prince Itô, s'était précipité dans la cuisine où s'activait Oyone pour lui dire : « Dis donc, quelle histoire ! Itô s'est fait assassiner ! » avant de retourner dans son bureau en laissant le journal étalé sur le tablier de sa femme. D'après le ton qu'il avait employé, la nouvelle le laissait plutôt froid.

— A la façon dont tu dis ça, il n'y a pas de quoi en faire un plat ! lui avait fait remarquer Oyone en plaisantant.

Dans les jours qui avaient suivi l'affaire, les quotidiens avaient publié pas moins de cinq ou six articles chacun, mais tout cela semblait laisser Sôsuke indifférent au point qu'on pouvait se demander s'il y jetait seulement les yeux. Quand il rentrait le soir, Oyone lui demandait parfois, en lui servant le dîner, s'il y avait du nouveau au sujet de l'affaire Itô, et il répondait quelque chose comme : « Oui, pas mal ! » si bien qu'elle ne pouvait pas se tenir au courant, à moins de retirer de la poche de son mari le journal du matin qui y était plié pour lire ensuite elle-même l'article du jour. Le prince Itô était simplement un moyen d'amorcer la conversation avec son mari à son retour du travail, mais s'il se montrait peu disert, elle n'avait pas non plus envie de lui tirer les vers du nez. En fin de compte, entre le moment où était parue la nouvelle et le soir où Koroku en avait parlé, cette affaire qui était une véritable catastrophe nationale n'avait présenté pour eux deux strictement aucun intérêt.

— Mais comment a-t-on pu l'assassiner ? fit Oyone, posant à Koroku la même question qu'à Sôsuke le jour ou il lui avait montré l'édition spéciale.

— A coups de revolver, pan ! pan ! répondit naïvement Koroku.

— Je veux dire, pourquoi est-ce qu'on l'a tué ?

Comme la physionomie de Koroku exprimait une ignorance totale des détails de l'affaire, Sôsuke répondit calmement :

— Ça, c'est le destin ! puis il avala une gorgée de thé avec délectation.

Cette réponse n'eut pas l'air de suffire à Oyone, qui demanda à nouveau :

— Oui, mais pourquoi avait-il besoin d'aller en Mandchourie ?

— C'est vrai, ça, fit Sôsuke, de l'air repu d'un homme à la panse bien pleine.

— Il paraît qu'il était en mission secrète en Russie, dit Koroku d'un air sérieux.

— Quand même, se faire assassiner, c'est déplaisant ! fit Oyone.

— Pour un pauvre type comme moi, c'est déplaisant mais pour le prince Itô, aller à Harbin et se faire assassiner, c'est encore ce qui pouvait lui arriver de mieux, répondit Sôsuke, exprimant pour la première fois une opinion intéressante.

— Ah bon ? Et pourquoi donc ?

— Parce que son assassinat va faire de lui un personnage historique. Imagine, s'il était mort simplement, ça ne ferait pas le même effet.

— Ah oui, tu as peut-être raison, fit Koroku, tant soit peu admiratif. Un moment après, il ajouta : En tout cas, la Mandchourie, Harbin, tout ça, ce sont des endroits plutôt agités. Je ne sais pas, moi, ça me paraîtrait dangereux d'aller là-bas...

— C'est qu'il y a toutes sortes de gens qui s'y retrouvent.

A cette réponse de son mari, Oyone fit une drôle de tête en le regardant. Sôsuke parut s'en apercevoir.

— Bon, tu ferais mieux de débarrasser la table, lui fit-il remarquer, avant de ramasser le *daruma* sur la natte pour le poser au bout de son index.

— C'est bizarre, je me demande comment ils ont fait pour réussir aussi bien ce ballon...

Kiyo vint de la cuisine pour enlever la table, avec les bols et les plats vides éparpillés dessus, Oyone passa dans la pièce voisine pour préparer à nouveau du thé, et les deux frères se retrouvèrent en tête à tête.

— Ah, c'est plus propre maintenant, fit Sôsuke. Vraiment, quand on a fini de manger, ça fait dégoûtant.

Son visage exprimait une absence totale de regret de la disparition de la table. Dans la cuisine, Kiyo riait de bon cœur.

— Qu'est-ce qu'il y a de si drôle, Kiyo ? fit la voix d'Oyone à travers les cloisons.

Kiyo se remit à pouffer. Silencieux, les deux frères prêtaient à demi l'oreille aux rires de la servante.

Oyone reparut au bout d'un moment, tenant à deux mains le plateau de thé et une assiette de gâteaux. D'une grande théière au décor de feuilles de glycine, elle versa dans des tasses grandes comme des bols un de ces thés du soir légers qui n'ont aucun effet sur l'estomac ni sur le cerveau.

— Mais qu'est-ce qu'elle a à rire comme ça ? demanda Sôsuke, les yeux fixés sur l'assiette de gâteaux plutôt que sur le visage de sa femme.

— C'est parce que tu as acheté ce jouet, et que ça a l'air de tellement t'amuser de le mettre au bout de ton doigt ! Pour un homme qui n'a pas d'enfant !

— Ah bon ? fit Sôsuke d'un ton léger, comme s'il ne faisait pas attention à ce qu'elle disait, mais il compléta sa phrase un instant plus tard, en parlant lentement comme pour goûter ses propres paroles, et en levant vers sa femme des yeux mouillés de larmes : Pourtant nous avons eu un enfant autrefois...

Oyone garda le silence. Un long moment plus tard, elle se tourna vers Koroku.

— Tu ne veux pas de gâteaux ?

— Si, si, je vais en prendre.

Mais elle s'était déjà levée sans écouter la réponse et était partie dans la salle à manger. Les deux frères se retrouvèrent seuls à nouveau.

Le quartier, à vingt minutes à pied du terminus de la ligne de tramway de Yamanote, était inhabituellement calme, bien qu'on fût à peine au commencement de la soirée. De temps en temps retentissait le bruit des fines planchettes de bois des socques d'un passant, et la fraîcheur de l'air nocturne se faisait davantage sentir. Sôsuke avait passé les mains dans les manches de son kimono.

— Les journées sont chaudes, mais le soir, le froid tombe tout d'un coup. Est-ce que vos dortoirs sont déjà chauffés à la vapeur ?

— Non, pas encore. Dans les écoles on ne met pas le chauffage tant qu'il ne fait pas vraiment froid.

— Ah bon ? Tu dois te geler, alors ?

— Oui, mais le froid, c'est vraiment le cadet de mes soucis !

Koroku hésita un peu après cette sortie, mais finalement il poursuivit résolument :

— Dis, où ça en est, cette histoire avec les Saeki ? Quand j'en ai parlé à Oyone tout à l'heure, elle m'a dit que tu avais envoyé une lettre aujourd'hui...

— Oui, c'est vrai. On devrait avoir une réponse d'ici deux ou trois jours, et après ça j'irai les voir, ou quelque chose comme ça.

Koroku observait sans se lasser le sang-froid de son frère. Cependant, Sôsuke n'avait ni un ton tranchant qui aurait pu l'exaspérer, ni un ton veule comme s'il cherchait à se protéger, aussi ne se sentait-il pas le courage d'engager une polémique, et il se contenta de bien établir la vérité :

— Alors, jusqu'à aujourd'hui, tu n'avais rien fait du tout ?

— Euh, oui, c'est vrai, et je m'en excuse. Je ne me suis décidé à écrire cette lettre qu'aujourd'hui. Vraiment, je n'y peux rien : je suis neurasthénique ces derniers temps, répondit son frère aîné avec franchise.

Koroku eut un sourire amer.

— Moi, si ça ne marche pas, je pense quitter l'école et partir pour la Corée ou la Mandchourie le plus tôt possible.

— La Mandchourie ou la Corée ? Ça ne serait pas un peu extrémiste ? Tu n'as pas dit tout à l'heure que les pays agités comme la Mandchourie ne te disaient rien ?

La discussion continua à tourner en rond, sans aboutir à rien de positif. Sôsuke finit par dire :

— Bon, ça va, pas la peine de t'inquiéter comme ça, tout va s'arranger ! De toute façon, je te préviendrai dès que j'aurai la réponse. On en reparlera à ce moment-là.

Ces paroles mirent un terme à leur entretien.

En jetant un coup d'œil dans la salle à manger en partant, Koroku aperçut Oyone assise les bras ballants à côté du brasero.

Il lui lança un « Au revoir ! » et elle finit par se lever et venir vers lui.

— Ah, tu t'en vas déjà ?

4

La réponse des Saeki, qui tourmentait tant Koroku, arriva comme prévu deux ou trois jours plus tard, mais elle était d'une extrême brièveté. Au lieu de la simple carte postale sur laquelle il aurait facilement tenu, le message, rédigé de la main de la tante, était soigneusement inséré dans une enveloppe portant un timbre à trois sous.

Sôsuke, de retour du bureau, avait péniblement enlevé son costume européen aux manches étroites pour enfiler son kimono, et s'était à peine installé devant le brasero qu'il aperçut, dépassant de quelques centimètres du tiroir, l'enveloppe placée là à dessein. Il but une gorgée du thé que lui avait versé Oyone, et l'ouvrit immédiatement.

— Ah, il paraît que Yasu est parti à Kôbe, commenta-t-il en la lisant.

— Quand donc ? demanda Oyone, qui était restée à genoux devant lui, sans changer de position depuis qu'elle lui avait versé le thé.

— Elle ne dit pas quand il est parti, mais il ne va pas tarder à revenir : elle annonce son retour prochain à Tôkyô.

— Son retour prochain... C'est bien le style de ta tante, ça.

Qu'il partageât ou non l'avis critique de sa femme, Sôsuke n'en montra rien. Repliant la lettre qu'il venait de lire, il la jeta loin de lui et caressa d'un air contrarié son menton rugueux, qu'il n'avait pas rasé depuis quatre ou cinq jours. Oyone ramassa immédiatement la lettre, mais la laissa sur ses genoux sans faire mine de la lire et demanda en regardant son mari :

— Et qu'a-t-elle l'intention de faire à ce « retour prochain » ?

— Eh bien, quand il sera rentré, elle parlera avec Yasunosuke et nous tiendra au courant.

— Retour prochain... c'est vague, hein ! Elle ne dit pas quand il rentrera ?

— Non.

Pour plus de sûreté, Oyone ouvrit pour la première fois la lettre posée sur ses genoux et la lut, puis elle la replia.

— L'enveloppe, s'il te plaît... fit-elle en tendant la main vers son mari.

Sôsuke lui passa l'enveloppe bleue coincée entre lui et le brasero. Oyone souffla dedans pour la gonfler et y insérer la lettre, puis elle se leva pour aller dans la cuisine.

Cette lettre disparut aussitôt des préoccupations de Sôsuke. Il se rappela qu'un de ses collègues de bureau lui avait dit le jour même avoir rencontré le maréchal anglais Kitchener près de Shimbashi, et il se dit que les héros de son espèce attiraient l'attention des foules, où qu'ils se trouvent dans le monde, mais c'était peut-être là une capacité qu'ils avaient de naissance. Quand il considérait son destin à lui, péniblement forgé à partir du passé, suivi d'un futur qu'il pouvait voir se dessiner sous ses yeux, et qu'il le comparait à celui d'un homme comme Kitchener, la différence entre eux était si énorme qu'il avait peine à admettre qu'ils étaient deux êtres humains tout à fait semblables.

En réfléchissant ainsi, Sôsuke ne cessait de fumer. Au-dehors, le vent, qui s'était mis à souffler depuis le début de la soirée, faisait un vacarme comme s'il était venu tout exprès de loin se jeter à l'assaut de la maison. Il tombait de temps à autre, mais ces intervalles de profond silence produisaient une impression de tristesse encore plus morne. Sôsuke, les bras croisés, pensa qu'approchait la saison où commencent à sonner les cloches annonçant les incendies.

Il alla à la cuisine, et y trouva sa femme qui avait activé le feu et faisait griller des tranches de poisson. Kiyo, penchée sur l'évier, passait des légumes marinés sous l'eau. Toutes deux étaient silencieuses, absorbées par leur besogne. Sôsuke laissa la cloison ouverte, écouta un moment grésiller le jus ou la graisse qui coulait des poissons, puis il referma la cloison sans un mot et retourna à sa place. Sa femme n'avait même pas détourné les yeux de ses pois-sons.

Après le dîner, quand tous deux se retrouvèrent face à face devant le brasero, Oyone reprit leur conversation précédente.

— C'est ennuyeux, cette histoire des Saeki.

— Bah, on n'y peut rien, il n'y a rien d'autre à faire que d'attendre le retour de Yasu de Kôbe.

— Ça ne serait pas mieux d'aller voir ta tante et de lui parler avant ?

— Peut-être... Bah, de toute façon ils vont bien finir par nous donner une réponse. Laissons tomber cette histoire pour l'instant, va.

— Koroku va être furieux, ça ne fait rien ? insista Oyone avec un petit sourire.

Avec un regard dédaigneux, Sôsuke piqua son cure-dents dans le col de son kimono.

Sôsuke laissa passer une journée avant de faire connaître par courrier à Koroku la réponse des Saeki. Il ajouta à la fin de sa lettre, selon son habitude, une vague formule dont le sens était que les choses allaient finir par s'arranger. Après quoi il se sentit soulagé pour un temps du fardeau de cette affaire. Il reprit ses allers et retours entre le bureau et la maison, avec le sentiment que le plus simple était pour l'instant de tout oublier, en attendant que les événements viennent le rattraper avec leur cortège d'embarras. Après son retour tardif, il se lançait rarement dans une entreprise aussi compliquée que de sortir à nouveau. Ils recevaient également peu de visites, et il leur arrivait d'envoyer Kiyo se coucher avant dix heures quand ils n'avaient plus besoin d'elle. Les deux époux se retrouvaient donc tous les soirs en face du brasero pour bavarder après le dîner, pendant environ une heure.

Leurs sujets de conversation étaient en rapport avec leur mode de vie. Ils n'évoquaient cependant jamais de pénibles problèmes de ménage, comme par exemple la note du marchand de riz à la fin du mois. Evidemment, ils ne parlaient pas non plus littérature ou romans, pas plus qu'ils n'échangeaient ces propos fleuris qui voltigent entre homme et femme, pareils à des éphémères. Ils n'étaient pas encore très vieux, mais ce temps-là était déjà passé pour eux, et le quotidien paraissait les rendre de plus en plus sobres. C'était sans doute leur manque commun de qualités brillantes qui avait rapproché dès le départ ces deux êtres des plus ordinaires, et les avait conduits à nouer des liens conjugaux fondés sur l'habitude.

En observant superficiellement les deux époux, on remarquait chez eux une forte tendance à l'insouciance, et leur attitude dans l'affaire de Koroku ne pouvait que confirmer ce jugement. Oyone, avec son sens pratique féminin, avait bien averti Sôsuke une ou deux fois.

— Tu ne crois pas que Yasu doit être rentré maintenant ? Tu devrais aller voir jusqu'à Banchô dimanche prochain.

— Hmm, je pourrais y aller... répondait Sôsuke, mais quand arrivait le dimanche en question, il feignait d'avoir tout oublié, et Oyone ne faisait pas non plus mine d'insister en le lui rappelant.

— Va donc faire un tour, lui disait-elle s'il faisait beau.

Et s'il pleuvait ou ventait :

— Heureusement que c'est dimanche !

La chance leur épargna une nouvelle visite de Koroku. Ce jeune homme avait une nature nerveuse et entêtée qui le poussait à aller jusqu'au bout de ses idées, et ressemblait fort à Sôsuke quand il était étudiant. Inversement, il pouvait changer d'avis tout aussi brusquement, et faire alors volte-face d'un air détaché, ayant complètement oublié ce qu'il avait pu dire la veille. Là encore, ils étaient bien frères, et Koroku était la réplique du Sôsuke d'autrefois. De plus, il avait l'esprit relativement clair et réfutait tout ce qui manquait de logique, soit en adaptant ses sentiments à la voix de la raison, soit en leur opposant la barrière du raisonnement. Une fois qu'il avait décidé du cours logique des choses, il vivait dans la fièvre si tout ne se réalisait pas suivant la logique qu'il avait prévue. Il était d'un tempérament relativement énergique et mettait dans ses actions toute l'ardeur de sa jeunesse.

Chaque fois que Sôsuke voyait son frère, il ne pouvait s'empêcher d'avoir l'impression de voir ressuscitée et agissant sous ses yeux sa propre personnalité de jadis. Il en ressentait tantôt de l'anxiété, tantôt de l'amertume. En de telles occasions, il lui arrivait de se demander, au fond de lui, si le ciel n'avait pas placé exprès Koroku devant lui pour lui rappeler le plus souvent possible le douloureux souvenir de sa conduite obstinée d'autrefois. Il en était réellement effrayé. La pensée que Koroku aussi était peut-être né pour être voué à un sort pareil au sien lui causait un énorme souci et, à certains moments, plus encore que du souci, de la tristesse.

Jusque-là, cependant, Sôsuke n'avait jamais fait à Koroku la moindre leçon, ni donné le moindre avertissement à propos de l'avenir. Son attitude envers son cadet était tout ce qu'il y a de plus ordinaire et de plus banal. Sa vie actuelle était d'une banalité inimaginable pour un homme possédant un passé comme le sien et, de la même façon, rien ne transparaissait dans son attitude vis-à-vis de son cadet de ce passé ni de ses expériences notoires d'aîné.

Deux autres garçons étaient nés entre Sôsuke et Koroku, mais ils étaient morts en bas âge, c'est pourquoi les deux frères avaient plus de dix ans de différence. De plus, certaines circonstances avaient amené Sôsuke à partir à Kyôto pour y poursuivre ses études supérieures, et il n'avait donc partagé l'existence de Koroku au quotidien que jusqu'aux douze ou treize ans de celui-ci. Sôsuke se rappelait très bien encore aujourd'hui le garnement entêté et indocile qu'était alors Koroku. Leur père vivait encore à cette époque, et comme la situation de la famille n'était pas mauvaise, on entretenait un tireur de pousse-pousse, logé dans les communs de la maison, et l'on vivait dans l'aisance.

Ce tireur de pousse-pousse avait un fils, de deux ou trois ans plus jeune que Koroku, qui était le compagnon de jeux habituel de celui-ci. Par un beau jour d'été ensoleillé, Sôsuke les avait observés tous deux, installés sous un grand plaqueminier, faisant la chasse aux cigales à l'aide d'un sachet de pâtisserie fixé au bout d'une longue perche. Sôsuke avait donné au petit garçon un vieux chapeau d'été de Koroku en lui disant : « Hé, Ken, tu vas attraper une insolation à rester tête nue au soleil, mets donc ça sur ta tête ! » mais Koroku, piqué au vif en voyant son frère offrir un objet lui appartenant sans lui demander son avis, avait immédiatement arraché le chapeau de paille à Ken, l'avait jeté à terre et piétiné jusqu'à ce qu'il soit complètement réduit en lambeaux. Sôsuke, pieds nus, avait sauté à bas de la véranda et bourré la tête de Koroku de coups de poing. Depuis ce jour, Koroku était toujours apparu à ses yeux comme un détestable petit garnement.

Au cours de sa deuxième année d'études, Sôsuke fut obligé de quitter l'université. Il ne pouvait pas non plus rentrer directement chez lui à Tôkyô. Il partit donc pour Hiroshima, où il passa la moitié d'une année, après quoi son père mourut. Sa mère était morte six ans plus tôt. Son père laissait une maîtresse d'environ vingt-cinq ans, et Koroku, qui avait seize ans à l'époque.

Prévenu par un télégramme des Saeki, Sôsuke revint donc à Tôkyô après une longue absence. Après les obsèques, il entreprit de mettre de l'ordre dans les affaires de la famille et s'aperçut alors avec surprise que la fortune de son père, contrairement à ce qu'il supposait, était très réduite, et ses dettes, qu'il croyait inexistantes, considérables. Il consulta son oncle Saeki à ce sujet et ils aboutirent à la conclusion que la seule solution était de vendre la maison. Il fut convenu que la concubine de son père serait congédiée moyennant une certaine somme d'argent en dédommagement, et que Koroku serait recueilli par son oncle qui se chargerait de lui quelque temps. Cependant il ne pouvait être question de trouver immédiatement un acquéreur pour la maison, aussi Sôsuke se vit-il obligé de recourir momentanément à l'aide de son oncle. L'oncle était un homme d'affaires qui avait mis la main dans toutes sortes d'entreprises qui, toutes, avaient échoué, autrement dit, c'était un spéculateur. A l'époque où Sôsuke se trouvait à Tôkyô, déjà, ce beau parleur avait maintes fois embobiné son père pour lui soutirer de l'argent. Le père de Sôsuke lui-même était peut-être intéressé, toujours est-il que les sommes d'argent qu'il avait ainsi placées dans les affaires de l'oncle Saeki n'étaient pas négligeables. Au moment de la mort de son père, la situation de fortune de l'oncle de Sôsuke était toujours la même qu'à l'origine, mais il avait des obligations envers le défunt, et comme il pouvait apparemment faire preuve d'une relative largesse si les circonstances l'exigeaient, il se chargea donc volontiers de clarifier les affaires de la famille. En échange, Sôsuke s'en remit entièrement à lui pour la vente de la propriété. Pour résumer, en rétribution du service que lui rendait une aide pécuniaire rapide, Sôsuke laissait son oncle disposer de sa maison et de son terrain.

« De toute façon, avait dit l'oncle, il faut bien choisir son acheteur avant de procéder à une vente pareille, sinon on y perd. »

Quant aux meubles, on ne conserva que les plus importants, et tout ce qui n'avait pas de valeur marchande fut vendu en bloc. L'oncle conseilla de mettre de côté cinq ou six rouleaux peints ainsi qu'une douzaine de bibelots pour prendre le temps de chercher des acheteurs sous peine de vendre à perte. Sôsuke se rangea à cet avis et le pria de prendre ces objets sous sa garde. Une fois tous les comptes réglés, il disposait d'environ deux mille yen en liquide, mais il se rendit compte qu'il devrait en utiliser une partie pour payer les études de Koroku. S'il faisait lui-même des versements mensuels, étant donné la précarité de sa situation actuelle, il lui deviendrait vite difficile de respecter cet arrangement ; aussi, bien qu'il lui en coutât, il se résolut à donner la moitié de cette somme à son oncle en le priant de faire pour le mieux. Lui-même ayant dû renoncer à des études à peine entamées, il désirait voir au moins son frère réussir. C'est avec l'espoir peu fondé qu'une fois ces mille yen épuisés, son oncle saurait bien s'en préoccuper et lui venir en aide qu'il repartit pour Hiroshima.

Un mois plus tard environ, il recevait une lettre de la main de son oncle, lui disant de se tranquilliser car il avait finalement réussi à vendre la maison, mais comme rien dans cette lettre ne précisait pour quelle somme il l'avait vendue, il lui posa cette question par retour du courrier. Dans la réponse qui lui parvint deux semaines plus tard, l'oncle lui disait de ne pas se faire de souci, la vente de la maison ayant largement suffi à rembourser les dettes restantes. Bien entendu, cette réponse ne satisfaisait absolument pas Sôsuke, mais comme cette même lettre contenait les mots « lors de notre prochaine entrevue, tous les détails », etc., il envisagea immédiatement de se rendre à Tôkyô, et exposa la situation à sa femme, à demi pour lui demander son avis. Celle-ci prit un air de profond regret.

— Oui, mais puisque tu ne peux pas y aller, il n'y a pas grand-chose à faire, dit-elle avec son habituel petit sourire.

Sôsuke réfléchit alors un long moment, les bras croisés, comme quelqu'un qui reçoit pour la première fois un conseil de sa femme, et décida de s'en tenir là, se sentant complètement ligoté par les circonstances, aucun expédient ne pouvant lui permettre de s'en tirer.

Comme il ne pouvait rien faire d'autre, il échangea donc encore trois ou quatre fois du courrier avec son oncle, dont la réponse imperturbable, aussi nette qu'un sceau apposé à la cire, était chaque fois : « Lors de notre prochaine entrevue », etc.

— Tu vois, rien à faire ! disait Sôsuke en regardant Oyone d'un air furieux.

Trois mois plus tard, sa situation s'étant améliorée, il put enfin envisager un voyage à Tôkyô avec Oyone, mais juste au moment de partir, une grippe le cloua au lit. Cette indisposition se révéla être une fièvre typhoïde : il dut rester soixante jours alité et se trouva, pendant les trente jours suivants, dans un état de faiblesse qui ne lui permettait même pas de travailler.

A peine remis de cette maladie, son travail l'obligea à déménager de Hiroshima à Fukuoka. Il se dit qu'avant le déménagement c'était l'occasion de se rendre à Tôkyô mais, là encore, diverses circonstances l'obligèrent à renoncer à ce projet et finalement il dut confier son destin à ce train qui roulait dans la direction opposée à la capitale. A cette époque, il avait pratiquement dépensé tout l'argent qu'il avait emmené avec lui en fermant la maison de Tôkyô. Pendant près de deux ans, sa vie à Fukuoka ne fut qu'une lutte douloureuse. En se rappelant l'époque où, étudiant à Kyôto, il obtenait de son père sous divers prétextes des sommes importantes destinées à ses études, mais qu'il dépensait en fait selon son bon plaisir, et en comparant cela à sa situation présente, il était terrifié par les contraintes du destin. Un jour, se remémorant le printemps trop vite enfui de sa jeunesse, cette période de sa vie apparut pour la première fois à son œil désabusé comme perdue dans un brouillard lointain. « Cette époque-là était donc l'apogée de ma prospérité ? » se dit-il, et son chagrin accru lui fit dire à Oyone :

— Oyone, ça fait longtemps que j'ai laissé tomber cette histoire, mais si j'allais à Tôkyô voir mon oncle ?

Oyone, évidemment, ne le contredit pas, mais baissant les yeux, elle répondit d'un air navré :

— Ce n'est pas la peine, tu sais bien qu'on ne peut pas faire confiance à ton oncle.

— Peut-être que lui n'a pas confiance en moi. En tout cas, c'est réciproque !

Sôsuke se montrait vindicatif, mais à la vue de l'air découragé d'Oyone, son courage retombait. Ce genre de dialogue se produisait au début une ou deux fois par mois, puis cela passa à une fois tous les deux mois, et finalement à une fois par trimestre. Sôsuke finit par déclarer :

— Après tout, si seulement il fait quelque chose pour Koroku... pour le reste, je lui dirai tout ça de vive voix quand je le verrai à Tôkyô. Hein, Oyone, tu ne trouves pas que c'est mieux comme ça ?

— Mais oui, c'est très bien comme ça, répondit Oyone.

Après ça, Sôsuke oublia complètement les Saeki. Quant à la demande d'aide pour Koroku, il ne pouvait tout bonnement se résoudre à la faire à son oncle, à cause de son propre passé. Il n'entama donc jamais de négociations écrites à ce sujet. Il recevait de temps à autre des lettres de Koroku, mais la plupart étaient extrêmement courtes et formelles. Sôsuke ne se rappelait Koroku que tel qu'il l'avait vu à Tôkyô au moment de la mort de leur père, et comme jusqu'à ce jour il l'avait imaginé sous les traits d'un enfant égoïste, il ne lui était évidemment pas même venu à l'idée de le charger à sa place de négocier avec son oncle.

Les deux époux vivaient en ne comptant que sur leur soutien mutuel, tels deux êtres transis de froid dans un monde sans soleil, se serrant l'un contre l'autre pour se procurer un peu de chaleur. Les moments difficiles faisaient invariablement dire à Oyone :

— On n'y peut rien !

Et Sôsuke répondait :

— Soyons patients !

A eux deux, ils oscillaient sans cesse entre résignation et patience, et pas la moindre lueur d'espoir ni de foi en l'avenir ne paraissait briller pour eux. Ils ne parlaient pas souvent du passé, et semblaient même parfois, d'un commun accord, éviter d'en parler. Oyone disait de temps en temps à son mari en guise de consolation :

— Un jour ou l'autre il va nous arriver quelque chose de bien. On ne va pas continuer à n'avoir toujours que des malheurs !

Sôsuke croyait alors entendre la voix sarcastisque de son destin qui se moquait de lui en empruntant la bouche de son épouse dévouée, et il se contentait de sourire amèrement sans répondre. Mais si Oyone, par mégarde, voulait ajouter quelque chose, il se mettait à l'apostropher.

— Tu sais bien que nous deux, nous n'avons aucun droit au bonheur !

Sa femme comprenait enfin et finissait par se taire. Ils restaient alors silencieux l'un en face de l'autre, et sombraient pour un long moment au fond du gouffre obscur de leur passé, qu'ils avaient creusé de leurs propres mains. Par leur propre faute, ils avaient gâché leur avenir. C'est pourquoi ils acceptaient de marcher, main dans la main, résignés à ne jamais entrevoir, au long de leur chemin, la moindre perspective de lumière. A propos de la vente du terrain et de la maison par l'oncle, ils ne s'étaient jamais non plus fait de grandes illusions. Sôsuke lançait de temps à autre, comme s'il venait d'y penser :

— Tout de même, s'il a vendu la maison ces temps derniers, mon oncle a bien dû en tirer le double de ce qu'il m'avait prêté à l'époque. C'est vraiment trop bête !

— Encore cette maison ! Mais quand vas-tu donc cesser de penser à ça ? C'est pourtant bien toi qui avais dit à ton oncle que tu t'en remettais à lui pour tout, non ?

— Mais je n'y pouvais rien. Si je n'avais pas agi comme ça à l'époque, je ne pouvais strictement rien faire.

— C'est bien pour ça ! Ton oncle en a peut-être conclu qu'en échange de cet argent tu laissais la maison et le terrain à sa disposition.

Tout en songeant que son oncle avait mené l'affaire avec une certaine logique, Sôsuke répliquait à haute voix, comme s'il plaidait la cause de l'oncle :

— Oui, il a peut-être conclu un peu vite.

Chaque fois qu'ils en parlaient, cette affaire s'éloignait de plus en plus vers l'arrière-plan.

A la fin de la deuxième année de cette existence à la fois triste et unie, Sôsuke retrouva par hasard un ancien camarade d'université du nom de Sugiwara, auquel il avait été autrefois très lié. Sugiwara avait fait de brillantes études, avait réussi l'examen d'entrée dans l'administration supérieure, et était déjà en poste dans un ministère. Il était venu tout exprès de Tôkyô pour une mission officielle à Saga et Fukuoka. Sôsuke savait, pour l'avoir lu dans les journaux locaux, quand il était arrivé et où il était logé. Craignant de se sentir humilié devant un camarade qui avait réussi alors que lui-même se considérait comme un raté, il avait de bonnes raisons pour éviter de revoir son ancien camarade d'université, aussi n'avait-il pas la moindre envie d'aller lui rendre visite à son hôtel.

Or Sugiwara, de son côté, avait appris que Sôsuke végétait dans cette ville à cause d'un étrange concours de circonstances, et désirait vivement le rencontrer : Sôsuke fut donc obligé de s'incliner. C'est ainsi que, grâce à l'influence de Sugiwara, il put finalement obtenir son transfert de Fukuoka à Tôkyô. Lorsque arriva la lettre de Sugiwara annonçant que tout était enfin arrangé, Sôsuke posa ses baguettes, et dit :

— Oyone, ça y est, nous allons pouvoir aller à Tôkyô !

— Voilà qui est parfait ! fit Oyone en regardant son mari.

Leurs deux ou trois premières semaines à Tôkyô passèrent comme un éclair. Ils étaient absorbés par les préoccupations de gens qui ont à installer une nouvelle maison et entreprendre un nouveau travail, sans compter que l'agitation trépidante de la capitale qui les entourait nuit et jour ne leur laissait ni le loisir de réfléchir à tête reposée, ni le bon sens nécessaire pour agir calmement.

Quand le train de nuit les avait déposés à la gare de Shimbashi, ils avaient revu les Saeki pour la première fois depuis longtemps mais, sans doute à cause de la lumière vacillante des lampes, Sôsuke n'avait pu distinguer nettement les visages de son oncle et de sa tante. Un accident en cours de route avait causé un retard imprévu d'une trentaine de minutes, et, avec leur air fatigué d'attendre, ils semblaient reprocher ce retard à Sôsuke. La seule phrase qu'il s'entendit adresser par sa tante fut :

— Mon Dieu, Sôsuke ! Comme tu as vieilli depuis la dernière fois que je t'ai vu !

A cette occasion, Oyone fut présentée pour la première fois aux Saeki.

— Ah, c'est elle…

La tante regardait Sôsuke en hésitant. Comme ils ne disaient rien pour la saluer, Oyone s'inclina simplement en silence.

Bien entendu, Koroku était également venu les accueillir. Au premier coup d'œil, Sôsuke fut surpris de voir à quel point son petit frère avait grandi : maintenant, il le dépassait. A ce moment-là, Koroku sortait juste de l'enseignement secondaire, et allait commencer ses études supérieures. En voyant Sôsuke, il le salua maladroitement, sans même lui souhaiter la bienvenue.

Sôsuke et Oyone avaient passé une semaine à l'hôtel avant de s'installer dans leur nouvelle maison. A ce moment-là, les Saeki s'étaient montrés empressés de leur rendre service. « Si vous voulez bien vous contenter de choses qui ont déjà servi, ce n'est pas la peine d'acheter des ustensiles de cuisine », leur avaient-ils dit, et ils leur avaient envoyé un assortiment d'objets nécessaires à une petite famille. Ils leur avaient aussi donné soixante yen en disant : « Comme vous venez de vous installer, vous avez sûrement besoin de beaucoup de choses. »

Une fois entrés en possession de leur nouvelle maison, la moitié d'un mois s'écoula bien vite, et Sôsuke ne souffla pas mot à son oncle de la question de la propriété qui lui tenait tant à cœur lorsqu'ils étaient encore en province. Oyone demanda un jour à son mari :

— Tu as parlé de cette histoire à ton oncle ?

— Ah non, je ne lui ai encore rien dit, répondit Sôsuke, comme s'il venait de s'en rappeler subitement.

— C'est bizarre, toi que cela préoccupait tellement ! fit Oyone avec un sourire dédaigneux.

— Mais écoute, je n'ai pas eu un seul moment pour lui en parler tranquillement, dit Sôsuke pour se justifier.

Une dizaine de jours plus tard, ce fut au tour de Sôsuke de dire à sa femme :

— Tu sais, Oyone, je n'ai toujours pas abordé le sujet, et je n'ai pas envie de le faire : c'est tellement gênant.

— Si tu n'en as pas envie, ne te force pas.

— Tu crois que ça vaut mieux ?

— Mieux ou pas mieux, c'est ton problème. Moi, depuis le début, cette histoire m'est complètement égale, fut la réponse d'Oyone.

Sôsuke en profita pour atermoyer.

— De toute façon, ça ferait bizarre de prendre des airs cérémonieux pour lui parler de ça. J'attendrai plutôt une occasion propice, elle finira bien par se présenter à un moment ou à un autre.

Koroku vivait chez son oncle et ne manquait de rien. S'il passait avec succès son examen d'entrée dans l'enseignement supérieur, il lui faudrait devenir pensionnaire. Apparemment, il avait déjà discuté avec son oncle de cette éventualité. Sans doute parce qu'il ne recevait de son frère nouvellement arrivé à Tôkyô aucune aide matérielle pour ses études, il ne lui parlait jamais de sa situation avec autant de confiance qu'à son oncle. Vivant sur un pied d'intimité avec lui, il s'entendait très bien avec son cousin Yasunosuke, et c'était plutôt lui qu'il considérait comme son frère.

Tout naturellement, Sôsuke se sentit devenir étranger à la maison de son oncle. Ses rares visites restaient très formelles, et chaque fois, sur le chemin du retour, tout cela lui paraissait d'un insupportable ennui. Il en vint à avoir envie de s'en aller aussitôt après avoir échangé avec son oncle les formules d'usage sur le temps qu'il faisait. Rester là, même une trentaine de minutes, à tuer le temps en propos sans intérêt, lui était devenu pénible. Ses interlocuteurs, eux aussi, paraissaient avoir du mal à soutenir la conversation.

— Tu n'es pas bien ici ? disait habituellement sa tante pour le retenir, et il avait alors encore moins envie de rester.

Il continuait cependant à aller les voir, car ne pas le faire lui aurait donné des remords de conscience. C'était même lui qui, de temps à autre, courbait la tête en disant :

— Merci de tout ce que vous faites pour Koroku.

Mais il lui répugnait d'aller plus loin, et de réclamer lui-même une aide pour les futures études de son frère ou d'aborder le sujet de la propriété que son oncle s'était chargé de vendre pendant son absence. Mais il était clair que si Sôsuke continuait, bon gré mal gré, ses sporadiques et inintéressantes visites à la demeure de son oncle, ce n'était pas seulement, comme tout le monde, à cause du devoir que lui imposaient les liens du sang, mais surtout parce que, au fond de son cœur, il gardait l'espoir que se présenterait un jour une occasion de clarifier les choses.

— Vraiment, Sôsuke a complètement changé ! dit un jour la tante à son époux, à quoi celui-ci répondit :

— C'est bien vrai, ma foi ! Quand il arrive des choses

pareilles, les conséquences se font sentir encore longtemps après.

Il faisait ainsi allusion aux lois redoutables du karma.

— Vraiment, c'est effrayant ! Enfant, il n'était pas endormi comme ça... Il était même si vif qu'il en était plutôt turbulent ! Et maintenant nous le retrouvons après deux ou trois ans complètement transformé en vieillard ! Vraiment, on dirait un petit vieux, encore plus que toi.

— Quand même pas ! se récria l'oncle.

— Je ne dis pas cérébralement, ni même physiquement, mais son allure générale... expliqua la tante.

Les deux époux avaient tenu plus d'une fois ce genre de propos depuis l'arrivée de Sôsuke à Tôkyô. Et, à chacune de ses visites, il était bien tel que le voyaient les deux vieillards.

Oyone, quant à elle, avait simplement été présentée au vieux couple lors de son arrivée à Shimbashi avec Sôsuke, mais n'avait jamais mis les pieds dans leur maison. Elle avait reçu un accueil des plus polis de la part de l'oncle et de la tante, du moins à leur avis, et s'était entendu dire, au moment où ils se quittaient :

— Venez donc nous voir un de ces jours !

— Avec plaisir, avait-elle simplement répondu, mais elle n'avait jamais essayé d'y aller.

Moyennant quoi, Sôsuke lui avait proposé un jour :

— Viens donc au moins une fois avec moi chez mon oncle, pour voir.

— Quand même... avait-elle répondu en faisant une drôle de tête, et il n'avait jamais renouvelé son invite.

Les deux familles passèrent à peu près une année dans cette situation, puis l'oncle de Sôsuke, réputé paraître plus jeune que son neveu, mourut subitement. Se sentant grippé, il s'était alité deux ou trois jours avec les symptômes d'une grave inflammation des méninges. Quand il s'était levé pour aller aux toilettes, il s'était effondré, la puisette en bois encore dans les mains, au moment où il revenait et s'apprêtait à se laver les mains, et une journée ne s'était pas écoulée qu'il était déjà raide mort.

— Oyone, voilà mon oncle mort sans que j'aie pu lui parler, avait dit Sôsuke.

— Quoi ? Tu avais toujours l'intention de lui en parler ? Tu es du genre tenace, quand même ! s'était exclamée Oyone.

Une année de plus s'écoula. Le fils de l'oncle, Yasunosuke, termina ses études universitaires, Koroku entra en deuxième année du cours supérieur. La tante avait déménagé avec Yasunosuke pour s'installer à Nakarokubanchô.

Koroku passa les vacances d'été de sa troisième année d'études sur une plage de la province d'Awa. Il y séjourna plus d'un mois, puis, comme septembre approchait, il traversa directement la presqu'île à partir de Hota et se rendit à Chôshi en longeant la côte de Kazusa. De là il rentra brusquement à Tôkyô, piqué par on ne sait quelle mouche. Puis, deux ou trois jours à peine après son retour, il apparut chez Sôsuke, par un après-midi torride de fin d'été. Dans son visage noirci par le soleil, seuls ses yeux brillaient, lui donnant un air sauvage qui le rendait presque méconnaissable. Il s'allongea dans une pièce relativement abritée des rayons du soleil et attendit le retour de son frère. Dès qu'il l'aperçut, il sauta sur ses pieds et lui annonça sans préambule :

— Sôsuke, j'ai à te parler.

Un peu surpris, Sôsuke écouta ce que Koroku avait à lui dire, sans même prendre le temps de quitter ses vêtements européens, pourtant pénibles à porter par une telle chaleur.

Koroku raconta que deux ou trois jours auparavant, le soir où il était rentré de Kazusa, sa tante lui avait annoncé qu'elle ne pourrait malheureusement plus subvenir à ses frais d'études au-delà de l'année en cours. Depuis qu'il avait été recueilli par son oncle à la mort de son père, Koroku avait pu continuer à fréquenter le collège et à recevoir argent de poche et vêtements sans qu'il eût à s'en préoccuper. Il n'avait jamais manqué de rien, comme du vivant de son père, et n'avait donc jamais jusqu'à ce soir songé au problème que pouvaient représenter ses frais d'études. Lorsque sa tante lui avait fait cette déclaration, il en était resté muet de stupéfaction, ainsi qu'il l'expliqua à son frère.

Quant à la tante, elle avait passé une bonne heure à lui détailler, avec un art tout féminin, les différentes raisons pour lesquelles, à son grand regret, elle ne pouvait continuer à lui venir en aide. Elle lui avait notamment parlé du changement de situation financière consécutif à la mort de son mari, de l'entrée de Yasu dans la vie active, du mariage de ce dernier qu'il fallait maintenant envisager, etc.

— Si je pouvais, je continuerais à t'aider jusqu'à la fin de tes études, nous avons fait tous les sacrifices nécessaires pour cela jusqu'à présent, mais...

Koroku rapportait les propres termes de sa tante. Se rappelant qu'à l'époque des obsèques de son père, Sôsuke lui avait dit, avant de repartir à Hiroshima après avoir réglé les affaires d'héritage, qu'il avait confié à son oncle la somme nécessaire à ses frais d'études, le jeune homme avait questionné sa tante pour la première fois à ce sujet. Celle-ci avait répondu d'un air offusqué :

— Ah oui, évidemment, à l'époque, Sôsuke avait laissé une certaine somme, seulement il n'en reste rien. Du temps où ton oncle était encore de ce monde, elle avait déjà été dépensée.

Comme Koroku n'avait jamais demandé à son frère quelle somme il avait confiée à son oncle, ni à combien d'années d'études elle correspondait, il ne pouvait rien objecter aux explications de sa tante.

— De toute façon, tu n'es pas seul au monde, tu as un frère aîné, tu ferais donc mieux de lui parler de tout ça. D'ailleurs, j'irai moi aussi le voir pour lui fournir toutes les explications. Mais depuis quelque temps, il ne vient pas souvent nous voir, et moi-même, je ne lui ai guère donné de nouvelles, ce qui fait que je n'ai pas eu l'occasion de lui parler de cette affaire.

Voilà ce que la tante avait ajouté pour terminer.

Après avoir écouté jusqu'au bout le récit de son frère, Sôsuke n'eut qu'un seul mot :

— C'est ennuyeux, tout ça !

S'il ne paraissait aucunement décidé à réagir énergiquement en se rendant immédiatement chez sa tante pour discuter de la chose, comme il l'eût fait autrefois, il ne semblait pas non plus en vouloir à Koroku – qui jusque-là l'avait traité avec indifférence parce qu'il ne faisait rien pour lui – de son brusque changement d'attitude.

Koroku repartit, bouleversé de voir l'avenir brillant qu'il s'était imaginé pour lui-même déjà en train de s'écrouler par la faute de sa propre famille. Sôsuke, après avoir suivi des yeux sa silhouette, demeura un moment dans l'obscurité du vestibule à regarder les derniers rayons du soleil couchant à travers la porte grillagée de l'entrée.

Ce soir-là, Sôsuke cueillit derrière la maison deux grandes feuilles de bananier, les posa sur le plancher de la véranda devant le salon pour s'y asseoir avec Oyone et discuter de l'affaire de Koroku en profitant de la fraîcheur nocturne.

— Ta tante veut dire que maintenant c'est à toi de prendre Koroku en charge, non ?

— Je ne peux pas savoir quelles sont exactement ses intentions tant que je ne l'ai pas vue et que je ne le lui ai pas demandé.

— C'est sûr, répondit Oyone en agitant son éventail dans l'obscurité.

Sôsuke, sans rien dire, tendait la tête pour contempler l'étroite bande de ciel visible entre l'avancée du toit et le sommet de la butte. Tous deux restèrent un moment silencieux, puis Oyone reprit :

— De toute façon, c'est impossible.

— Mener quelqu'un jusqu'au bout de ses études universitaires, avec mes moyens, il ne faut pas y penser, fit Sosuke, indiquant clairement les limites de ses capacités.

Ils changèrent alors de sujet de conversation, et ni Koroku ni la tante Saeki ne revinrent sur le tapis. A deux ou trois jours de là – c'était justement un samedi –, Sôsuke passa à Nakaroku-banchô, chez sa tante, sur le chemin du retour du bureau.

— Quelle bonne surprise, vos visites sont si rares ! dit-elle, l'accueillant avec plus de chaleur que jamais.

Cette fois-là, Sôsuke, surmontant sa répugnance à évoquer ce sujet, posa pour la première fois à sa tante toutes les questions qu'il retenait en lui depuis quatre ou cinq ans. Elle ne pouvait se refuser à lui fournir un minimum d'explications.

Selon elle, donc, elle ne se souvenait pas du montant exact retiré de la vente de la propriété par son mari mais quoi qu'il en soit, après avoir remboursé le prêt qui avait tiré Sôsuke d'affaire, il restait trois mille trois cents ou trois mille cinq cents yen, et l'oncle avait pensé qu'il pouvait considérer ce surplus comme lui appartenant, en toute bonne foi, puisque Sôsuke lui avait fait don de la maison. Mais cela l'aurait gêné que son neveu puisse croire qu'il avait tiré un profit personnel de cette vente, aussi avait-il pris cette somme en dépôt au nom de Koroku, la considérant comme l'héritage de ce dernier. Quant à Sôsuke, qui méritait d'être déshérité à cause de ses actions passées, il n'avait pas droit à un sou de cet argent.

— Sôsuke, il ne faut pas te fâcher, dit la tante pour s'excuser, je ne fais que répéter les propres paroles de ton oncle.

Sôsuke écouta la suite en silence.

Malheureusement, l'oncle avait cru habile d'employer cette somme déposée au nom de Koroku à l'achat d'un immeuble situé dans une avenue animée de Kanda, et cet immeuble avait été entièrement détruit par un incendie, avant même qu'il ait pu le faire assurer. Comme il n'avait jamais parlé de cette somme à Koroku, il avait jugé préférable, après cela, de continuer à le laisser dans l'ignorance.

— Voilà, mon petit Sôsuke, je suis vraiment désolée pour toi, mais on ne peut pas revenir en arrière, je n'y peux rien, il faut te résigner en pensant que c'est la fatalité. Si seulement ton oncle vivait encore, il trouverait peut-être une solution. Tout cela ne concerne que Koroku, ce ne serait donc pas trop grave, mais malheureusement, ton oncle n'est plus là. Aujourd'hui, si ma situation me le permettait, je rendrais à Koroku l'équivalent de l'immeuble qui a brûlé ou, au moins, je m'arrangerais pour le prendre en charge jusqu'à la fin de ses études, mais…

Sur ces mots, la tante changea de sujet et entreprit de lui parler de ses affaires privées, à savoir une entreprise dont s'occupait son fils Yasu.

Yasunosuke était fils unique, frais émoulu de l'université cet été-là. Garçon couvé par sa famille, il n'avait aucune relation en dehors de ses camarades d'université, et aucune expérience du monde réel. C'est avec ce manque total d'expérience, joint à un certain sens pratique, qu'il avait fait son entrée dans la vie active. Il était sorti ingénieur spécialisé dans les machines industrielles de son cours d'enseignement technique, et, même maintenant que la fièvre industrielle était un peu retombée, il aurait certainement pu trouver une situation convenable dans une des nombreuses entreprises qui florissaient au Japon, mais, apparemment, il cachait au fond de lui un esprit aventureux qu'il tenait sans doute de son père, car il brûlait d'envie d'être à la tête de sa propre affaire. L'occasion lui fut fournie par sa rencontre avec un ingénieur d'une promotion précédente de son université, spécialisé dans la même branche que lui, qui avait monté sa propre petite usine à côté de Tsukijima, et la dirigeait en toute indépendance. Une discussion avec ce camarade d'université lui inspira l'idée d'insuffler un certain capital dans son affaire et de collaborer avec lui. Tel est le récit de ses affaires de famille que la tante fit à Sôsuke.

— Alors, tu comprends, comme nous allons mettre le peu d'actions en notre possession dans cette affaire, pour l'instant, nous n'avons pas un sou de disponible. Evidemment, vus de l'extérieur, nous ne sommes pas une famille nombreuse, nous possédons une maison, alors nous avons l'air de gens très à l'aise, c'est normal. L'autre jour encore, ma mère qui me rendait visite me disait : « Personne n'a la vie plus facile que toi !

Chaque fois que je viens te voir, je te trouve en train de te rouler les pouces ! » Mais c'est loin d'être vrai, je t'assure !

Sôsuke avait écouté distraitement les explications de sa tante, et la réponse ne lui vint pas facilement. Au fond de lui, il avait conscience que c'était un effet de sa neurasthénie, et la preuve que son cerveau avait perdu les capacités de jugement clair et rapide qu'il possédait autrefois. La tante paraissait craindre que Sôsuke ne la crût pas, et elle alla jusqu'à lui révéler le montant du capital que Yasu allait mettre dans l'affaire. Il était de cinq mille yen. Yasu, lui dit-elle, allait devoir se contenter quelque temps d'un traitement modeste pour vivre, ainsi que des dividendes de son capital.

— Et ce dividende, on ne sait pas de combien il sera. Si tout va bien, ça fera de dix à quinze pour cent, mais s'ils font des erreurs, tout peut très bien s'évanouir en fumée, ajouta-t-elle.

Sôsuke, ne se rendant pas compte de l'attitude outrancière de sa tante, était excessivement embarrassé, mais il lui paraissait ridicule de s'en aller sans avoir au moins une fois ouvert la bouche pour parler de l'avenir de Koroku. Aussi, abandonnant la question au point où elle en était, il s'informa de ce qu'étaient devenus les mille yen qu'il avait autrefois lui-même confiés à son oncle pour payer les études de Koroku.

— Mais, mon petit Sôsuke, répondit la tante, cela a justement été dépensé pour Koroku. Rien que depuis son entrée au cours supérieur, il a fallu dépenser plus de sept cents yen.

Tant qu'à faire, Sôsuke voulut également vérifier ce qu'étaient devenus les peintures et bibelots anciens qu'il avait confiés à la garde de son oncle.

— Alors là, nous avons été complètement mystifiés ! commença la tante, puis à la vue de l'expression de Sôsuke, elle lui demanda :

— Comment, Sôsuke ? On ne t'a jamais raconté cette histoire ?

Sôsuke ayant répondu par la négative :

— Allons bon ! Voilà que ton oncle aura oublié ça ! s'écria-t-elle avant de se mettre à tout lui raconter par le menu.

Peu après le départ de Sôsuke pour Hiroshima, son oncle avait eu recours, pour la vente de ces objets, à l'un de ses amis intimes du nom de Sanada. C'était, paraît-il, un expert en peintures et objets d'art, qui avait accès au marché et mettait habituellement en contact acheteurs et vendeurs. Il avait tout de suite accepté d'aider l'oncle et, de fil en aiguille, sous prétexte que M. Untel souhaitait voir tel ou tel objet, ou que M. Machin voulait examiner tel autre avant de l'acquérir, il avait emporté les marchandises sans jamais les ramener. Quand on les lui avait réclamées, il avait vaguement prétexté qu'on ne les lui avait pas encore rendues, et avait fini par se cacher on ne sait où, après avoir apparemment disposé du tout à son profit.

— Mais il reste quand même un paravent. C'est Yasu qui s'en est aperçu quand nous avons déménagé tous les deux, et il m'a fait remarquer que cela t'appartenait et qu'il faudrait te le remettre à la première occasion.

La tante parlait comme si elle n'attachait aucune valeur à tous ces bibelots que Sôsuke avait confiés à son oncle. Quant à Sôsuke, le fait qu'il ne s'en soit jamais occupé jusqu'à présent prouvait que lui non plus ne s'y intéressait guère, aussi ne pouvait-il se mettre en colère en constatant que la compassion n'étouffait pas sa tante.

— De toute façon, nous ne nous en servons pas, alors pourquoi est-ce que tu n'emmènerais pas ce paravent, il paraît que ce genre de chose a pris énormément de valeur ces derniers temps, non ?

En l'entendant prononcer ces mots, Sôsuke eut envie de l'emporter. Quand il le regarda à la lumière du jour, une fois sorti du grenier, il reconnut ce paravent à deux battants. En bas était peint un fouillis de marantes, lespédèzes, campanules et patrinias, au-dessus desquels brillait une lune d'argent toute ronde, et dans l'intervalle entre les deux était inscrit sur le côté un poème : *Fleurs de patrinias sur la sente sous la lune...* signé Hô-itsu. Sôsuke, à genoux, regarda le disque d'argent noirci, les feuilles de campanules retournées par le vent, aux couleurs desséchées, et la signature Hô-itsu, tracée en caractères cursifs à l'intérieur d'un grand cercle rouge : ces images le ramenaient irrésistiblement au temps où son père était encore de ce monde.

A chaque Nouvel An, son père sortait ce paravent de la remise obscure pour le poser dans le vestibule et placer devant le plateau carré en bois de santal rouge, destiné à recevoir les cartes de vœux de la nouvelle année. A la même époque, il suspendait dans le *tokonoma* du salon – « ça porte bonheur », disait-il – une paire de peintures sur soie représentant des tigres. Sôsuke entendait encore son père lui dire : « Ces peintures ne sont pas de Ganku, mais de Gantai. » L'une d'elles portait une tache d'encre de Chine, qui préoccupait beaucoup son père parce qu'elle maculait la cloison nasale d'un tigre, la langue tirée, occupé à laper l'eau d'une cascade. Il rappelait cette histoire à Sôsuke chaque fois qu'il le voyait : « Tu te souviens quand tu as fait cette tache sur la peinture, c'est une de tes bêtises de gosse ! » et son visage exprimait alors une espèce de rancune amusée.

Sôsuke contemplait respectueusement ce paravent qui lui rappelait son existence d'autrefois à Tôkyô.

—Eh bien, ma tante, j'accepte ce paravent. Je vais l'emmener, dit-il enfin.

— Oui, oui, oui, bien sûr, prends-le ! Mais si tu veux, je te le ferai porter, proposa aimablement la tante.

Sôsuke accepta son offre et, s'en tenant là pour cette fois, rentra chez lui. Après le dîner, il s'assit à nouveau avec Oyone sur la véranda, et, prenant le frais tous les deux, leurs kimonos faisant deux taches blanches dans l'obscurité, ils s'entretinrent de la journée.

— Tu n'as pas vu Yasu ? demanda Oyone.

— Yasu ? Il paraît qu'il reste à l'usine jusqu'au soir, même le samedi.

— Il a l'air de beaucoup travailler.

Ce fut le seul commentaire d'Oyone : elle n'eut pas un mot sur l'attitude de l'oncle et de la tante. A l'interrogation de son mari :

— Et pour Koroku, qu'allons-nous faire ?

Elle répondit simplement :

— Oui, que faire ?

— Nous avons beaucoup d'arguments de notre côté, mais si nous nous mettons à protester, cela finira en procès et comme nous n'avons aucune preuve ni rien, nous n'aurons sûrement pas gain de cause, dit Sôsuke, pronostiquant le résultat final de l'affaire, et Oyone rétorqua :

— Pas la peine de faire un procès, va !

Sôsuke eut un sourire amer, et abandonna son idée.

— Finalement, tout ça, c'est parce que je n'ai pas pu aller à Tôkyô à l'époque.

— Et aussi, parce que lorsqu'on a enfin pu aller à Tôkyô, tu ne te souciais plus tellement de tout ça.

Tout en discutant, les deux époux observaient cette fois encore l'étroite bande de ciel qu'ils apercevaient sous l'auvent. Ils échangèrent leurs prévisions sur le temps qu'il ferait le lendemain, avant de rentrer sous leur moustiquaire.

Le lendemain, un dimanche, Sôsuke fit venir Koroku et lui répéta sans rien omettre les explications de sa tante.

— Je ne sais pas pourquoi elle ne t'a pas tout expliqué directement, est-ce parce qu'elle connaît ton caractère emporté, ou est-ce qu'elle a fait exprès de résumer parce qu'elle te considère encore comme un enfant ? En tout cas, ce sont les faits, et voilà ce qu'elle m'a dit.

Mais même ces explications détaillées ne satisfaisaient pas Koroku, qui répondit simplement : « Ah bon ? » en regardant son frère d'un air furibond.

— Il n'y a vraiment rien à faire. Tu sais, ni notre tante ni Yasu n'ont pu avoir de mauvaises intentions.

— Ça, je le sais, répondit sèchement Koroku.

— Tu veux dire que c'est de ma faute, alors ? Evidemment, c'est de ma faute ! Depuis toujours, et aujourd'hui encore, tout a toujours été de ma faute.

Sôsuke fumait une cigarette, allongé par terre. Il n'ajouta rien de plus. Koroku se taisait aussi. Il regardait le paravent de Hô-itsu, posé dans un coin du salon.

— Tu te souviens de ce paravent ? demanda son frère au bout d'un moment.

— Oui.

— Les Saeki nous l'ont envoyé avant-hier. Il appartenait à Père : c'est tout ce qui me reste de lui maintenant. Si ça pouvait payer tes études, je te le donnerais tout de suite, mais je doute qu'on puisse aller jusqu'au bout de l'université avec un vieux paravent tout déteint.

Il eut un sourire forcé et ajouta pour créer une diversion :

— Ça a l'air d'être de la folie de mettre un paravent

ici par une telle chaleur, mais je n'ai pas d'autre endroit où le mettre, alors...

Koroku ne s'était jamais satisfait de l'attitude insouciante et nonchalante à son égard de ce frère qu'il trouvait trop distant, mais il n'avait jamais pu se disputer avec lui, même quand c'était nécessaire. Cette fois encore, sa colère désarmée, il lui demanda :

— Ecoute, ton paravent, ça m'est complètement égal, mais moi, qu'est-ce que je vais devenir ?

— C'est bien ça le problème ! De toute façon il te reste encore toute cette année, alors tu as le temps d'y réfléchir. Moi aussi je vais y réfléchir sérieusement.

Koroku détestait ce genre d'attitude à demi nonchalante si naturelle chez son frère. Il se plaignit sincèrement à lui, lui expliquant que la situation lui était absolument insupportable, que dans des circonstances pareilles, même s'il continuait à suivre ses cours, il serait incapable d'étudier tranquillement ou de préparer ses leçons. Mais Sôsuke ne modifia en rien son attitude et comme son frère protestait de plus belle, il finit même par lui dire :

— Si tu es capable de protester comme ça pour une chose de cette importance, je ne m'en fais pas pour toi. Tu peux aller n'importe où, tu peux même arrêter tes études, cela ne présente aucun inconvénient : tu es bien plus armé que moi pour la vie.

Cette remarque fit retomber la conversation, et Koroku finit par rentrer à Hongô.

Sôsuke alla prendre son bain, puis, après le dîner, se rendit à la nuit tombée à la foire d'été du quartier en compagnie d'Oyone. Il y acheta deux pots de fleurs et, sa femme et lui en portant chacun un, ils rentrèrent chez eux. Cela fera du bien aux fleurs d'être exposées à la rosée nocturne, se dirent-ils, et ils ouvrirent les volets donnant sur le bas de la butte pour placer les deux pots au bout du jardin.

En entrant sous la moustiquaire, Oyone demanda à son mari des nouvelles de l'affaire de Koroku.

— Rien de neuf, répondit Sôsuke, et dix minutes plus tard, tous deux dormaient profondément.

Le lendemain, repris dès son réveil par sa vie de fonctionnaire, Sôsuke n'eut pas le temps de penser à Koroku. A son retour, pendant qu'il se délassait, le problème se présenta de nouveau à lui dans toute sa netteté, mais il redoutait de le regarder de plus près pour l'éclaircir, si intolérable était la souffrance que cela causait à ce cerveau qui se dissimulait sous sa chevelure. Se souvenant de l'énergie mentale qui lui permettait autrefois, parce qu'il aimait les mathématiques, de se représenter clairement dans l'espace les figures des problèmes de géométrie, il se sentit lui-même effrayé par le changement radical que le temps avait produit en lui.

Cependant, une fois par jour environ, la silhouette de Koroku venait vaguement flotter à l'arrière-plan de ses pensées, réveillant en lui l'idée qu'il devait réfléchir à l'avenir du jeune homme. D'ordinaire, il effaçait tout de suite de lui-même cette impression, en se disant qu'après tout rien ne pressait. Il passait alors sa journée, le cœur lourd, comme cadenassé dans sa cage thoracique.

On arriva ainsi à la fin septembre : en cette saison la Voie lactée se dessinait nettement chaque soir dans le ciel. C'est par un tel soir que Yasunosuke leur rendit visite, comme s'il était tombé des nues. Cette visite inopinée était si inhabituelle que Sôsuke et Oyone, qui ne s'attendaient pas du tout à le voir, supposèrent tout de suite qu'un motif particulier l'amenait et, en effet, il venait leur parler de Koroku.

Celui-ci était venu le voir peu auparavant dans son usine de Tsukijima pour lui dire que son frère lui avait expliqué en détail le problème posé par ses frais d'études, et que lui-même trouvait vraiment dommage, après avoir pu bénéficier d'une éducation normale, d'être obligé de s'arrêter sans finir l'université. Yasu ne pouvait-il trouver un moyen lui permettant de pousser ses études aussi loin que possible, par exemple en empruntant de l'argent ? Yasunosuke ayant répondu qu'il consulterait Sôsuke à ce sujet, Koroku s'y était immédiatement opposé, en disant que son frère n'était pas la personne appropriée pour discuter de cela car, ayant lui-même interrompu ses études, il trouvait normal que son frère arrête aussi les siennes à mi-chemin. D'ailleurs, si l'on remontait aux origines de cette histoire, le responsable principal était Sôsuke : c'était un être totalement insouciant qui ne tenait aucun compte de ce qu'on pouvait lui dire. « Tu es la seule personne sur qui je peux compter. Cela peut te paraître bizarre que j'aie recours à ton aide, alors que ta mère m'a officiellement congédié, mais j'ai pensé que tu me comprendrais mieux qu'elle, c'est pour ça que je suis venu te voir. » Ce disant, il avait l'air de vouloir s'incruster.

Yasunosuke l'avait consolé en lui disant : « Mais non, voyons, ton frère se fait du souci pour toi, d'ailleurs il va sûrement bientôt venir nous voir pour en parler », puis il l'avait renvoyé. Avant de partir, Koroku avait tiré plusieurs feuilles de papier de sa manche et avait prié Yasu d'y apposer son cachet, disant qu'il devait en faire des mots d'excuse pour ses absences aux cours, car, ajouta-t-il, tant qu'il ne saurait pas s'il allait pouvoir continuer ses études, il serait incapable de travailler normalement et, par conséquent, ce n'était pas la peine d'aller suivre les cours tous les jours.

Yasunosuke prétextant diverses occupations, Koroku avait fini par partir après une conversation de moins d'une heure, sans qu'aucun projet ne se soit finalement concrétisé entre eux. Yasu lui avait simplement dit au moment où ils se séparaient que toute la famille se réunirait sous peu pour prendre une décision, et qu'il serait bon, si cela lui convenait, que Koroku assiste lui aussi à cette réunion.

Dès qu'ils furent seuls, Oyone demanda à Sôsuke :

— Qu'est-ce que tu en penses ?

Sôsuke passa les deux mains dans la ceinture de son kimono et répondit, en levant les épaules d'un air important :

— J'aimerais bien être à la place de Koroku ! Alors que je m'inquiète pour lui à l'idée que son sort pourrait ressembler au mien, lui me croit indifférent à tout et prend ça pour une supériorité sur lui !

Oyone rangea le service à thé et disparut dans la cuisine. La conversation s'arrêta là. Les deux époux préparèrent leur lit et se couchèrent. Haut dans le ciel, la Voie lactée, rafraîchissante et argentée, veillait sur leurs rêves.

La semaine suivante, Koroku ne se montra pas, il n'y eut pas non plus de nouvelles des Saeki, si bien que le foyer de Sôsuke parut avoir retrouvé sa quiétude habituelle. Les deux époux se levaient chaque matin à l'heure où la rosée luit encore et regardaient le soleil briller, magnifique au-dessus de l'auvent du toit. Le soir, leurs ombres s'allongeaient des deux côtés de la lampe au pied de bambou noirci par la fumée auprès de laquelle ils étaient assis. Souvent, ils restaient silencieux, et seul le tic-tac du balancier de l'horloge résonnait dans la pièce.

Cependant, ils parlèrent beaucoup de Koroku cette semaine-là. Il était clair que Koroku ne pouvait rester pensionnaire au collège, même s'il envisageait de continuer ses études, et à plus forte raison dans le cas contraire. Il devait soit retourner chez les Saeki, soit venir s'installer chez Sôsuke, c'était la seule alternative. Après ce que les Saeki avaient dit, ils ne pourraient refuser, si on le leur demandait, de reprendre momentanément Koroku chez eux, ne fût-ce que par bienveillance. Mais s'ils le faisaient étudier à nouveau, il serait du devoir de Sôsuke de prendre en charge les honoraires des professeurs et l'argent de poche de Koroku. Or, le budget de Sôsuke ne lui permettait pas de supporter cette charge. Tous deux avaient fait un compte détaillé de leurs dépenses et recettes mensuelles, pour en arriver à cette conclusion commune :

— Absolument impossible !

— De toute façon on n'y arrivera pas !

Après la salle à manger où se tenait le couple se trouvait la cuisine, après la cuisine, la chambre de la servante, et à gauche de celle-ci une pièce de six nattes. La maison n'abritait que trois personnes, en comptant la domestique, aussi Oyone, qui ne voyait pas tellement l'utilité de cette pièce, y avait-elle installé sa coiffeuse, face à l'est, devant la fenêtre. Sôsuke avait lui aussi pris l'habitude de venir tous les matins se changer dans cette pièce, une fois qu'il s'était débarbouillé et qu'il avait pris son petit déjeuner.

— Et si nous libérions cette pièce pour en faire la chambre de Koroku ? suggéra Oyone.

Elle avait dans l'idée que, si Sôsuke et elle se chargeaient de loger et nourrir Koroku, les Saeki pourraient l'aider en donnant un peu d'argent tous les mois, et qu'il serait ainsi en mesure de poursuivre ses études jusqu'à la fin de l'université, selon ses vœux.

— Pour les vêtements, on pourra toujours se débrouiller entre ceux que Yasu ne met plus et certains des tiens que j'arrangerai, ajouta-t-elle.

En fait cette idée avait déjà traversé l'esprit de Sôsuke, mais il ne s'y était guère arrêté, par souci de ne pas déranger Oyone, et ne lui en avait même pas parlé. Mais évidemment, si c'était sa femme qui proposait d'elle-même cette solution, il ne se sentait pas le cœur d'aller à son encontre.

Sôsuke écrivit donc à Koroku pour le mettre au courant et l'informer que, s'il n'y avait aucune objection de sa part, il se rendrait chez les Saeki pour leur soumettre cette proposition. Le soir même où il reçut la lettre, Koroku accourut chez eux, en dépit de la pluie qui tambourinait sur son parapluie de papier huilé, aussi joyeux que si ses études étaient déjà payées.

— C'est parce que ta tante pensait que Sôsuke t'avait complètement laissé tomber et ne s'occupait pas de toi qu'elle t'a raconté tout ça. Maintenant, nous n'avons plus qu'à lui dire : « Ecoutez, tante, si nos moyens nous le permettaient, nous nous efforcerions d'en faire un peu plus pour Koroku, mais malheureusement, vous le savez, nous n'avons vraiment pas le choix... » Voilà ce qu'on va lui dire, et ni ta tante ni Yasu ne pourront refuser. Sois tranquille, ça va marcher, je te le garantis !

Sur ces assurances d'Oyone, Koroku rentra à Hongô, toujours sous une pluie battante. Il laissa passer une journée puis revint les voir pour demander si Sôsuke avait déjà entrepris la démarche. Trois jours plus tard, c'est chez la tante qu'il se rendait pour poser la même question, et quand il apprit que son frère n'avait encore rien fait, il retourna voir celui-ci pour le presser de faire la démarche dans les plus brefs délais.

Les jours continuèrent à passer, Sôsuke promettant toujours d'y aller ; finalement l'automne arriva. Et par ce radieux après-midi de dimanche, Sôsuke, qui avait trop tardé à se rendre chez les Saeki, s'était enfin décidé à soumettre sa proposition à Banchô par courrier. C'est alors que la tante avait répondu que Yasunosuke était parti pour Kôbe.

5

Ce samedi-là, il était déjà deux heures de l'après-midi lorsque la tante Saeki se présenta. Par extraordinaire, le temps était couvert depuis le matin, et il faisait froid comme si le vent avait soudain viré au nord. La tante étendit les mains au-dessus d'un petit brasero rond recouvert d'un grillage de bambou et déclara :

— Dites-moi, Oyone, cette chambre doit être agréablement fraîche en été, mais maintenant, elle va commencer à être froide.

La tante avait coiffé en un chignon soigné ses cheveux rebelles, et noué sur sa poitrine les cordons tressés de la veste surannée qu'elle portait sur son kimono. Elle aimait bien le saké et continuait à en boire un peu tous les soirs. Elle devait sans doute à cette habitude son teint coloré et un certain embonpoint qui lui donnaient l'air beaucoup plus jeune que son âge. Après chacune de ses visites, Oyone faisait remarquer à Sôsuke combien sa tante paraissait jeune. Et Sôsuke lui expliquait immanquablement :

— C'est normal qu'elle ait l'air jeune. De toute sa vie, elle n'a eu qu'un seul enfant.

C'est peut-être bien ça, en effet, se disait Oyone, puis elle entrait dans la pièce de six nattes pour se regarder subrepticement dans le miroir : il lui semblait que ses joues à elles se creusaient à vue d'œil ces derniers temps. Cependant, elle n'était pas obsédée par l'idée qu'elle n'avait pas d'enfant. Dans la maison du propriétaire, derrière chez eux, vivaient de nombreux enfants. Chaque fois qu'elle les entendait crier de joie dans le jardin derrière la butte, en jouant à la balançoire ou au chat perché, Oyone était envahie par les regrets et par le sentiment du caractère éphémère de la vie. La tante assise devant elle avait eu un seul fils, l'avait élevé comme il fallait, en avait fait un ingénieur brillant, si bien qu'aujourd'hui, malgré la mort de son mari, elle portait sur le visage un air de satisfaction et de prospérité qu'accentuait son double menton. Yasu était perpétuellement inquiet : « Ma mère est trop grosse, disait-il, si elle ne fait pas attention, elle va finir par mourir d'apoplexie », mais Oyone était quant à elle convaincue que le fils inquiet et la mère, objet d'inquiétude, étaient une source de bonheur permanent l'un pour l'autre.

— Et Yasu ? demanda Oyone.

— Finalement, vous savez, il n'est revenu qu'avant-hier soir. Je suis vraiment navrée du retard que cela a causé à notre réponse.

Elle n'en dit pas plus au sujet de la « réponse » et revint vite à Yasunosuke.

— Oui, il a brillamment réussi ses études, mais c'est maintenant que commencent les choses importantes. Je me fais bien du souci pour lui, vous savez. Enfin, depuis le mois de septembre, il est entré dans cette usine de Tsukishima, heureusement, il travaille beaucoup, et s'il continue comme ça, les choses ne devraient pas aller trop mal d'ici la fin de l'année, mais vous savez, il est bien jeune encore, on ne peut pas savoir comment il va évoluer !

Oyone approuvait de temps à autre par des « Mais c'est parfait, bravo, félicitations ! » et autres formules.

— Il est allé à Kôbe parce qu'il avait beaucoup à faire là-bas. Il est, paraît-il, question d'installer un moteur à pétrole ou quelque chose comme ça à bord d'un bateau de pêche à la bonite, pensez donc !

Oyone, qui n'y comprenait absolument rien, lâcha cependant un « oh ! » admiratif. La tante poursuivit aussitôt :

— Vous savez, moi non plus, je ne savais pas ce que c'était, c'est grâce aux explications de Yasu que j'ai fini par y comprendre quelque chose ! Enfin, même maintenant, je ne sais toujours pas ce que c'est qu'un moteur à pétrole ! dit-elle en éclatant d'un gros rire.

— En tout cas, il paraît que c'est une machine qui permet au bateau d'avancer librement, en brûlant du pétrole, mais à entendre Yasu, c'est un véritable trésor car une fois qu'on l'a installée, cela évite de se servir des rames. On peut sortir en mer jusqu'à des distances de cinq ou dix lieues, vous pensez si c'est pratique ! Et vous savez, si on compte tous les bateaux de pêche à la bonite qu'il y a au Japon, ça fait un chiffre énorme. Si chacun d'eux était équipé d'un moteur à pétrole, vous imaginez le bénéfice ! Alors ces temps-ci, Yasu ne pense plus qu'à ça. L'autre jour, il me disait en riant : « Faire des bénéfices pareils, c'est appréciable, mais par ailleurs, quel ennui si j'attrapais mal en m'exposant ainsi au froid ! »

La tante se montrait intarissable sur Yasunosuke et ses bateaux de pêche, sujet qui semblait la passionner, mais elle ne pipait mot de l'affaire de Koroku. Et Sôsuke, pour une raison inconnue, n'était toujours pas rentré, alors qu'il aurait dû être là depuis longtemps.

En fait, ce jour-là, en rentrant du bureau, il était descendu du tramway à l'arrêt de Surugadaï-shita et, les lèvres pincées comme si une nourriture acide avait gonflé ses joues, avait parcouru une centaine de mètres jusqu'à la porte d'entrée du cabinet d'un dentiste de sa connaissance. Trois ou quatre jours plus tôt, alors qu'il dînait, assis en face d'Oyone, il avait pris ses baguettes tout en parlant et une de ses dents de devant s'était mise à lui faire mal à la suite d'un faux mouvement qu'il avait fait en mordant dans une bouchée. Il l'avait fait bouger avec ses doigts, et constaté ainsi que la racine en était branlante. Aux repas, cette dent était sensible au thé chaud, et l'était aussi à l'air froid lorsqu'il ouvrait la bouche pour respirer. En se brossant les dents ce matin-là, Sôsuke avait évité l'endroit douloureux et préféré utiliser un cure-dents. En regardant l'intérieur de sa bouche dans la glace, il avait vu briller d'un éclat froid deux molaires qu'il avait fait plomber autrefois à Hiroshima, et une de ses incisives, qu'on avait dû limer pour la raccourcir parce qu'elle poussait en dehors de la rangée.

— Oyone, avait-il dit en mettant son costume européen, mes dents ont l'air en bien mauvais état. Regarde, quand je fais ça, je les fais toutes bouger.

En le voyant ébranler ses dents avec ses doigts, Oyone s'était mise à rire.

— C'est que tu te fais vieux, avait-elle dit, en passant derrière lui pour fixer un col blanc à sa chemise.

Sôsuke avait décidé de se rendre l'après-midi même chez le dentiste. Trois ou quatre clientes se trouvaient dans la salle d'attente, blotties, le menton engoncé dans leur col, dans les fauteuils de velours alignés autour d'une grande table à l'occidentale. Il y avait dans la pièce un beau fourneau à gaz couleur thé, pas encore allumé. Sôsuke attendit son tour en contemplant le mur blanc qui se reflétait en oblique dans un grand miroir, puis, poussé par l'ennui, jeta les yeux sur les revues empilées sur la table. Il en feuilleta une ou deux, s'aperçut qu'il n'y avait là que des magazines féminins. Il regarda à plusieurs reprises les photos de femmes en couverture, puis prit une revue intitulée *Succès.* Il put lire, au début d'un article intitulé « Les secrets du succès », la proposition suivante : « Dans la vie, il faut aller de l'avant résolument, mais avancer résolument n'est pas suffisant : il faut le faire quand on est sûr d'avoir des bases solides. » Il ne lut que cette phrase, et reposa la revue. Le « succès » et lui étaient aux antipodes l'un de l'autre ! Il avait même ignoré jusqu'à ce jour qu'il pût exister une revue portant ce nom ! Intrigué, il reprit la revue, l'ouvrit à nouveau et put voir cette fois deux lignes d'une poésie chinoise :

Le vent, sur la capitale azurée, a balayé les nuages
Et la lune, au-dessus des monts de l'est, élève son disque de jade.

Sôsuke n'avait jamais été le type d'homme à s'intéresser à la poésie, chinoise ou japonaise, pourtant ces deux vers l'émurent profondément. Ce qui le touchait n'était pas des rimes particulièrement heureuses ou une qualité de cet ordre, mais simplement la pensée qu'un sentiment de sérénité analogue au paysage décrit ici était l'image même du bonheur humain. Par curiosité, il lut les commentaires qui accompagnaient la poésie, mais ils lui parurent sans rapport aucun avec elle. Ces deux vers continuèrent à le hanter après qu'il eut reposé la revue : ces quatre ou cinq dernières années, pas une seule fois sa vie n'avait correspondu à pareil paysage.

A ce moment, la porte en face de lui s'ouvrit, et un jeune assistant, muni d'une feuille de papier, appela : « Monsieur Nonaka ! » puis le conduisit à l'intérieur du cabinet.

En entrant, il constata qu'il était deux fois plus vaste que la salle d'attente. Des deux côtés de la pièce, disposée de manière à recevoir le plus de luminosité possible, étaient placés quatre fauteuils d'opération, devant lesquels officiaient les dentistes, la poitrine couverte d'un plastron blanc, chacun penché sur un client. Sôsuke fut conduit jusqu'au fauteuil le plus au fond, et prié de s'y installer. Il grimpa sur une sorte d'escabeau et s'assit. L'assistant le couvrit soigneusement d'un épais tablier de coton rayé, des genoux aux pieds.

Quand il fut ainsi confortablement installé, Sôsuke découvrit que sa dent ne le faisait plus souffrir autant que d'habitude, et aussi qu'il était particulièrement à l'aise, avec les épaules, le dos et le bassin dans cette position relaxante. Levant la tête, il se mit à contempler un tuyau à gaz qui descendait du plafond. A la vue de cette installation, il commença à s'inquiéter : n'aurait-il pas à payer des honoraires plus élevés que ce qu'il avait d'abord imaginé ?

A ce moment précis apparut un homme corpulent, au crâne trop petit par rapport à son visage, qui le salua avec une extrême politesse, ce qui amena Sôsuke à remuer précipitamment la tête. Le gros homme l'interrogea sur son état de santé général, examina l'intérieur de sa bouche, et fit bouger doucement du doigt la dent douloureuse.

— Si elle bouge à ce point, je ne pense pas qu'on puisse la rendre aussi solide qu'à l'origine, déclara-t-il. Car cela veut dire qu'elle est complètement cariée à l'intérieur.

Cet avis fit à Sôsuke le même effet que la lumière triste d'un jour d'automne. Il avait envie de demander si c'était normal à son âge, mais, en proie à un léger malaise, il se contenta d'insister un peu en ces termes :

— Alors, cela ne peut pas guérir ?

Le gros homme lui répondit avec un sourire :

— Je me vois en effet dans l'obligation de vous dire que cette dent ne guérira pas. S'il n'y a pas d'autre moyen, il vaudrait mieux décider de vous la faire arracher, mais nous n'en sommes pas encore là : je vais simplement faire en sorte qu'elle ne vous fasse plus souffrir. Le mot « carie » n'évoque peut-être rien pour vous, mais en tout cas, cette dent est complètement pourrie.

— Ah bon ? répondit Sôsuke, et il laissa les choses à l'appréciation du gros homme. Celui-ci commença à creuser sa dent à l'aide d'une fraise en direction de la racine, puis il introduisit une aiguille longue et fine à l'intérieur pour en tâter le bout, et finalement retira un filament qu'il montra à Sôsuske en disant : « Regardez, voilà ce que j'ai enlevé comme nerf ! » Ensuite, il reboucha le trou avec une pâte médicamenteuse et lui recommanda de revenir le lendemain.

En descendant de son fauteuil, il se retrouva à la verticale, et son regard descendit brusquement du plafond au jardin, où il enregistra l'image d'un pin d'environ cinq pieds de haut planté dans un pot. Un jardinier chaussé de sandales de paille était en train d'entourer soigneusement la base du tronc dans une natte épaisse. Il se rendit compte qu'il y avait des gens qui avaient le temps de penser à prendre leurs précautions pour la saison à venir, où la gelée blanche remplacerait la rosée matinale.

Avant de s'en aller, il reçut de la pharmacie, située près de l'entrée, une poudre avec laquelle on lui recommanda de se rincer la bouche une dizaine de fois par jour, après l'avoir fait fondre dans cent fois son volume d'eau tiède. Agréablement surpris par la somme modique que le comptable lui demanda en échange des soins, il se dit que, s'il devait revenir quatre ou cinq fois ainsi qu'on le lui avait dit, il pourrait supporter les frais sans trop de difficultés. Après quoi il s'aperçut, en se rechaussant, que ses semelles étaient trouées.

Quand il arriva chez lui, sa tante venait de repartir.

— Ah bon, elle était là ? dit-il d'un air contrarié, tout en changeant son costume européen pour un kimono avant de s'installer, selon son habitude, près du brasero.

Oyone fit un paquet de sa chemise, de son pantalon et de ses chaussettes, et les emporta dans la pièce de six nattes. Sôsuke se mit à fumer d'un air absent, puis, entendant Oyone s'activer à côté avec la brosse à habits, il demanda :

— Alors, qu'est-ce qu'elle a dit, la tante Saeki ?

Son mal de dent s'était calmé, la sensation d'être assailli par le froid automnal lui pesait moins. Il demanda à Oyone de lui préparer une solution avec le remède qu'il avait dans la poche, et commença à se rincer la bouche, debout sur la véranda.

— Les jours ont bien raccourci... remarqua-t-il soudain.

Bientôt la nuit tomba. Un profond silence envahit le quartier où déjà, dans la journée, on entendait rarement passer les voitures. Comme d'habitude, les deux époux se rapprochèrent de la lampe. On eût dit que pour eux le seul endroit éclairé de par le vaste monde était le coin où ils étaient assis, uniquement conscients l'un de l'autre, oublieux du reste de la société qui appartenait à un domaine obscur, situé hors du halo de leur lampe. En passant ainsi leurs soirées, ils se révélaient à eux-mêmes leur propre existence. Image parfaite d'un couple paisible, tous deux secouaient la boîte d'*Algues du Bonheur* que Yasu leur avait ramenée de Kôbe, pour en extraire les lamelles d'algues épicées en forme de nœuds, tout en discutant calmement de la réponse des Saeki.

— Pourtant, s'ils pouvaient payer les frais mensuels et lui donner un peu d'argent de poche, ça pourrait aller.

— Ils disent qu'ils ne peuvent pas. J'ai beau faire et refaire les calculs, il faut dix yen par mois. Et dix yen, d'après eux, ça représente une somme rondelette qu'ils auraient vraiment de la peine à sortir tous les mois en ce moment.

— Alors comment vont-ils faire pour continuer à payer vingt yen par mois jusqu'à la fin de l'année ?

— C'est bien pour ça que Yasu a dit, paraît-il, qu'à la limite ils peuvent encore payer un mois ou deux, mais qu'après ça il faudra nous arranger d'une façon ou d'une autre.

— Tu crois qu'ils n'ont vraiment pas les moyens ?

— Ça, je n'en sais rien. En tout cas, c'est ce que dit ta tante.

— Mais si cette affaire de bateaux de pêche rapporte, ça ne représentera plus grand-chose pour eux.

— C'est vrai, ça !

Oyone fit entendre un rire étouffé. Les coins de la bouche de Sôsuke se soulevèrent aussi légèrement, mais finalement ils en restèrent là sur le sujet. Sôsuke reprit au bout d'un moment :

— De toute façon, la seule solution qui nous reste est de faire venir Koroku à la maison. Pour la suite on verra bien. Pour le moment, il suit les cours, non ?

— Oui, sans doute.

Sôsuke ne releva pas la réponse de sa femme et, chose inhabituelle, passa dans son bureau. Environ une heure plus tard, Oyone entrouvrit les cloisons pour voir ce qu'il faisait : assis devant la table, il lisait.

— Tu travailles ? Tu devrais aller te coucher.

A cette invitation, il tourna la tête.

— Hmm, allez, au lit ! répondit-il en se levant.

Au moment de se coucher, tandis qu'après s'être déshabillé il enroulait autour de sa taille la ceinture en coton froissé de son kimono de nuit, il déclara à sa femme :

— Ce soir, j'ai relu les *Analectes* de Confucius, ça faisait longtemps que ça ne m'était pas arrivé.

— Tu y as trouvé quelque chose d'intéressant ?

— Non, rien du tout. Puis il ajouta : Au fait, tu sais, ma dent, c'est bien à cause de mon âge qu'elle branle comme ça !... Et c'est impossible à guérir, paraît-il, continua-t-il en posant sa tête brune sur l'oreiller.

6

Il fut décidé une fois pour toutes que Koroku quitterait la pension et viendrait s'installer chez son frère dès que les circonstances le permettraient. Oyone jeta un regard de regret sur la coiffeuse en bois de mûrier qu'elle avait installée dans la pièce de six nattes.

— Ça va être un peu compliqué de lui retrouver une place, dit-elle à Sôsuke d'un ton plaintif.

Et il était vrai qu'en lui supprimant cette pièce on enlevait à Oyone l'endroit où elle se maquillait. Sôsuke, incapable de trouver une solution à ce problème, restait debout à regarder en oblique l'arrière du miroir posé devant la fenêtre en face de lui. Il y apercevait le col du kimono d'Oyone et l'une de ses joues. Surpris par le teint maladif qu'avait son profil, il s'exclama :

— Qu'as-tu donc, Oyone ? Tu as bien mauvaise mine.

Il quitta le miroir des yeux pour la regarder directement : ses cheveux étaient emmêlés, et l'arrière de son col légèrement taché.

— Ça doit être à cause du froid, répondit-elle, puis elle alla ouvrir un placard posé contre le mur ouest. En bas se trouvait une vieille commode tout abîmée ; en haut étaient entassés un sac chinois et deux ou trois paniers d'osier.

— On n'a pas d'endroit où ranger tout ça.

— Il n'y a qu'à tout laisser là.

L'emménagement de Koroku chez eux était une source de tracas, à cause de ce genre de détails. C'est pourquoi ils se gardaient bien de faire pression sur Koroku, qui n'était toujours pas là, après avoir promis qu'il allait venir. Chaque jour de délai supplémentaire était en quelque sorte un jour de gêne de moins pour eux. Koroku, de son côté, avait scrupule à aller chez eux pour les mêmes raisons, et retardait chaque jour son déménagement, ayant décidé en son for intérieur de rester dans cette pension, plus facile à vivre pour lui, aussi longtemps qu'il le pourrait. Mais il n'était pas dans sa nature, contrairement à son frère et à sa femme, d'attendre sans rien faire que les choses se passent. Pendant ce temps, les premières gelées avaient fait leur apparition, les branches du bananier dans le jardin étaient toutes cassées. Le matin, dans le jardin du propriétaire en haut de la butte, le bulbul faisait entendre ses trilles. Le soir, à l'heure des prières, on entendait, mêlés au son de la trompette annonçant le passage du marchand de pâte de soja, les bonzes de l'Enmyôji frapper en cadence sur leurs poissons de bois. Les jours raccourcissaient de plus en plus. Et Oyone avait une mine plus pâle encore que celle que Sôsuke avait remarquée un jour dans le miroir. Deux ou trois fois, en rentrant du bureau, il l'avait trouvée allongée dans la pièce de six nattes. Quand il lui demandait si elle était souffrante, elle prétendait avoir seulement un peu mal au cœur. S'il l'engageait à aller voir un docteur, elle répondait que ce n'était pas la peine.

Sôsuke s'inquiétait. Même au bureau, il pensait souvent à la santé d'Oyone, et se rendit compte que cela l'empêchait de travailler correctement. Mais un jour, dans le tramway qui le ramenait du bureau, il se donna soudain une tape sur le genou. Ce jour-là, il ouvrit la porte d'entrée avec un air de gaieté inhabituel et demanda tout de suite à sa femme comment elle se sentait. Oyone avait comme d'habitude fait un paquet des vêtements et des chaussettes de son mari, et les emmenait dans la pièce voisine, où il la suivit.

— Oyone, tu ne serais pas enceinte, par hasard ? dit-il en souriant.

Sans répondre, Oyone, penchée sur son veston, en enlevait la poussière avec application. Puis le bruit de la brosse cessa, mais comme elle ne ressortait pas de la pièce, Sôsuke retourna voir et la trouva seule dans l'obscurité, assise devant son miroir, l'air frigorifiée.

— J'arrive, fit-elle en se levant, mais il pouvait encore entendre des larmes dans sa voix.

Ce soir-là, les deux époux s'assirent l'un en face de l'autre, tout près du brasero, à portée de main de la bouilloire posée dessus.

— Alors, quoi de neuf ? demanda Sôsuke d'un ton léger qui ne lui était pas habituel.

Oyone, elle, se revoyait avec Sôsuke avant leur mariage, en couple embelli par son souvenir.

— On devrait aller s'amuser un peu. Ça fait un moment qu'on ne fait rien, reprit Sôsuke, et pendant un moment tous deux discutèrent de ce qu'ils pourraient bien faire du dimanche à venir. Le sujet de conversation suivant fut leur garde-robe d'hiver. Sôsuke raconta à sa femme une anecdote amusante qui la fit bien rire : un de ses collègues du nom de Takagi avait rembarré sa femme qui l'importunait pour se faire acheter un manteau de soie ouatée, en lui disant que s'il travaillait, ce n'était pas pour satisfaire sa coquetterie féminine. « Quel culot tu as de me dire ça ! » avait-elle rétorqué avant d'expliquer qu'elle n'avait rien à se mettre pour sortir par temps froid. « S'il fait froid je n'y peux rien, tu n'as qu'à prendre ton mal en patience et t'envelopper d'un sac de couchage ou d'une couverture pour le moment ! » avait rétorqué Takagi. En voyant son mari de si bonne humeur, Oyone avait l'impression de revivre le passé.

— Ça m'est égal que la femme de Takagi se contente d'une couverture, mais moi, j'aimerais bien m'acheter un nouveau manteau. J'ai pensé à ça l'autre jour chez le dentiste en voyant un jardinier envelopper de paille le tronc d'un pin miniature.

— Un manteau ?!

— Oui.

— Achètes-en un. Par mensualités... fit Oyone d'un air de dire que c'était dommage.

— Bah, après tout, ce n'est pas la peine, répondit Sôsuke, la mine soudain attristée. A propos, quand est-ce que Koroku va se décider à venir ?

— Il ne doit pas avoir grande envie de venir vivre ici, répondit Oyone. Au début elle avait eu l'impression que Koroku ne l'aimait pas. Mais comme il était le frère de son mari, elle avait tenté un rapprochement et s'était toujours montrée aimable avec lui, jusqu'à finalement arriver à croire qu'il avait changé de sentiment et lui portait l'affection normale d'un jeune homme pour sa belle-sœur. Mais dans le cas présent, elle se montait la tête et allait jusqu'à imaginer qu'elle était l'unique raison qui empêchait Koroku d'emménager chez eux.

— C'est sûr que ça ne doit pas lui plaire de quitter la pension pour s'installer dans une maison comme la nôtre. On va se sentir à l'étroit, et il n'y a pas de raison que lui ne se sente pas gêné aussi. Moi, par exemple, si je savais qu'il ne venait pas, je n'hésiterais pas à me faire faire un pardessus.

Sôsuke s'exprimait avec une franchise toute masculine, mais cela était loin de suffire à apaiser les doutes d'Oyone. Celle-ci resta un moment silencieuse, puis, son menton gracile enfoncé dans le col de son kimono, elle leva les yeux pour demander :

— Tu crois que Koroku me déteste toujours ?

A l'époque de leur arrivée à Tôkyô, Sôsuke s'entendait souvent poser ce genre de question par Oyone, et il se donnait alors beaucoup de peine pour la rassurer, mais depuis quelque temps elle paraissait avoir complètement oublié ses inquiétudes et Sôsuke avait lui aussi cessé d'y penser.

— Ne recommence pas ton hystérie ! Qu'est-ce que ça peut faire, ce que pense Koroku, puisque je suis là, moi !

— Tu as trouvé ce mot dans les *Analectes* ?

Oyone était bien femme à faire ce genre de plaisanterie dans des circonstances pareilles.

— Parfaitement, répondit Sôsuke, ce qui mit un terme à leur discussion.

Le lendemain matin, à son réveil, Sôsuke entendit sur les plaques de zinc de l'auvent un bruit qui le fit frissonner. Oyone, prête à se mettre au ménage, les manches de son kimono retenues par une cordelette, vint l'avertir qu'il était l'heure de se lever. Le bruit des gouttes de pluie sur le toit de zinc l'aurait bien incité à rester un peu plus longtemps au chaud sous les couvertures, mais l'activité qu'Oyone paraissait déjà déployer, en dépit de sa faible santé, le décida à se lever immédiatement.

Dehors une pluie épaisse obstruait la vue. Au sommet de la butte, les bambous s'agitaient de temps à autre comme s'ils secouaient une crinière pour se débarrasser de la pluie. Sôsuke n'avait pas d'autre moyen que la soupe au soja fermenté et le riz brûlant pour se donner le courage de sortir affronter la pluie et le ciel gris.

— Mes chaussures vont encore prendre l'eau. Vraiment, ça m'embête de ne pas en avoir deux paires.

N'ayant pas le choix, il enfila ses chaussures aux semelles trouées et retroussa le bas de son pantalon.

Quand il rentra dans l'après-midi, il vit qu'Oyone avait placé une cuvette métallique contenant une serpillière à côté de sa coiffeuse dans la pièce à six nattes.

— Il n'y a pas que mes chaussures. Même la maison prend l'eau ! dit Sôsuke avec un rire forcé.

Ce soir-là, Oyone alluma le *kotatsu* [1] pour y faire sécher les chaussettes en fil d'Ecosse et le pantalon de drap rayé de son mari.

Le lendemain, la pluie tombait toujours, et l'on vit la même scène se reproduire entre les deux époux. Le jour suivant, le ciel n'était toujours pas dégagé. A la troisième matinée de pluie, Sôsuke claqua la langue en fronçant les sourcils.

— Jusqu'à quand va-t-il pleuvoir comme ça ? Mes chaussures sont trempées, j'ai beau être patient, je ne peux plus les porter !

— Et c'est embêtant qu'il pleuve comme ça dans cette chambre !

Les deux époux tombèrent d'accord pour demander au propriétaire de faire réparer le toit de la maison dès que le temps se remettrait au beau. Mais pour les chaussures, il n'y avait rien à faire et, bon gré mal gré, Sôsuke dut les enfiler, toutes crissantes, pour sortir.

1. Sorte de chaufferette enclavée sous une table recouverte d'une couverture.

Heureusement, le soleil se remit à briller ce jour-là sur le coup de onze heures, et ce fut une chaude journée de printemps, agrémentée par le chant des moineaux dans les haies. Quand Sôsuke rentra, Oyone, qui paraissait avoir bien meilleure mine que d'habitude, lui demanda à brûle-pourpoint :

— Tu ne voudrais pas vendre ce paravent ?

Depuis son arrivée de chez les Saeki, le paravent de Hô-itsu était en effet resté posé dans un coin du bureau. Il avait beau n'avoir que deux battants, c'était, étant donné l'orientation et les dimensions du salon, un élément de décoration plutôt encombrant. Si on le tournait vers le sud, il bouchait la moitié de l'entrée, si on le tournait vers l'est, il enlevait toute la lumière, et dans le coin qui restait, il cachait le *tokonoma*, ce qui faisait parfois maugréer Sôsuke.

— Je l'ai accepté parce qu'il est le seul souvenir qui me reste de mon père, mais vraiment c'est encombrant ! Enfin, on n'y peut rien !

Chaque fois, Oyone avait contemplé cette pleine lune argentée aux bords effacés, et ces graminées dont les couleurs se distinguaient à peine de celles du fond de soie, avec une expression indiquant clairement que la raison pour laquelle certaines personnes tenaient à conserver cette relique lui échappait totalement. Mais par scrupule envers son mari, elle n'en soufflait mot. Elle avait simplement demandé un jour :

— Ça a vraiment de la valeur, cette peinture ?

Sôsuke lui avait alors expliqué pour la première fois qui était Hô-itsu, c'est-à-dire qu'il avait simplement répété ce qui lui restait, comme un souvenir brumeux, des explications de son père. Quant à la valeur réelle du paravent et à l'histoire détaillée de Hô-itsu, il n'en avait que de vagues notions.

Ce fut là, cependant, la cause déterminante d'un acte inhabituel de la part d'Oyone. Ses conversations avec son mari au cours de la semaine précédente avaient en effet fait inopinément germer en elle une idée nouvelle qui la faisait sourire doucement.

Ce jour-là, donc, lorsque les rayons du soleil étaient venus éclairer à nouveau, après la pluie, les cloisons de papier de la salle à manger, Oyone s'enveloppa d'une étoffe de couleur étrange, qui tenait à la fois de l'écharpe et du châle, et sortit. Après avoir marché environ deux cents mètres et tourné dans la direction du tramway puis continué tout droit, on arrivait devant une boutique d'antiquaire assez spacieuse, située entre une épicerie et une boulangerie. Oyone se souvenait avoir acheté là, autrefois, une table basse dont les pieds se repliaient. Et la bouilloire qui était posée sur leur brasero, Sôsuke l'avait également trouvée dans cette boutique.

Les mains dans les poches, elle s'arrêta devant le magasin. Dans la vitrine étaient exposées un nombre toujours aussi impressionnant de bouilloires. A part cela, l'objet le plus représenté était le brasero, sans doute à cause de la saison. Elle ne vit rien cependant qui lui parût digne du nom d'antiquité, si ce n'est, peut-être, une grande carapace de tortue d'une espèce inconnue suspendue face à elle et d'où pendait, en guise de queue, un long plumeau jauni tel qu'en portent les bonzes. Une ou deux étagères en bois de santal rouge étaient également exposées, mais elles avaient l'air en médiocre état et peu solides. Oyone était, de toute façon, bien incapable de juger. Elle s'assura simplement, avant d'entrer, qu'il n'y avait ni paravent ni peinture sur soie dans la vitrine.

Elle s'était évidemment rendue jusqu'à ce magasin dans l'intention de vendre pour une somme coquette le paravent que son mari avait reçu des Saeki. Pendant son séjour à Hiroshima, elle avait déjà eu à faire ce genre de démarche, et c'est donc résolument, sans l'ombre de la gêne ni de l'humiliation qu'aurait pu ressentir une autre femme, qu'elle s'adressa au patron de la boutique. Celui-ci était un homme d'une cinquantaine d'années, aux joues creuses et à la peau sombre, qui était occupé à lire le journal, le nez surmonté de lunettes à monture d'écaille exagérément grandes, et à se chauffer les mains au-dessus d'un brasero chinois couvert de petites bulles de bronze.

— Entendu, je veux bien le voir, dit-il d'un air détaché.

Oyone fut légèrement déçue de ce ton peu empressé, mais elle n'avait de toute façon pas fondé grand espoir sur sa démarche, et il fallait commencer par montrer l'objet au marchand, quelle que fût son attitude, indifférente ou enthousiaste.

— Alors c'est d'accord, je viendrai vous voir un peu plus tard, mon commis est absent pour le moment.

Sur cette réponse à peine polie, Oyone rentra chez elle, doutant au fond d'elle-même que l'antiquaire consentît à se déranger. Alors qu'elle était en train de faire desservir la table par Kiyo, après l'habituel déjeuner frugal qu'elle prenait seule, elle entendit la grosse voix de l'antiquaire dans le vestibule.

— Excusez-moi, je peux entrer ?

Elle l'introduisit dans le salon et lui montra le paravent.

— Bien, bien, bien... fit-il en lissant de la main l'envers et la bordure. Si vous voulez le vendre...

Il s'arrêta pour réfléchir, puis proposa son prix d'un air dégoûté.

— Je vous en donne six yen.

Cette estimation parut tout à fait convenable à Oyone, mais elle réfléchit que vendre ainsi le seul souvenir de famille de son mari sans le consulter au préalable serait faire preuve d'un peu trop d'indépendance. Elle répondit donc au marchand qu'il lui fallait d'abord en parler à son mari, et le raccompagna à la porte. Avant de sortir, celui-ci proposa :

— Ecoutez, madame, puisque je me suis déplacé exprès, je monte mon offre d'un yen et vous me le vendez maintenant.

— Mais, monsieur, c'est un Hô-itsu ! répondit Oyone sans se démonter.

Mais, au fond, elle était plutôt inquiète.

— Les Hô-itsu ne sont pas très à la mode en ce moment, répondit tranquillement l'antiquaire, puis il regarda Oyone avec insistance. Après quoi, il lui lança avant de s'en aller : Eh bien, parlez-en à votre époux.

Oyone raconta donc toute l'histoire à son mari, puis lui demanda à nouveau innocemment :

— Tu ne veux pas le vendre ?

Depuis quelque temps, Sôsuke était sans cesse en proie à des désirs matériels. L'existence modeste à laquelle il était habitué lui avait donné le pli de prétendre ne manquer de rien, même lorsque ce n'était pas le cas. En dehors de son salaire mensuel, il n'avait jamais disposé, même à titre exceptionnel, de la moindre ressource inattendue qui lui aurait permis d'améliorer tant soit peu son ordinaire. Aussi fut-il surpris, en entendant le récit d'Oyone, de la merveilleuse habileté dont elle avait fait preuve. En même temps il n'était pas sûr que tout cela fût bien nécessaire. Quand il sonda les intentions de sa femme, elle répondit qu'une somme d'une dizaine de yen permettrait d'acheter la nouvelle paire de chaussures dont il rêvait, et en plus une pièce de soie ordinaire. C'est tentant, se dit Sôsuke, mais en mettant dans la balance d'un côté le paravent de Hô-itsu hérité de son père, de l'autre une paire de chaussures neuves et une pièce de soie, cet échange lui parut aussi insensé qu'irrésistiblement drôle.

— Si tu veux le vendre, tu peux, puisque de toute façon, ici, il ne fait que nous encombrer. Mais moi, je peux encore me passer de chaussures neuves. S'il continuait à pleuvoir comme ces jours-ci, ce serait embêtant, mais comme le temps s'est remis au beau...

— Oui, mais s'il se remettait à pleuvoir ?

Sôsuke ne pouvait garantir à sa femme qu'il ferait beau éternellement, et Oyone, de son côté, n'osait pas lui dire de vendre son paravent avant qu'il se remît à pleuvoir. Ils se regardèrent en riant, puis Oyone demanda :

— Tu trouves l'offre trop basse ?

— Oui, je crois bien que c'est ça, répondit Sôsuke.

Si on lui suggérait que l'offre était basse, elle le lui paraissait en effet. Pourtant, face à un acheteur, il aurait sûrement accepté n'importe quel prix. Il lui semblait bien avoir lu dans les journaux que les tableaux et livres anciens atteignaient ces derniers temps des sommes faramineuses. Si seulement j'avais une seule peinture de cette valeur, se disait-il, tout en se résignant d'avance à ne pas appartenir à la catégorie des chanceux.

— Tout dépend de l'acheteur, mais aussi du vendeur, dit-il. Quelque chose qui m'appartient à moi ne sera jamais vendu bien cher, de toute façon. Mais quand même, sept ou huit yen, ça me paraît vraiment trop peu...

Sôsuke parlait comme s'il défendait en même temps son paravent et le point de vue de l'antiquaire. Mais il sentait aussi que ce plaidoyer n'avait pas grande valeur pour la défense de ses propres intérêts. Oyone elle-même se sentait légèrement découragée, et leur discussion au sujet du paravent en resta là.

Le lendemain, au bureau, Sôsuke raconta cette histoire à certains de ses collègues. Tous tombèrent d'accord que le prix ne correspondait pas à la valeur de l'objet. Mais personne ne lui proposa de l'aider à le vendre un prix convenable ni ne lui donna la moindre idée sur la façon de procéder pour éviter de se faire rouler.

Sôsuke n'avait donc guère le choix. Entre vendre son paravent à l'antiquaire du quartier, et voir cet objet continuer à encombrer son salon, il choisit de le laisser dans son salon. Sur ces entrefaites, l'antiquaire revint les voir et leur en proposa quinze yen. Les deux époux se regardèrent en souriant et décidèrent de le garder encore quelque temps sans le vendre. L'antiquaire revint à la charge, ils refusèrent à nouveau de vendre. Oyone prenait maintenant goût à refuser. L'antiquaire revint une quatrième fois en compagnie d'un inconnu, avec qui il s'entretint à voix basse, avant de leur en proposer trente-cinq yen. Les deux époux, debout côte à côte, s'entretinrent de même, et finalement se décidèrent à vendre leur paravent.

7

Les cèdres du temple Enmyôji avaient pris une teinte rouge sombre, comme roussis par le feu. Sur l'horizon purifié par les vents apparaissaient, les jours de beau temps, les crêtes pointues de montagnes blanches. La fin de l'année chassait Sôsuke et Oyone vers des régions chaque jour plus froides : chaque matin, la voix du marchand de soja fermenté qui passait évoquait le gel revêtant les tuiles. Cette voix, qu'il entendait du fond de son lit, rappelait à Sôsuke que l'hiver était de retour. Et Oyone, dans sa cuisine, se tourmentait inutilement comme chaque hiver, faisant des vœux pour que les canalisations d'eau ne gèlent pas. Le soir, les deux époux se tenaient autour du *kotatsu*, regrettant la douceur des hivers à Fukuoka ou Hiroshima.

— On dirait les Honda de la maison de devant ! disait Oyone en riant.

Les Honda étaient un vieux couple qui habitait dans la même enceinte et louait une maison appartenant à Sakai, identique à la leur. Ils avaient une jeune servante avec eux et menaient une vie tranquille, sans le moindre bruit du matin au soir. Oyone entendait seulement de temps en temps une voix crier : « Grand-pèèère ! » tandis qu'elle était occupée à coudre, seule dans la salle à manger. C'était la grand-mère Honda qui appelait son mari. Quand par hasard elle les rencontrait devant le portail d'entrée, Oyone échangeait avec eux quelques remarques polies sur le temps et ils s'invitaient réciproquement à se rendre visite, mais Oyone n'était jamais allée chez eux, pas plus qu'ils n'avaient tenté de venir. Par conséquent, elle ne savait pas grand-chose d'eux. Elle avait simplement entendu dire par les commerçants du quartier qu'ils avaient un fils unique, fonctionnaire du gouvernement en Corée, et qui, grâce à sa belle situation, leur envoyait chaque mois une pension qui leur permettait de vivre dans l'aisance.

— Est-ce que le grand-père Honda continue à s'occuper de ses arbres nains ?

— Je ne pense pas, avec le froid qu'il fait maintenant, mais il en a pas mal de pots rangés sous la véranda.

La conversation quitta alors la maison de devant pour passer à celle des propriétaires. Contrairement à celui des Honda, ce foyer paraissait à Sôsuke et Oyone des plus animés. Ces temps-ci, dans le jardin dépouillé par l'hiver, on n'entendait plus les nombreux enfants faire leur tapage habituel en haut du talus mais le piano retentissait tous les soirs, accompagné de temps à autre par le bruyant éclat de rire de quelque servante dans la cuisine, résonnant jusque dans la salle à manger de Sôsuke.

— Mais qu'est-ce qu'il fait donc, ce type ? demanda Sôsuke à sa femme.

Il lui avait déjà posé cette question un bon nombre de fois.

— Il ne fait rien, il passe sa vie à s'amuser. Avec les terrains et les maisons qu'il a... répondit Oyone, répétant la réponse qu'elle lui faisait chaque fois.

Sôsuke n'avait jamais insisté pour en savoir plus sur Sakai. A l'époque où il avait dû abandonner ses études, quand il lui arrivait de rencontrer un homme dans une situation favorable, avec des activités intéressantes, cela lui donnait envie de l'observer de plus près. Au bout d'un certain temps, cela s'était transformé simplement en un sentiment de jalousie et d'aversion. Mais depuis un an ou deux, il était devenu parfaitement indifférent aux inégalités entre lui et les autres, et en était arrivé à penser qu'il ne pouvait y avoir entre deux êtres humains aucun rapport ni aucune communauté d'intérêts en dehors du fait qu'ils respiraient sur la même terre, puisque chacun naissait avec une personnalité et un destin déterminés, et que chaque être appartenait dès le départ à une catégorie différente d'autrui. Il lui arrivait de temps à autre de demander, simplement pour alimenter la conversation, ce que telle ou telle personne faisait dans la vie, mais le moindre effort pour approfondir son information lui paraissait à la fois compliqué et inutile. Oyone partageait cette tendance. Ce soir-là, cependant, elle se laissa aller, chose extraordinaire, à lui raconter que Sakai, le propriétaire, était un homme imberbe d'une quarantaine d'années, que la pianiste qu'on entendait était sa fille aînée, âgée de douze ou treize ans, et que les enfants des maisons voisines qui venaient jouer chez eux n'étaient jamais autorisés à monter sur la balançoire.

— Et pourquoi est-ce qu'ils ne laissent pas les autres enfants jouer à la balançoire ?

— Parce qu'ils sont radins et qu'ils ont peur qu'elle s'abîme !

Sôsuke éclata de rire, et se dit qu'avec un propriétaire aussi radin ils avaient peu de chances de le voir envoyer des couvreurs dès qu'il serait informé des fuites d'eau du toit, ou faire venir des jardiniers pour réparer la haie, quand ils lui signaleraient qu'elle tombait en ruine.

Cette nuit-là, Sôsuke ne rêva ni des arbres nains des Honda ni de la balançoire des Sakai : il se coucha vers dix heures et se mit à ronfler comme un homme exténué par le travail. Quant à Oyone, qui souffrait depuis quelque temps de maux de tête et passait de mauvaises nuits, elle ouvrait de temps en temps les yeux pour regarder la pièce faiblement éclairée : il y avait une veilleuse au-dessus du *tokonoma*, car les deux époux avaient pris l'habitude de laisser de la lumière dans leur chambre, la nuit, et au moment de se coucher, ils installaient leur lampe à cet endroit après en avoir baissé la mèche.

Oyone changea la position de son oreiller, comme si quelque chose la dérangeait, agita son omoplate sur le matelas. Finalement, elle se mit à plat ventre et s'appuya sur les deux coudes pour regarder son mari. Puis elle se leva, enfila par-dessus son vêtement de nuit son kimono de tous les jours posé en bas des couvertures, et alla prendre la lampe posée sur le *tokonoma.*

Elle revint au chevet de son mari et se pencha sur lui :

— Dis, Sôsuke !

Celui-ci cessa de ronfler, mais continua à respirer comme un homme plongé dans un profond sommeil. Oyone se releva et, la lampe à la main, ouvrit les cloisons coulissantes pour passer dans la salle à manger. En éclairant de sa lampe la pièce obscure, elle vit briller confusément les anneaux de la commode. Elle dépassa celle-ci pour entrer dans la cuisine d'un noir de suie, où la seule note blanche était le papier des cloisons. Elle hésita un instant, debout au beau milieu de la pièce que n'éclairait plus une seule braise, puis ouvrit, en ayant soin de ne pas faire de bruit, la porte de la chambre de la servante, située à droite, et glissa la lampe à l'intérieur en faisant un abatjour de sa main. Kiyo dormait, enfouie comme une taupe sous une couverture dont on ne distinguait ni la couleur ni les motifs. Oyone inspecta ensuite la pièce de six nattes. La seule chose qui frappa son regard fut le miroir de sa chère coiffeuse, qui luisait lugubrement dans cette triste pièce vide.

Après avoir ainsi fait le tour de la maison et vérifié qu'il n'y avait rien d'insolite, Oyone se remit au lit. Elle ferma les yeux et s'assoupit en peu de temps, enfin consciente que tout allait bien et qu'il ne se passait rien d'inquiétant autour d'elle.

Elle ne tarda pas à rouvrir brusquement les yeux. Il lui semblait qu'un bruit violent venait de retentir près de son oreiller. Elle leva la tête de son oreiller pour tendre l'oreille et réfléchit : la seule possibilité était qu'un objet lourd et encombrant venait de dégringoler d'en haut du talus derrière chez eux, jusqu'à la véranda extérieure de la pièce où ils dormaient. Cela venait d'arriver à l'instant, juste avant qu'elle se réveille, et ne pouvait en aucune façon être la continuation d'un rêve. A cette idée, elle ressentit une impression de malaise, et, tirant sur la manche du vêtement de nuit de son mari, tenta sérieusement de le réveiller.

Sôsuke, qui était profondément endormi, s'éveilla en sursaut pendant qu'Oyone le secouait en disant :

— Sôsuke, réveille-toi, s'il te plaît !

— Hé là, bon, bon ! dit-il, rêvant encore à moitié, avant de se dresser brusquement sur son matelas.

Oyone lui raconta à voix basse ce qui venait de se passer.

— Tu l'as entendu une seule fois, ce bruit ?

— Mais oui, je te dis que ça vient de se passer à l'instant.

Tous deux se turent, tendant l'oreille aux bruits extérieurs, mais le monde alentour, plongé dans le silence, était on ne peut plus paisible. Ils eurent beau écouter, aucun autre bruit de chute ne leur parvint. Tout en se plaignant du froid, Sôsuke enfila une veste par-dessus son mince kimono de nuit, puis sortit sur la véranda pour scruter les alentours. Il ne vit rien, seulement assailli par un courant d'air glacé. Il referma aussitôt le volet. Dès qu'il eut fermé le verrou et fut rentré dans la chambre, il se glissa sous les couvertures.

— Tout est parfaitement normal. Tu as dû rêver, dit-il en se recouchant.

Oyone affirma que ce n'était pas un rêve et qu'elle avait bel et bien entendu un grand bruit au-dessus de sa tête. Sôsuke sortit la moitié de son visage des couvertures et se tourna vers sa femme.

— Oyone, je ne sais pas ce que tu as ces derniers temps, tu es beaucoup trop nerveuse. Il va falloir que tu trouves le moyen de te reposer l'esprit et de dormir un peu mieux.

A ce moment, l'horloge de la pièce voisine sonna deux heures. En l'entendant, tous deux s'arrêtèrent de parler, et ce silence leur permit de constater le retour au calme de la nuit. Eux deux, cependant, étaient bien réveillés maintenant, et n'avaient guère envie de se rendormir tout de suite.

— Pour toi, c'est facile à dire, fit Oyone. Tu n'es pas allongé depuis dix minutes que tu es déjà complètement endormi !

— Pour dormir, c'est sûr que je dors, mais je n'ai pas le sommeil facile, crois-moi ! Je ne dors que parce que je suis épuisé, répondit Sôsuke.

A l'issue de cette conversation, il se rendormit, mais Oyone continua à s'agiter dans le lit comme auparavant. Une voiture passa en vrombissant devant la maison. Ces derniers temps, Oyone se réveillait souvent avant l'aube, sursautant au bruit d'une voiture. Comme c'était toujours à peu près à la même heure, en y réfléchissant, elle avait fini par supposer que c'était la même voiture qui passait ainsi tous les matins au même endroit. Elle avait vite conclu que, pour être aussi pressé, il devait s'agir de quelque distributeur de lait, et ce bruit était devenu pour elle le signal de l'aube et des premières activités du voisinage. Ce roulement de voiture la rasséréna, et bientôt elle entendit quelque part le chant d'un coq, après quoi ce furent les socques de bois d'un passant dans la rue qui claquèrent bien fort. Puis elle entendit Kiyo se lever et ouvrir la porte de sa chambre, apparemment pour aller aux toilettes, après quoi elle passa dans la salle à manger, sans doute pour vérifier l'heure à l'horloge. Le niveau de l'huile de la lampe placée au-dessus du *tokonoma* avait tellement baissé qu'elle ne pouvait plus alimenter le petit bout de mèche restant, et la pièce où dormait Oyone fut plongée dans l'obscurité juste à ce moment. La lueur de la torche que Kiyo tenait à la main brilla alors dans l'interstice des cloisons.

— C'est toi, Kiyo ? appela Oyone.

La servante se prépara aussitôt. Trente minutes plus tard environ, ce fut au tour d'Oyone de se lever. Et une nouvelle demi-heure plus tard, ce fut Sôsuke qui sortit de son lit. Les jours de semaine, Oyone venait le prévenir quand c'était l'heure de se lever.

— Tu devrais te lever... disait-elle habituellement.

Les dimanches et les jours fériés, cette phrase devenait :

— Allez, lève-toi, s'il te plaît.

Mais ce jour-là, préoccupé par les événements de la nuit précédente, Sôsuke quitta son lit sans attendre qu'elle vienne le lui dire. Il ouvrit les volets donnant sur le pied du talus. En levant les yeux, il aperçut, derrière les bambous transis dans l'air froid du matin, la lueur du soleil qui faisait déjà fondre la gelée blanche et colorait légèrement le sommet du talus. Les herbes sèches qui poussaient environ deux pieds plus bas, là où la pente était la plus raide, étaient curieusement rasées et arrachées par endroits, laissant à nu des plaques de terre rouge : cette vision laissa Sôsuke perplexe. Baissant les yeux, il s'aperçut que quelque chose avait remué la terre au bout de la véranda, brisant des stalactites de glace, juste au-dessous de l'endroit où il se trouvait. Il se demanda si un gros chien n'aurait pas dégringolé du haut du talus jusque-là. Mais l'impact laissé par le choc paraissait trop violent pour qu'il puisse s'agir d'un simple chien, si énorme fût-il.

Sôsuke se rendit aussitôt dans le vestibule, chaussa ses socques de bois et descendit dans le jardin. Les lieux d'aisance étaient situés en plein dans un tournant du sentier, tout au bout de la véranda, si bien que ce passage longeant le pied du talus, déjà fort étroit, se faisait encore plus serré et pénible à suivre dans la partie à l'arrière de la maison. Ce tournant encombré ennuyait beaucoup Oyone, et elle ne manquait pas d'avertir les vidangeurs chaque fois qu'ils venaient : « Ce serait bien qu'il y ait un peu plus de place à cet endroit, mais... », ce qui déclenchait l'hilarité de Sôsuke.

Après ce passage délicat, un étroit sentier conduisait directement à la cuisine. Autrefois se trouvait là une haie de cèdres parsemés de branches mortes, qui séparait le jardin de celui du voisin, mais récemment, quand le propriétaire l'avait fait réparer, il avait fait enlever le feuillage clairsemé des cèdres et maintenant c'était un mur de planches noueuses qui s'étendait jusqu'à la porte de service. Comme cet endroit était mal exposé au soleil, et de plus souvent arrosé par l'eau de pluie tombant d'une gouttière, en été les bégonias y poussaient en abondance. Au moment de la floraison, leurs feuilles bleu-vert étaient si touffues qu'elles obstruaient presque complètement le passage, vision qui, la première année de leur installation, avait fortement impressionné Sôsuke et Oyone. Ces bégonias avaient multiplié là leurs racines, bien avant que la haie de cèdres n'ait été enlevée, et même maintenant que l'ancienne maison avait été démolie, leurs pousses renaissaient chaque été avec la même vigueur qu'autrefois. Quand elle s'en était rendu compte, Oyone, tout heureuse, s'était exclamée :

— Ah, que c'est joli !

Tandis que Sôsuke foulait le sol gelé de ce lieu si plein de souvenirs, ses yeux tombèrent sur un point de l'étroit passage, et il s'arrêta net au beau milieu de ce sentier glacial qui ne voyait jamais le soleil. A ses pieds se trouvait une boîte de laque à dessins d'or sur fond noir. Elle était posée bien droit sur le sol, comme si on l'avait déposée là exprès, mais le couvercle se trouvait séparé de deux ou trois pieds, renversé contre le mur de planches, si bien que les motifs ornant le papier épais qui en doublait le fond apparaissaient distinctement. Parmi les lettres et documents divers qui s'en étaient échappés et étaient éparpillés partout, on en remarquait un relativement long, déroulé sur environ deux pieds de distance, à l'extrémité toute roulée en boule. Sôsuke s'approcha, et sourit involontairement en regardant sous le papier chiffonné : quelqu'un s'y était soulagé.

Il fit un paquet de tous les documents dispersés et les remit dans la boîte, tout éclaboussée de boue et de gel, qu'il porta ainsi jusqu'à la porte de service. Il ouvrit la cloison et passa son fardeau à Kiyo en lui disant :

— Tiens, pose ça là-bas !

Kiyo la prit avec une drôle de grimace intriguée. Oyone était au fond, dans le salon, occupée à passer un plumeau sur les cloisons de papier. Sôsuke, les mains dans les manches de son kimono, passa en revue l'entrée et les environs de la maison, mais n'y découvrit rien d'anormal.

Finalement, il rentra dans la maison, vint s'asseoir dans la salle à manger devant le brasero, selon son habitude, puis appela Oyone de toutes ses forces. Celle-ci accourut du fond de la maison en disant :

— Mais où étais-tu passé depuis que tu t'es levé ?

— Dis donc, cette nuit finalement tu ne rêvais pas quand tu as entendu ce bruit : c'était un voleur. Et il a dû faire ce bruit en sautant de chez les Sakai, d'en haut du talus jusque dans notre jardin. Je viens de trouver cette boîte derrière la maison, avec les papiers qu'elle contenait éparpillés tout autour, et même autre chose de pas ragoûtant. Sôsuke prit dans la boîte deux ou trois lettres qu'il montra à Oyone : elles portaient toutes l'adresse de Sakai. Oyone, stupéfaite, était restée agenouillée, immobile. Elle demanda :

— Est-ce qu'il a volé autre chose ailleurs que chez les Sakai ?

Sôsuke croisa les bras.

— Peut-être bien qu'on s'est fait avoir, nous aussi.

Les deux époux, quoi qu'il en soit, commencèrent par s'attabler devant leur petit déjeuner, mais tout en actionnant leurs baguettes, ils ne manquèrent pas de parler du voleur. Oyone se flatta d'avoir l'oreille sûre et l'esprit alerte, tandis que Sôsuke se déclarait heureux du manque d'efficacité de son oreille et de son cerveau à lui.

— Tu dis ça, mais imagine un peu que cela se soit passé chez nous au lieu de chez les Sakai. Tu ne crois pas que c'est embêtant dans ce genre de cas d'avoir à la maison quelqu'un comme toi qui ne fait que ronfler comme un sonneur ? répondit Oyone pour le pousser dans ses derniers retranchements.

— Ne t'inquiète donc pas, aucun voleur ne sera jamais tenté d'entrer chez nous !

Telle fut la réponse peu étudiée que lui fit Sôsuke. A ce moment précis, Kiyo surgit soudain de sa cuisine.

— Mais si le pardesssus que Monsieur a acheté récemment avait été volé, quelle affaire ça aurait fait ! On peut s'estimer heureux que cela se soit passé chez les Sakai et non ici !

En l'entendant exprimer ainsi son contentement avec grand sérieux, Sôsuke comme Oyone se trouvèrent à court de repartie.

Après le déjeuner, il restait encore pas mal de temps avant le départ pour le bureau, aussi Sôsuke, se disant que la maison des Sakai devait être en pleine effervescence après ces événements, décida d'aller leur ramener lui-même la boîte. C'était certes une boîte en laque, mais probablement sans grande valeur, car le motif représentait simplement des écailles de tortue stylisées en or sur fond noir. Oyone l'enveloppa d'un carré de tissu, et comme il était un peu trop petit, elle noua les quatre coins ensemble du même côté, et fit deux petits nœuds supplémentaires au milieu. Quand Sôsuke partit avec son paquet, celui-ci avait tout l'air de contenir une boîte de gâteaux à offrir.

Vu du salon, le sommet du talus avait l'air tout proche, mais pour y parvenir, il fallait passer par la rue devant la maison, marcher une soixantaine de mètres, gravir la pente, et parcourir à nouveau soixante mètres en sens inverse avant d'atteindre le portail des Sakai. Sôsuke longea une haie de houx plantée sur une base de pierre recouverte de gazon, avant de franchir le portail.

Un silence presque troublant régnait sur la maison. Parvenu devant la porte d'entrée garnie de verre dépoli, Sôsuke appuya deux ou trois fois sur le bouton de la sonnette, mais apparemment celle-ci était hors d'usage, car personne ne vint ouvrir. En désespoir de cause, Sôsuke fit le tour jusqu'à la porte de service, constituée de cloisons également garnies en partie de verre dépoli. Un bruit de vaisselle lui parvenait de l'intérieur. Sôsuke ouvrit la porte et salua la servante qui se trouvait là, accroupie sur le plancher de bois près d'un fourneau à gaz.

— Cet objet doit venir de chez vous. Je vous le ramène : je l'ai trouvé ce matin derrière chez moi, dit-il en lui montrant la boîte.

— C'est très aimable à vous, dit la servante, et après ces remerciements succincts, elle prit la boîte, marcha jusqu'à l'endroit où s'arrêtait le plancher, d'où elle appela quelqu'un qui paraissait être une femme de chambre. Elle lui expliqua à voix basse ce dont il s'agissait, et lui tendit l'objet. La femme de chambre le prit, jeta un coup d'œil en direction de Sôsuke et disparut dans le fond. Au moment où elle partait arrivèrent en courant deux fillettes, l'une d'une douzaine d'années, avec de grands yeux dans un visage rond, l'autre, qui portait les mêmes rubans dans ses cheveux, paraissant être sa sœur cadette. Toutes deux passèrent leurs petites têtes dans l'entrée de la cuisine pour examiner Sôsuke, en se murmurant à l'oreille : « C'est lui, le voleur ! » Sôsuke, qui, ayant rendu la boîte, n'avait plus rien à faire là et se souciait peu de saluer la famille, décida de s'en aller. Il demanda encore une fois :

— Cette boîte vient bien de chez vous, n'est-ce pas ? Alors je peux m'en aller.

La servante, ne sachant que répondre, prenait un air embarrassé, quand la femme de chambre réapparut et lui dit en baissant poliment la tête :

— Entrez, je vous en prie.

Ce fut au tour de Sôsuke de se sentir un peu gêné.

La femme de chambre renouvela son invitation de manière encore plus aimable, et la légère gêne de Sôsuke se transforma en embarras profond. A ce moment le maître de maison en personne apparut.

Le propriétaire avait bien ce visage joufflu et rubicond des gens prospères que Sôsuke s'était imaginé, mais il n'était pas imberbe comme l'avait dit Oyone : une petite moustache rase poussait sous son nez, tandis que ses joues et son menton étaient rasés de près.

— Merci beaucoup, vous vous êtes donné beaucoup de peine, dit-il poliment en plissant le coin des yeux.

Il avait posé sur le plancher de bois ses genoux revêtus d'une soie luxueuse et arborait une attitude parfaitement sereine tandis qu'il questionnait Sôsuke. Celui-ci, après lui avoir brièvement rapporté les événements qui avaient eu lieu entre la veille au soir et le matin, lui demanda si quelque chose lui avait été dérobé en dehors de cette boîte. Le propriétaire répondit qu'on lui avait volé une montre en or qui était posée sur une table, mais il n'avait pas le moindre air de contrariété, tout comme si cet objet avait appartenu à une autre personne. Il semblait s'intéresser aux explications de Sôsuke bien plus qu'à sa montre disparue, et lui posait un tas de questions auxquelles Sôsuke était bien incapable de répondre, telles que par exemple : le voleur avait-il essayé de s'enfuir en passant par le talus derrière la maison, ou bien était-il tombé accidentellement pendant sa fuite ?

La femme de chambre de tout à l'heure apparut du fond de l'appartement, apportant du thé et du tabac, et le départ de Sôsuke se trouva encore retardé. Le propriétaire alla jusqu'à apporter un coussin sur lequel il insista pour faire asseoir Sôsuke. Puis il se mit à lui raconter la visite de l'inspecteur de police venu le matin même. D'après les déductions de l'inspecteur, le voleur se serait introduit dans la propriété pendant la soirée et se serait caché quelque part, dans un placard par exemple. Il était certainement entré par la porte de service, puis avait allumé une bougie qu'il avait placée dans un petit baquet qui se trouvait là, et s'était alors introduit dans la salle à manger, mais comme la femme et les enfants de Sakai dormaient dans la pièce voisine, il était passé par le couloir pour se rendre dans le cabinet de travail du maître de maison. Là, pendant qu'il s'affairait, le dernier-né s'était réveillé et mis à pleurer, sans doute parce que c'était l'heure de la tétée, et le voleur, surpris, avait ouvert la porte du bureau et s'était enfui dans le jardin.

— D'habitude, mon chien est toujours là, quel dommage qu'il soit malade en ce moment ! J'ai dû justement le confier à la clinique vétérinaire il y a quatre ou cinq jours, dit le propriétaire d'un air de regret.

— C'est malheureux, en effet, répondit Sôsuke.

Là-dessus, le propriétaire se mit à discourir sur la race de son chien, son pedigree, les parties de chasse auxquelles il l'emmenait de temps à autre, etc.

— Je suis grand amateur de chasse, vous savez. Mais depuis quelque temps je souffre des nerfs, je dois donc me reposer un peu. Du début de l'automne à la fin de l'hiver, je vais tirer les bécassines, mais il faut rester le bas du corps plongé dans l'eau d'une rizière deux ou trois heures de suite, et il paraît que c'est vraiment mauvais pour la santé.

Comme le propriétaire paraissait disposer d'un temps illimité, et continuait inlassablement à parler, ponctué par les « En effet ! Ah, vraiment ? » de Sôsuke, celui-ci se vit finalement contraint de se lever pour partir au beau milieu de son discours.

— Je suis obligé de partir maintenant, conformément à mon horaire habituel, fit-il en l'interrompant.

Le propriétaire parut se rendre compte pour la première fois de la situation, et se confondit en excuses pour lui avoir pris un temps précieux. Puis il lui dit une phrase du genre : « L'inspecteur reviendra peut-être enquêter, je vous remercie d'avance de votre coopération. » Puis il conclut fort courtoisement :

— Venez donc bavarder avec moi de temps en temps. Moi-même, je suis assez libre en ce moment, et je compte bien venir vous importuner aussi.

Sôsuke repassa le portail et se dépêcha de rentrer chez lui ; là, il put constater qu'il avait environ trente minutes de retard sur son horaire.

— Mais qu'est-ce que tu fabriquais ? demanda Oyone, inquiète, en venant au-devant de lui dans le vestibule.

Sôsuke quitta en hâte son kimono pour mettre ses vêtements de ville.

— Ce Sakai n'a pas l'air de s'en faire, dit-il. L'argent rend donc la vie facile à ce point ?

8

— Koroku, tu veux commencer par la salle à manger ou faire d'abord le salon ? demanda Oyone.

Koroku était finalement venu s'installer chez son frère quatre ou cinq jours auparavant, et en conséquence se trouvait obligé ce jour-là d'aider sa belle-sœur à changer le papier des cloisons coulissantes. Il lui était déjà arrivé dans le passé, au temps où il vivait chez son oncle, d'avoir à changer le papier des cloisons de sa chambre en même temps que Yasu. Cette fois-là, ils avaient dilué de la colle sur un plateau, manié la spatule, bref, effectué toutes les opérations dans les formes, mais quand, une fois le tout bien sec, ils en étaient arrivés au stade de remettre les cloisons en place, ils n'avaient pu parvenir à les faire entrer dans les rainures du plancher, pour la bonne raison qu'ils avaient collé le papier exactement à l'envers. A une autre occasion, il avait de nouveau échoué dans cette opération commune, quand, chargé par sa tante de changer le papier des cloisons avec son cousin, ils avaient commencé par laver les cadres à grande eau sous le robinet : en séchant, ceux-ci s'étaient complètement déformés, les mettant tous deux dans une situation extrêmement délicate.

— Tu vois, Oyone, quand on change le papier des cloisons, il faut procéder avec la plus grande attention, sinon on rate tout. Et surtout, il ne faut pas laver les cadres !

Tout en parlant, Koroku, installé dans la véranda de la salle à manger, s'était mis à déchirer violemment le vieux papier des cloisons.

La véranda faisait un coude à droite pour mener à la pièce de six nattes où habitait maintenant Koroku, à gauche une avancée devant le vestibule, et comme en face de la véranda se trouvait un mur courant parallèlement à celle-ci, cela faisait une enceinte à peu près carrée. En été, des cosmos poussaient sur toute la surface de cet enclos, et tous les matins, le spectacle de ces fleurs pleines de rosée réjouissait les deux époux. Ils avaient aussi planté de minces tiges de bambou en bas du mur pour y faire grimper des liserons, dont ils s'amusaient, au saut du lit, à compter les fleurs nouvellement écloses. Mais entre l'automne et l'hiver, fleurs et plantes se desséchaient complètement, et la vue de ce désert miniature les attristait et les emplissait de regret. Koroku, tournant le dos à ce carré recouvert de gelée blanche, se concentrait sur l'arrachage du papier.

De temps en temps des rafales de vent glacé venaient frapper sa tête et sa nuque rasées. Chaque fois, il avait envie de quitter cette véranda ouverte à tous les vents pour se réfugier dans sa chambre. Activant en silence ses mains rougies par le froid, il frottait les cadres des cloisons pour les nettoyer, avec un torchon trempé dans un baquet d'eau.

— Tu dois avoir froid, mon pauvre ! Malheureusement, le temps s'est mis à la pluie, dit affectueusement Oyone, tout en versant l'eau d'une bouilloire sur la colle préparée la veille, pour la diluer.

En fait, Koroku avait le plus profond mépris pour le travail qu'il était en train de faire. Spécialement en regard de la situation particulière où il se trouvait depuis quelque temps bien malgré lui, il éprouvait une certaine humiliation à avoir un torchon dans les mains. Autrefois, quand on lui avait demandé de faire ce genre de tâche dans la maison de son oncle, il l'avait considéré comme un passe-temps, et il avait le souvenir que même la partie ennuyeuse l'avait amusé, tandis qu'aujourd'hui il avait l'impression que son entourage le forçait à faire ce travail pour lui prouver qu'il n'avait pas la capacité de faire autre chose. Ce qui l'agaçait par-dessus tout était ce froid qui régnait sur la véranda.

Aussi n'eut-il pas le moindre mot aimable en réponse à sa belle-sœur. L'image des étudiants en droit qui habitaient la même pension que lui flottait dans son esprit : ils pouvaient, eux, aller faire une promenade et se payer le luxe d'entrer au grand magasin Shiseidô dépenser cinq yen pour une boîte de trois savons et du dentifrice. Quelle injustice qu'il soit le seul à se trouver dans une situation aussi dégradante ! Puis, pensant au sort de son frère et de son épouse qui se complaisaient dans une existence pareille, cela lui parut vraiment pitoyable. C'était au point qu'ils avaient hésité à acheter le nouveau papier à tendre sur les cloisons. Quelle attitude passive ils avaient devant la vie ! se disait-il.

— Avec un papier pareil, ça va tout de suite se déchirer, dit-il en déroulant environ un pied du rouleau pour l'examiner au soleil.

Puis il le fit résonner deux ou trois fois en frappant de toutes ses forces.

— Tu crois ? Mais à la maison, il n'y a pas d'enfant, alors ça ne craint pas grand-chose, répondit Oyone occupée à passer à coups répétés son pinceau imprégné de colle sur les cadres.

Après avoir appliqué une bonne longueur de papier, ils tirèrent dessus chacun de leur côté pour le tendre sans faire de pli. Koroku prenait de temps en temps une mine excédée à laquelle Oyone était sensible ; pour l'aider, elle détachait à coups de rasoir les bouts de papier qui dépassaient. Mais le résultat final fit apparaître des boursouflures par endroits. Oyone contempla d'un air navré toutes les cloisons qui restaient à faire, posées contre les volets. Au fond d'elle-même, elle regrettait de ne pas avoir son mari à la place de Koroku pour l'aider à cette tâche.

— Il y a quelques plis, dit-elle.

— C'est normal, je ne suis pas assez adroit pour que ce soit parfait.

— Tu sais, ton frère n'est pas tellement doué non plus. Et en plus, il est bien plus paresseux que toi.

Koroku ne répondit rien. Il prit un petit bol à gargarisme qu'Oyone lui avait amené de la cuisine, se plaça devant les volets et souffla un brouillard d'eau sur le papier de façon à en humecter toute la surface. Quand ils tendirent le papier sur la deuxième cloison, celui sur lequel il avait soufflé était presque sec, et la plupart des plis avaient disparu. Au bout de la troisième cloison, Koroku commença à se plaindre d'un mal de reins, mais à la vérité, c'était plutôt Oyone qui souffrait de migraine depuis le matin.

— Faisons-en encore une, comme ça la salle à manger sera terminée et on pourra se reposer, proposa-t-elle.

Quand ils eurent terminé, il était déjà midi, ils se mirent donc à table. Depuis les quatre ou cinq jours que Koroku habitait chez eux, Oyone avait dû s'habituer à prendre le repas de midi en face de lui. Depuis qu'elle vivait avec Sôsuke, elle n'avait jamais pris ses repas avec une autre personne que son mari. Quand celui-ci était absent, elle mangeait seule, c'était devenu pour elle une habitude depuis plusieurs années. Aussi, se retrouver sans transition en train de mastiquer quotidiennement du riz en face de son jeune beau-frère était pour Oyone une étrange expérience. Tant que la servante se trouvait près d'eux à travailler dans la cuisine, cela allait encore, mais dès qu'elle ne la voyait plus ou ne l'entendait plus, elle éprouvait une sensation extrêmement pénible. Non seulement elle était beaucoup plus âgée que Koroku, mais, de plus, leurs rapports passés ne favorisaient guère le développement entre eux d'une atmosphère de chaude intimité, qui aurait justement pu les rapprocher et les aider à briser la glace en ce début de cohabitation. Au fond de son cœur, Oyone doutait que pût jamais se dissiper ce malaise qu'elle éprouvait chaque fois qu'elle devait s'attabler en face de son beau-frère. Quant à celui-ci, qui n'avait pas envisagé une seule fois cette conséquence de son installation chez son frère, il en était encore plus troublé qu'elle. N'ayant pas le choix, Oyone s'efforçait d'entretenir la conversation tout au long du repas, de manière à éviter les silences gênants. Malheureusement, Koroku ne pouvait trouver dans son esprit les ressources suffisantes pour lui permettre de répondre à l'initiative de sa belle-sœur.

— Koroku, tu mangeais bien dans la pension où tu étais ?

Koroku ne pouvait répondre à cette question de la façon naturelle et sans gêne qu'il adoptait autrefois quand il venait chez son frère, simplement en visite, et il se forçait à répondre :

— Pas spécialement.

Son ton mi-figue mi-raisin incitait Oyone à interpréter ces paroles comme une critique de la façon dont elle-même le traitait. Et, sans le moindre échange de paroles, cette idée trouvait aussitôt un écho dans l'esprit de Koroku.

Ce jour-là, sa migraine empêchait Oyone de faire ses efforts de conversation habituels, et comme elle aurait été encore plus contrariée de voir échouer ses tentatives, elle préféra y renoncer : le repas fut donc expédié avec un échange de paroles encore plus réduit que quand ils étaient occupés à tendre le papier.

L'après-midi – sans doute s'étaient-ils habitués –, l'ouvrage avança plus vite que dans la matinée, mais par contre leurs esprits étaient encore plus éloignés l'un de l'autre qu'avant le déjeuner. Le froid surtout les affectait : quand ils s'étaient levés, le temps était pourtant dégagé au point que la lumineuse voûte céleste paraissait s'être retirée plus haut que jamais, mais au moment où l'azur en était le plus profond, des nuages étaient soudain apparus, et leurs volutes noires qui paraissaient chargées de neige avaient complètement aveuglé le soleil.

— Sôsuke va sans doute être augmenté à partir de l'année prochaine ? demanda soudain Koroku à sa belle-sœur.

La mine d'Oyone, qui à ce moment-là était en train de ramasser un bout de papier sur les nattes pour en essuyer ses mains gluantes de colle, indiquait clairement que cette idée ne l'avait jamais effleurée.

— Pourquoi ça ?

— Il me semblait avoir lu dans les journaux que tous les fonctionnaires allaient être augmentés l'année prochaine.

Oyone n'avait jamais entendu parler de cette mesure, et après avoir écouté les explications détaillées de Koroku, elle hocha la tête en signe d'approbation.

— Absolument ! Personne n'arrive à s'en sortir avec les salaires actuels. Rien que depuis notre arrivée à Tôkyô, le prix des tranches de poisson a doublé.

La science de Koroku se trouvait complètement en défaut en ce qui concernait le prix du poisson débité en tranches, et la remarque d'Oyone attira son attention pour la première fois sur la remarquable rapidité de la hausse des prix. Ce point ayant éveillé la curiosité du jeune homme, la conversation se mit à couler un peu plus naturellement. Oyone lui répéta ce que Sôsuke lui avait rapporté récemment, à savoir que la vie était extraordinairement bon marché au temps où le propriétaire de derrière chez eux avait dix-huit ou dix-neuf ans. A cette époque-là, une portion de nouilles au sarrasin coûtait moins d'un sou, et si on les prenait accompagnées d'autre chose, on en avait pour deux sous et demi. Une portion de viande de bœuf ordinaire pour une personne coûtait quatre sous, le rosbif six. On pouvait s'offrir un spectacle pour trois ou quatre sous ; un étudiant pouvait vivre convenablement avec sept yen par mois, et s'il disposait de dix yen mensuels, on considérait qu'il vivait dans le luxe.

— Quel dommage ! Si on était encore en ce temps-là, tu pourrais terminer tes études sans le moindre problème.

— Oui, et mon frère aussi aurait la vie plus facile si on vivait à cette époque.

Quand ils eurent fini de remplacer le papier des cloisons du salon, il était déjà plus de trois heures. Sôsuke n'allait pas tarder à rentrer, et il fallait commencer les préparatifs du dîner, aussi tous deux, estimant qu'ils en avaient assez fait pour la journée, se mirent-ils à ranger le rasoir et la colle. Koroku s'étira de tout son long, puis se donna trois coups sur le crâne de son poing fermé.

— Merci d'avoir si bien travaillé. Tu dois être fatigué maintenant ? lui dit Oyone avec affabilité.

Mais Koroku avait surtout un grand creux, et il lui demanda d'apporter les gâteaux envoyés par Sakai en remerciement du service rendu précédemment. Il les mangea tandis qu'Oyone lui servait du thé.

— Il est diplômé de l'université, ce Sakai ?

— Il paraît que oui.

Koroku but son thé et fuma une cigarette.

— Mon frère ne vous a pas encore parlé de cette augmentation de salaire ?

— Pas le moins du monde, répondit Oyone.

— Ah, j'aimerais bien être comme lui, toujours content de son sort...

Oyone ne releva pas cette dernière remarque. Koroku se leva et entra dans sa chambre, mais il ne tarda pas à en émerger à nouveau, portant son brasero qui, dit-il, venait de s'éteindre. Tout en vivant ainsi à la charge de son frère, et confiant dans les affirmations de Yasu qui, en guise de consolation, l'avait assuré que la conjoncture allait s'améliorer, il avait provisoirement réglé le problème en informant officiellement le collège qu'il interrompait ses études.

9

Grâce à l'histoire de la boîte, des relations inattendues s'étaient nouées entre les Sakai et Sôsuke. Leurs rapports s'étaient bornés jusque-là à l'envoi mensuel du loyer par l'intermédiaire de Kiyo, et d'un reçu en retour de la part du propriétaire. Il n'existait donc entre eux aucune relation de bon voisinage, tout à fait comme si un Européen avait habité en haut de la butte.

L'après-midi même du jour où Sôsuke avait ramené la boîte, un inspecteur était venu examiner le bas de la butte derrière la maison de Sôsuke, ainsi que l'avait annoncé Sakai, et, comme celui-ci l'accompagnait en personne, Oyone avait pour la première fois pu voir en chair et en os ce personnage fameux dans le quartier. Elle éprouva une légère surprise en lui découvrant une moustache, alors qu'elle le croyait imberbe, et aussi en le voyant s'adresser à elle avec une courtoisie inattendue. Au retour de Sôsuke, elle ne manqua pas d'attirer son attention sur ce détail.

— Tu as vu, finalement, il a une moustache.

Deux jours plus tard, une servante était venue les remercier de la part des Sakai en leur apportant une splendide boîte de gâteaux avec une carte de visite.

— Mon maître vous remercie beaucoup pour tout ce que vous avez fait, il viendra certainement bientôt vous remercier en personne, avait-elle dit avant de s'en aller.

Le soir même, Sôsuke ouvrit la boîte et déclara, les joues gonflées par les gâteaux à la pâte de haricots rouges qu'elle contenait :

— Pour nous faire un cadeau pareil, il n'a pas l'air si radin que ça. A mon avis, cette histoire d'enfants qu'on ne laisse pas monter sur la balançoire doit être mensongère.

— C'est un mensonge, c'est sûr, dit Oyone, se faisant également l'avocate de Sakai.

L'idée que leur intimité avec Sakai pouvait dépasser le degré atteint grâce à l'irruption du voleur n'avait effleuré aucun des deux époux. Il était évidemment impensable que cela arrivât par suite d'une communauté d'intérêts, et de simples relations amicales entre voisins étaient tout aussi impensables, ni Sôsuke ni Oyone n'ayant le courage de pousser plus avant dans cette voie. Si les choses avaient continué à suivre leur cours normal, au fil des jours, Sakai serait redevenu le Sakai d'autrefois, et Sôsuke serait redevenu l'ancien Sôsuke, et, tout comme leurs maisons séparées par le haut et le bas de la butte, les cœurs des habitants seraient restés à jamais étrangers les uns aux autres.

Or deux jours encore s'écoulèrent, et le soir du troisième, Sakai arriva inopinément chez Sôsuke, vêtu d'un pardessus à col de loutre à l'air bien chaud. Les deux époux, qui ne recevaient jamais de visites le soir, en furent surpris au point de manifester une légère panique. Ils firent cependant entrer le propriétaire au salon, et la conversation s'engagea. Après les avoir poliment remerciés une fois de plus, Sakai sortit de sa ceinture de crêpe blanc une chaîne en or qui y était enroulée, et exhiba une montre en or à double boîtier.

— J'ai eu de la chance, dit-il, j'ai récupéré ce qu'on m'avait pris. Pour observer le règlement, j'avais fait une déposition à la police, mais en fait, comme c'était une très vieille montre, je m'étais fait une raison, et je ne regrettais pas particulièrement sa perte. Et voilà qu'hier je reçois un colis anonyme contenant justement la montre qu'on m'avait dérobée !

Il poursuivit en riant :

— C'est sans doute le voleur lui-même qui me l'a envoyée ! L'idée lui serait-elle venue qu'il ne pourrait pas en tirer beaucoup d'argent ? En tout cas, vous avouerez que c'est rare ! En fait, pour moi, c'était plutôt la boîte qui était précieuse, leur expliqua-t-il ensuite. C'est un souvenir de famille qui me vient de ma grand-mère : elle l'aurait reçue autrefois en cadeau, alors qu'elle servait au Palais impérial.

Ce soir-là, Sakai s'en alla après avoir bavardé environ deux heures. Sôsuke, qui lui servait d'interlocuteur, et Oyone, qui les écoutait de la salle à manger, furent obligés d'admettre qu'il s'agissait d'un homme riche en sujets de conversation.

— Il doit être très mondain, dit Oyone après son départ.

— C'est qu'il a beaucoup de temps libre, expliqua Sôsuke.

Le lendemain, au retour du bureau, Sôsuke remarqua en descendant du tramway le fameux manteau à col de loutre de Sakai derrière la vitrine de l'antiquaire du quartier. Le profil tourné vers la rue, il était en train de parler au patron de la boutique, qui le regardait en levant la tête vers lui, ses immenses lunettes posées sur le nez. Sôsuke, pensant que l'occasion n'était pas propice pour le saluer, s'apprêtait à le dépasser sans rien dire, quand Sakai tourna les yeux vers la rue juste au moment où il arrivait à hauteur du magasin.

— Ah, merci pour hier ! Alors, vous rentrez maintenant ? dit Sakai d'un ton léger, et Sôsuke, ne pouvant plus maintenant passer son chemin sous peine d'impolitesse, ralentit le pas et ôta son chapeau. Sakai quitta alors le magasin, comme s'il n'avait plus rien à y faire.

— Avez-vous fait une acquisition ? demanda Sôsuke.

— Non, du tout, répondit le propriétaire en lui emboîtant le pas sur le chemin de la maison. Il ajouta, dès qu'ils se furent un peu éloignés : Ce marchand est un vieux renard ! Je viens de lui faire des remontrances pour avoir essayé de me persuader d'acheter un faux Kazan[1] qu'il m'avait amené à la maison.

Sôsuke se rendit compte pour la première fois que Sakai devait employer son oisiveté à rechercher toutes sortes d'objets curieux, et se dit en son for intérieur que c'est à lui qu'il aurait dû s'adresser dès le début pour vendre son paravent de Hô-itsu.

— Il s'y connaît en peinture ?

— En peinture, ce type-là ?! Non, il n'y comprend goutte ! Cela saute aux yeux rien qu'à voir son magasin, vous ne trouvez pas ? Il n'y a pas une seule véritable antiquité là-dedans. C'est un ancien chiffonnier qui a réussi, voilà tout.

Sakai connaissait bien la famille de l'antiquaire. Sôsuke se rappelait vaguement avoir entendu le vieux marchand de légumes chez qui il se fournissait lui raconter que les Sakai portaient le titre de gouverneur de quelque chose sous l'ancien gouvernement féodal, et qu'ils appartenaient à la plus ancienne souche de noblesse du voisinage. Lors de l'effondrement de l'ancien régime,

1. Kazan Watanabe (1783-1841) : peintre et savant célèbre.

cette famille ne s'était pas exilée à Sumpu[1], ou alors y était allée mais avait refait surface plus tard, il ne savait plus exactement. Sakai lâcha une allusion à l'époque où l'antiquaire et lui-même étaient encore enfants.

— Tout petit, c'était déjà un vaurien. Il était à la tête d'une bande de chenapans et passait son temps à se bagarrer.

Sôsuke lui demanda alors comment il avait pu mettre sur pied cette histoire de faux Kazan. Sakai se mit à rire, et lui expliqua :

— Je suis un bon client de la famille, depuis l'époque du père, et le bonhomme m'apporte de temps en temps un objet ou un autre pour me le vendre. Seulement, son manque de connaissance en la matière et son avidité insatiable en font quelqu'un avec qui il est difficile de traiter. J'ai eu l'occasion de me rendre compte de ses procédés ces jours derniers, en lui achetant un paravent de Hô-itsu.

Sôsuke fut certes surpris, mais il ne dit mot, ne voulant pour rien au monde interrompre le récit au milieu. Sakai lui raconta comment, encouragé par ce succès, l'autre lui avait apporté des livres anciens et des peintures auxquelles il ne comprenait rien, et avait exposé comme une rareté dans sa devanture une faïence soi-disant ancienne de Corée, qui venait en fait d'Ôsaka. Il termina en disant :

— Bah ! Une table dont je me sers dans la cuisine et une bouilloire neuve, c'est à peu près tout ce que j'ai jamais acheté dans sa boutique !

---

1. Allusion à la restauration de Meiji (1868) qui mit fin au gouvernement féodal des shoguns (chefs militaires) d'Edo, et restaura le pouvoir impérial. Le shogun déchu Yoshinobu Tokugawa, quinzième du nom, fut exilé à Sumpu (actuelle Shizuoka), où beaucoup de ses vassaux le suivirent.

Tout en devisant, ils étaient arrivés en haut de la côte. C'était là que Sakai devait tourner à droite, et Sôsuke redescendre. Sôsuke aurait bien fait encore un bout de chemin avec lui, pour se faire raconter l'histoire du paravent, mais se rendant compte qu'il aurait pu sembler bizarre de faire ce détour exprès pour cela, il se décida à quitter là son compagnon. Au moment de se séparer, il lui demanda :

— Pourrais-je vous rendre visite prochainement, si toutefois cela ne vous dérange pas ?

— Bien sûr, je vous en prie, répondit cordialement Sakai.

C'était un jour sans vent où le soleil avait brillé sans relâche, mais Oyone, par crainte du froid qui pouvait se faire sentir quand on restait inactif à l'intérieur de la maison, avait disposé pour le réchauffer le kimono de Sôsuke sur le *kotatsu* transportable, et attendait son retour.

Depuis le début de l'hiver, c'était la première fois qu'elle allumait ainsi la chaufferette dans la journée. On la mettait en marche dès le début de la soirée, mais le reste du temps on la laissait éteinte dans la chambre de six nattes.

— Qu'est-ce qui te prend de mettre ça au milieu du salon aujourd'hui ?

— Mais il ne gêne pas ici, puisque nous n'avons pas de visiteurs. Et d'ailleurs, je ne peux pas le mettre dans la chambre de six nattes, puisqu'il y a Koroku, et ici on gèle.

Sôsuke se rappela alors la présence de Koroku dans sa maison. Sa femme lui passa un chaud kimono d'intérieur en coton par-dessus sa chemise, et il dit, tout en faisant plusieurs tours de ceinture autour de sa taille :

— C'est vrai qu'ici on est dans la zone glaciale, et qu'on ne pourrait pas tenir sans *kotatsu*.

La pièce dans laquelle était installé Koroku n'avait certes pas des nattes de première fraîcheur, mais c'était la plus chaude de la maison, à cause de son exposition au sud-est.

Sôsuke but deux gorgées du thé brûlant qu'Oyone lui avait apporté.

— Koroku est là ? demanda-t-il.

Normalement, Koroku devait se trouver dans sa chambre, mais il y régnait un tel silence qu'il était impossible de soupçonner une présence humaine à l'intérieur. Oyone se levait pour l'appeler, mais Sôsuke l'arrêta, disant qu'il n'avait rien de particulier à lui dire, puis il se glissa sous l'épaisse couverture du *kotatsu* et s'étendit de tout son long. Dans le salon, dont un côté donnait sur la butte, les ombres du crépuscule s'allongeaient déjà. Appuyé sur un coude, Sôsuke contemplait sans penser à rien ce paysage exigu et sombre. Le bruit que faisaient Oyone et Kiyo en s'activant dans la cuisine lui parvenait comme l'écho lointain de l'activité d'un quelconque voisin. Bientôt, dans l'obscurité grandissante de la pièce, il ne resta plus que la tache claire des cloisons de papier, mais Sôsuke demeura immobile, sans même appeler pour réclamer une lampe.

Quand il quitta la pièce obscure pour s'attabler devant le repas du soir, Koroku émergea lui aussi de sa chambre et vint s'asseoir en face de lui. Oyone se leva pour fermer les volets du salon, en s'excusant de l'avoir oublié parce qu'elle était occupée. Sôsuke eut envie de faire remarquer à son frère qu'il pourrait peut-être faciliter un peu la tâche de sa belle-sœur le soir, en fermant les volets, ou en allumant la lampe, mais il préféra y renoncer : cela n'aurait pas été très aimable de sa part de lui faire des réflexions alors qu'il venait à peine d'emménager chez eux.

Les deux frères attendirent qu'Oyone revînt du salon pour prendre en main leurs bols. Sôsuke raconta alors sa rencontre avec Sakai devant le magasin d'antiquités au retour du bureau, et l'histoire du paravent de Hô-itsu acheté à l'antiquaire aux grandes lunettes.

— Pas possible ? fit Oyone, les yeux fixés sur son mari. Eh bien, c'est ça ! C'est celui-là, hein, c'est sûr !

Depuis le début, Koroku n'avait pas pipé mot, mais en écoutant son frère et sa belle-sœur, il finit par comprendre de quoi il s'agissait.

— Vous l'avez vendu combien, finalement ? demanda-t-il.

Oyone regarda son mari un moment avant de répondre.

Après le repas, Koroku regagna sa chambre et Sôsuke reprit sa place sous la chaufferette. Un moment plus tard, Oyone vint elle aussi se chauffer les pieds sous la couverture, et ils discutèrent tous deux du bien-fondé d'aller le samedi ou le dimanche suivant chez Sakai voir un peu ce paravent.

Le dimanche suivant, Sôsuke commença comme d'habitude par laisser passer toute la matinée à ne rien faire, à cause de sa sacro-sainte grasse matinée hebdomadaire. Oyone, de son côté, avait de nouveau la tête lourde et restait appuyée au bord du brasero, sans avoir le goût de faire quoi que ce soit. Dans ce genre de moment, Sôsuke se disait que si la pièce de six nattes était restée libre, Oyone aurait pu s'y isoler depuis le matin, et qu'en attribuant cette chambre à son frère il avait en quelque sorte privé sa femme de tout lieu de refuge dans la maison. Du coup, il se sentait coupable envers elle.

Il lui conseilla d'étendre un matelas dans le salon et de s'allonger, si elle ne se sentait pas bien, mais Oyone, par discrétion, s'y refusa. Il lui proposa alors d'installer la chaufferette, disant que lui-même s'y réchaufferait volontiers, et finalement elle demanda à Kiyo d'apporter dans le salon le cadre et la couverture à poser sur le chauffage.

Koroku était parti vers une destination inconnue avant que son frère soit levé, et on ne le vit pas de la matinée. Sôsuke ne prit pas la peine de demander à sa femme si elle savait où était allé le jeune homme. Ces derniers temps, il n'avait guère envie de parler de Koroku avec elle. C'était triste à dire, mais si elle avait dit du mal de lui, il se serait senti obligé de la réprimander ou bien de la consoler, et il lui paraissait plus simple d'éviter le sujet.

A midi, Oyone n'avait pas quitté le *kotatsu.* Sôsuke se dit qu'il valait mieux, dans l'intérêt de sa santé, la laisser se reposer le plus possible. Il alla donc sans faire de bruit prévenir Kiyo dans la cuisine qu'il allait faire un petit tour en haut chez les Sakai, passa une courte pèlerine par-dessus son kimono de tous les jours, et sortit.

Son humeur s'éclaircit dès qu'il fut dans la rue, sans doute parce qu'il était resté longtemps enfermé dans cette pièce sombre. Sous la peau, ses muscles opposaient une résistance à l'air froid, et cette sensation tout hivernale de crispation lui devenait plus plaisante au fur et à mesure qu'elle s'intensifiait. Tout en marchant, il se dit que ce n'était pas bon pour Oyone de rester tout le temps ainsi cloîtrée dans la maison, la pauvre : dès les premiers beaux jours, il s'arrangerait pour l'emmener respirer le bon air du dehors.

Dès qu'il eut passé le portail des Sakai, il aperçut, dans les interstices de la haie vive qui séparait l'entrée principale de l'entrée de service, un reflet rouge éclatant dont la vue lui parut insolite au cœur de l'hiver. En s'approchant pour voir ce dont il s'agissait, il reconnut un vêtement de poupée, un petit kimono de nuit, mis à sécher entre les branches des églantiers de la haie, une mince tige de bambou passée entre les manches pour l'empêcher de tomber. Ce petit jeu mutin ne pouvait être que l'œuvre d'une jeune fille à peine adolescente, et très adroite de ses mains. Sôsuke, à qui manquait l'expérience de voir grandir un enfant et de l'élever, resta un moment à contempler ce petit kimono rouge, bien proprement étendu pour sécher. Cela évoquait pour lui un souvenir vieux de vingt ans : les poupées impériales vêtues de rouge accompagnées de cinq musiciens, et les gâteaux de riz aux jolies formes que ses parents exposaient lors de la fête des Poupées en l'honneur de sa petite sœur morte, et puis aussi le saké blanc, qui paraissait doux à boire mais avait en fait un goût si fort.

Le maître des lieux était bien là, mais il le laissa attendre un moment, faisant dire qu'il était en train de déjeuner. Dès que Sôsuke fut assis, un chahut de voix enfantines envahit ses oreilles : la fillette qui avait mis le petit kimono à sécher devait sans doute se trouver là aussi.

Quand une servante fit glisser les cloisons pour lui amener le thé, Sôsuke aperçut derrière celles-ci quatre grands yeux qui l'observaient déjà. Quand la servante reparut avec un brasero, un petit visage de plus apparut. Etait-ce parce qu'on le voyait là pour la première fois ? Chaque fois que les cloisons s'entrouvraient, des visages différents se montraient, si bien qu'il ne pouvait dénombrer tous les enfants. Après le dernier passage de la servante, quelqu'un entrouvrit les cloisons d'un centimètre à peine, et dans l'interstice apparut un seul œil, noir et brillant. Amusé, Sôsuke fit en silence un geste d'invitation de la main. Les panneaux se refermèrent aussitôt et il entendit de l'autre côté le concert d'éclats de rire de trois ou quatre enfants. Bientôt il entendit une petite fille proposer :

— Dis, si on jouait au papa et à la maman comme l'autre fois ?

Une voix, qui paraissait être celle de la sœur aînée, répondit :

— D'accord, aujourd'hui on joue au papa et à la maman à l'occidentale. Tôsaku fera le papa et on l'appellera « Daddy », et Yukiko fera la maman et on l'appellera « Mummy ». Compris ?

— « Mummy » ! C'est rigolo, dis donc ! fit une voix suivie d'un rire joyeux.

— Moi je fais toujours la grand-mère, alors il me faut un nom occidental aussi. Comment ça se dit, « grand-mère » ? demanda quelqu'un.

— On n'a qu'à dire « Daddy » pour la grand-mère aussi, expliqua la grande sœur.

Puis pendant un moment tout ce petit monde échangea des formules de politesse, telles que : « Veuillez m'excuser, d'où venez-vous donc ? » Au milieu de ces conversations, on entendait d'autres voix imitant la sonnerie du téléphone, « dring-dring ! » Tout cela sonnait clair et heureux aux oreilles de Sôsuke, inaccoutumées à cela.

Là-dessus, un bruit de pas arrivant du fond de la maison se fit entendre : c'était le maître de maison. A peine entré dans la pièce, on l'entendit ordonner :

— Ne faites pas tant de bruit ici, voyons ! Il y a un visiteur, alors allez jouer de l'autre côté !

Un des enfants répondit aussitôt :

— Non, moi je veux pas ! Papa, si tu m'achètes pas un grand cheval, j'irai pas jouer là-bas.

C'était une voix de petit garçon, sans doute encore trop petit pour bien prononcer les mots, car il avait eu du mal à arriver au bout de son argumentation, péniblement articulée. Cela amusa beaucoup Sôsuke.

Tandis que le maître de maison s'asseyait et s'excusait auprès de son visiteur de l'avoir fait attendre si longtemps, les enfants s'éloignèrent.

— Quelle animation chez vous, c'est merveilleux ! dit Sôsuke avec beaucoup de sincérité, mais le propriétaire sembla prendre cela pour une simple remarque polie, et lui fit cette réponse en forme d'excuse :

— Comme vous pouvez le voir, cela crée plutôt du désordre.

Et il se mit à donner à son invité toutes sortes de détails sur les soucis innombrables que cause l'éducation des enfants. Il lui rapporta entre autres un incident comique, au cours duquel les enfants avaient rempli de boulets de charbon un beau panier à fleurs de fabrication chinoise et l'avaient mis à la place d'honneur dans le *tokonoma*, et aussi cette mauvaise farce : ils avaient rempli d'eau une bottine à lacets de leur père pour y mettre des poissons rouges. Tout cela était extrêmement curieux à entendre pour Sôsuke. Sakai lui raconta par exemple qu'ayant plus de filles que de garçons il se ruinait à les habiller, d'autant que s'il partait en voyage ne fût-ce que deux semaines, à son retour, ils avaient déjà grandi de deux ou trois centimètres. Finalement, il avait l'impression d'avoir perpétuellement quelqu'un aux trousses, d'ailleurs bientôt il allait être surmené par les préparatifs de leur mariage, et serait certainement réduit à mourir dans la misère. Mais ces lamentations n'excitèrent guère la pitié de Sôsuke, qui se sentait au contraire plutôt porté à l'envier en constatant que, tout en se prétendant excédé par ses enfants, rien dans son attitude ou son expression n'indiquait qu'il fût réellement incommodé par sa progéniture.

Sôsuke profita d'une occasion au cours de la conversation pour demander au propriétaire de lui montrer ce fameux paravent qu'il venait d'acquérir. Sakai accepta sans se faire prier et frappa dans ses mains pour appeler une servante, à qui il commanda d'aller chercher l'objet dans la remise où on l'avait rangé ; puis il se tourna vers son visiteur.

— Il était encore ici jusqu'à il y a deux ou trois jours, mais évidemment, les enfants sont venus jouer à cache-cache derrière, et faire toutes sortes de bêtises, si bien que j'ai préféré le ranger de peur qu'ils ne finissent par me l'abîmer.

En entendant ces explications, Sôsuke regretta aussitôt d'avoir demandé à voir l'objet et se sentit gêné d'imposer ce dérangement. A la vérité, sa curiosité n'était pas si vive que cela, et de plus il savait pertinemment qu'il ne pouvait y avoir pour lui aucun avantage à vérifier s'il était ou non le possesseur primitif de cet objet.

Sa demande fut en tout cas bientôt satisfaite, et le paravent amené du fond de la maison le long de la véranda pour être placé devant ses yeux. Comme il l'avait déjà deviné, c'était bien celui qui s'était trouvé jusqu'à ces derniers temps dans son propre salon. Mais il ne fut pas particulièrement ému de constater ce fait : en voyant l'objet dans ce nouveau décor, avec la couleur des nattes sur lesquelles lui-même était assis, le grain des lambris du plafond, les objets décorant le *tokonoma*, les motifs ornant les cloisons coulissantes, et à considérer également les égards avec lesquels les deux servantes l'avaient transporté depuis le fond de la resserre, il se rendit simplement compte que son paravent était maintenant estimé à une valeur au moins dix fois supérieure à celle qu'il avait autrefois entre ses mains.

Sur le moment, il ne trouva rien à dire : il était incapable de jeter un regard neuf sur cet objet si familier.

Mais le maître de maison, se méprenant sur son regard, lui crut une certaine compétence. Il se leva, posa les mains sur les bords du paravent, regarda tour à tour celui-ci, puis le visage de son visiteur, et comme Sôsuke n'émettait toujours aucune opinion, il finit par dire :

— C'est une pièce parfaitement authentique. Origine garantie.

— Effectivement, fit Sôsuke.

Sakai passa derrière lui et posa le doigt ici et là sur la peinture, accompagnant ses gestes d'appréciations et explications diverses.

— Appartenant à une famille de seigneurs féodaux, le peintre pouvait employer à volonté les meilleurs ingrédients, et la qualité incomparable des couleurs est l'une des caractéristiques de sa peinture.

Ce détail était nouveau pour Sôsuke, mais Sakai mêlait aussi à ses commentaires nombre de banalités connues du grand public.

Sôsuke attendit le moment propice pour remercier son hôte et regagner son siège. Sakai se rassit lui aussi sur son coussin, et ils se mirent alors à discuter poésie, sentes sous le ciel, etc., et styles d'écriture. Sôsuke constata que son hôte s'intéressait beaucoup aux haïkus et à la calligraphie, et se demanda comment il avait pu trouver le temps d'emmagasiner autant de connaissances. Il lui semblait que Sakai savait tout sur tout, tandis que lui-même, honteux de son piètre savoir, s'efforçait de prononcer le moins de paroles possible, et de tendre l'oreille à celles de son interlocuteur.

Sakai, remarquant que Sôsuke n'avait dans ces domaines que des connaissances rudimentaires, dirigea à nouveau la conversation sur la peinture et lui proposa fort gentiment de lui montrer sa collection de rouleaux de peinture sur soie, bien modeste et de peu d'intérêt, ajouta-t-il. Sôsuke ne pouvait refuser cette offre bienveillante. Il en profita cependant pour demander, tout en s'excusant au préalable de son indiscrétion, pour quelle somme son hôte avait acquis le fameux paravent.

— Ah, c'est vraiment une trouvaille : je l'ai payé quatre-vingts yen, répondit aussitôt Sakai.

Assis devant lui, Sôsuke se tâtait pour savoir s'il devait ou non lui avouer l'histoire du paravent. Finalement, sur une impulsion, se disant que cette confidence pourrait l'amuser, il se décida à tout lui raconter, et lui narra par le menu toutes les péripéties de l'affaire. Sakai l'écouta en ponctuant le récit de « oh ! » et de « ah ! » de surprise, et lui dit finalement :

— Alors, ce n'est pas précisément par amour de la peinture que vous êtes venu voir ce paravent ?

Puis il se mit à rire de sa propre méprise, comme si c'était l'expérience la plus drôle qui soit. Il fit aussi remarquer qu'il était dommage que Sôsuke n'ait pu lui vendre directement l'objet pour un prix convenable. Pour finir, il se répandit en invectives contre l'antiquaire de la rue, qu'il traita de fieffé coquin.

A partir de ce jour-là, les relations de Sakai et de Sôsuke prirent un tour beaucoup plus intime.

10

Ni la tante Saeki ni Yasunosuke ne se montraient plus chez Sôsuke. Celui-ci n'avait évidemment pas le loisir de se rendre dans le quartier où ils habitaient, et n'y voyait d'ailleurs aucun intérêt. Ils avaient beau être parents, ils semblaient vivre sur deux planètes différentes.

Seul Koroku avait l'air de leur rendre visite de temps à autre, mais il n'était pas extrêmement empressé à y aller. De plus, quand il rentrait, il ne donnait généralement aucune nouvelle de la maison de sa tante à Oyone. Celle-ci se demandait si c'était là une attitude intentionnelle de sa part, mais comme de toute façon elle ne portait aucun intérêt particulier aux Saeki, elle était plutôt contente de ne plus entendre parler de la tante.

Il lui arrivait cependant de recueillir des bribes d'informations en écoutant discuter Koroku et son mari. Une semaine plus tôt, Koroku avait raconté à son frère que Yasu se donnait beaucoup de mal pour mettre en œuvre une nouvelle invention : d'après le peu qu'elle avait entendu, il s'agissait d'une machine extraordinaire qui permettait d'imprimer distinctement des textes, sans l'usage de l'encre. Oyone en général n'ouvrait pas la bouche dans ce genre de conversation au sujet compliqué et totalement étranger à ses centres d'intérêt personnels. Cela éveillait au contraire une curiosité bien masculine chez Sôsuke, qui avait cette fois-là immédiatement demandé comment il était possible d'imprimer sans se servir d'encre. Koroku, qui manquait de connaissances spécifiques sur ce sujet, et ne pouvait évidemment pas fournir de réponse détaillée, s'était contenté de répéter, dans la mesure où il s'en souvenait, les explications que Yasu lui avait lui-même données. Il s'agissait d'un procédé d'imprimerie récemment découvert en Angleterre, qui, fondamentalement, n'était rien de plus qu'une utilisation de l'électricité. D'après Koroku, il suffisait de relier l'un des pôles d'une batterie à des caractères d'imprimerie, l'autre au papier à imprimer, et d'appliquer ensuite le papier sur les caractères pour que l'impression soit aussitôt réalisée. La couleur utilisée était normalement noire, mais comme un procédé spécial permettait d'obtenir à la place du rouge ou du bleu, ce système offrait aussi, dans le cas d'une impression en couleurs, l'avantage précieux d'économiser le temps de séchage des coloris. Employer ce procédé pour imprimer les journaux ferait économiser le prix de l'encre et des rouleaux à encrer, et, généralement parlant, cela économiserait environ le quart du temps de travail, ce qui promettait le plus bel avenir à cette nouvelle technique, avait poursuivi Koroku, reproduisant fidèlement les explications de Yasu. Celui-ci s'était exprimé comme s'il tenait déjà dans le creux de sa main cet avenir plein de promesses, et Koroku, les yeux brillants d'anticipation, se voyait déjà promis lui aussi à un brillant avenir, dans l'ombre de celui de Yasu. Sôsuke avait écouté les explications de son frère avec son expression habituelle, encore plus flegmatique si possible, et sans y ajouter le moindre commentaire digne de ce nom. En fait, à ses yeux, cette invention pouvait aussi bien être réellement mise en pratique que s'avérer une chimère, et en l'absence de preuves de son application, il préférait s'abstenir de l'approuver ou de la critiquer.

— Alors, il a laissé tomber cette histoire de bateaux de pêche ? dit Oyone, qui avait jusque-là gardé le silence.

— Il n'a pas laissé tombé, mais il y avait pas mal de frais, ce n'est pas à la portée du premier venu de mettre ça au point...

D'après sa réponse, Koroku paraissait se considérer comme le défenseur des intérêts de son cousin. La conversation se poursuivit un moment entre eux trois, et finalement Sôsuke observa :

— C'est pareil pour tout, ça ne peut pas se réaliser tout seul du jour au lendemain.

— Le mieux, c'est d'avoir de l'argent et de passer son temps à ne rien faire, comme M. Sakai, fit Oyone en écho.

Après ces deux remarques, Koroku retourna dans sa chambre.

C'était donc en des occasions de ce genre que les deux époux avaient de temps à autre de vagues nouvelles des Saeki, mais, en dehors de cela, les deux familles restaient des semaines et des mois dans l'ignorance réciproque de la façon dont leur vie se déroulait.

Oyone demanda un jour à son mari :

— Tu crois que Koroku reçoit de l'argent de poche quand il rend visite à Yasu ?

Frappé par cette question soudaine, Sôsuke, qui jusque-là n'avait guère prêté attention à ce qui concernait son frère, répondit par une autre interrogation :

— Pourquoi tu me demandes ça ?

Oyone hésita un moment avant de faire remarquer :

— Ces temps-ci il rentre souvent à la maison pris de boisson.

— C'est peut-être Yasu qui le régale en dédommagement, quand il lui raconte ses inventions ou ses perspectives de gains, répondit Sôsuke en riant, et leur conversation ne progressa pas plus avant. Trois jours plus tard, Koroku ne revint pas à l'heure du dîner. On l'attendit un moment, puis Sôsuke se mit à table en disant qu'il avait faim, sans tenir compte des explications d'Oyone, d'après qui Koroku s'était peut-être attardé à l'établissement de bains avant de rentrer. Oyone finit par dire à son époux d'un ton ferme :

— Tu devrais lui dire d'arrêter de boire.

— Il boit à ce point-là ? demanda Sôsuke d'un air légèrement stupéfait.

Ce n'était pas à ce point-là, reconnut Oyone en s'excusant, mais elle était réellement inquiète de le voir revenir, même en pleine journée quand il n'y avait personne à la maison, avec un air aviné. Sôsuke abandonna le sujet mais il se demanda si Koroku n'empruntait pas effectivement de l'argent ou n'en recevait pas de quelqu'un pour le dépenser à boire, chose pour laquelle il n'avait pourtant pas eu tellement de goût jusque-là.

Petit à petit la fin de l'année approchait, et la nuit s'était mise à régner sur le monde les deux tiers du temps. L'écho du vent, qui soufflait tout le jour, teintait de tristesse la vie des hommes. Koroku ne supportait plus de passer ses journées enfermé dans sa chambre, et plus il cherchait à réfléchir calmement, plus la tristesse l'envahissait, au point qu'il ne savait plus que faire de lui-même. Se rendre dans la salle à manger pour bavarder avec sa belle-sœur lui était encore plus désagréable, et il se sentait obligé de sortir. Une fois dehors, il faisait la tournée des maisons de ses amis. Au début, ceux-ci gardaient envers lui la même attitude qu'avant : ils discutaient de tous les sujets auxquels peuvent s'intéresser de jeunes étudiants. Mais Koroku revenait les voir, même une fois ces sujets épuisés. Finalement ses amis se rendirent compte qu'il venait les voir parce qu'il s'ennuyait trop, et qu'il passait son temps en vains bavardages. Ils se mirent donc à prétexter de temps à autre qu'ils étaient occupés à préparer leurs cours ou à les étudier. Koroku fut extrêmement vexé d'être traité par ses camarades comme un paresseux et un oisif, mais il ne pouvait pour autant se résoudre à rester à la maison à lire ou à étudier. Autrement dit, tant à cause de son agitation intérieure que des obstacles extérieurs, il n'avait aucun moyen à sa disposition pour étudier ou s'exercer, activités pourtant indispensables à un jeune homme de son âge pour se sentir un être humain à part entière.

Il lui arrivait cependant, tout Koroku qu'il fût, de devoir remettre ses sorties pour faire sécher son kimono, ou ses chaussettes crottées de boue, à cause d'une ennuyeuse chute de neige ou des chemins impraticables pleins de neige fondue et de boue. Ces jours-là, il avait l'air profondément contrarié et ne quittait sa chambre que pour s'asseoir en silence près du brasero ou boire du thé. Si Oyone se trouvait là, il était obligé d'échanger une ou deux banalités avec elle.

— Koroku, tu aimes le saké ? lui demanda une fois sa belle-sœur.

Un autre jour :

— C'est bientôt le jour de l'an. Combien de bols de *zôni*[1] vas-tu manger ?

Ce genre d'occasion les rapprocha peu à peu l'un de l'autre, et finalement Koroku en vint à demander de

1. Soupe de poisson, poulet, légumes et *mochi* (gâteaux de riz glutineux), que l'on mange le premier jour de l'année.

lui-même de menus services à sa belle-sœur : « Oyone, tu peux me recoudre ça ? » demandait-il, et tandis qu'Oyone prenait sa veste de batik pour recoudre une déchirure au bord de la manche, il s'asseyait sans rien faire à côté d'elle et la regardait travailler. Quand elle raccommodait pour son mari, Oyone tirait l'aiguille sans mot dire, mais s'il s'agissait de Koroku, son tempérament lui interdisait de se conduire aussi négligemment envers son jeune beau-frère, aussi s'efforçait-elle de lui faire la conversation. Ils parlaient toujours de la même chose, car ce sujet angoissant revenait sans cesse sur les lèvres de Koroku : que faire de son avenir ?

— Mais, Koroku, tu es encore jeune, tu as tout le temps devant toi pour décider que faire de ta vie. Ton frère aurait des raisons d'être pessimiste, mais toi...

Oyone le consola deux fois de cette manière. La troisième fois, elle lui demanda :

— Mais je croyais que Yasu s'était engagé à t'aider à partir de l'année prochaine ?

Koroku répondit d'un ton empreint de doute :

— Oui, il le fera, si ses plans se réalisent aussi facilement qu'il l'annonce, mais en y réfléchissant, j'ai petit à petit acquis l'impression que la réalité n'était pas toujours conforme à ses dires. Avec les bateaux de pêche par exemple, les bénéfices n'ont pas l'air aussi faramineux que prévu.

Oyone compara intérieurement son expression complètement découragée à l'air grognon, parfois même furieux, qu'il avait quand il rentrait ivre. Sans doute, se disait-elle, avait-il des raisons qu'elle-même ignorait d'être ainsi en rage, et d'un côté elle avait pitié de lui, mais en même temps, elle le trouvait plutôt comique.

— Vraiment, tu sais, si seulement ton frère avait de l'argent, il ferait tout ce qu'il peut pour toi, mais...

Ce n'était pas là une simple phrase de politesse, elle cherchait à lui exprimer une sympathie réelle.

Ce jour-là, en début de soirée, Koroku s'enveloppa frileusement d'un manteau et sortit, pour rentrer aux environs de huit heures, avec un paquet blanc long et étroit qu'il tira devant Oyone et Sôsuke de sa manche, en expliquant :

— Comme il faisait froid, j'ai acheté du pâté de sarrasin en sortant de chez les Saeki, pour le manger avec vous.

Pendant qu'Oyone faisait bouillir de l'eau, il se mit à râper énergiquement de la bonite séchée, pour confectionner une sauce, leur dit-il.

Sôsuke et Oyone apprirent alors la dernière nouvelle de chez les Saeki : le mariage de Yasu avait finalement été remis au printemps. Les pourparlers en vue de ce mariage, entamés au moment où Yasu terminait ses études universitaires, étaient déjà bien avancés au moment où la tante avait prévenu Koroku, à son retour de vacances, qu'elle ne pouvait plus subvenir à ses frais d'études. Le mariage n'ayant pas été annoncé officiellement, Sôsuke ne savait pas quand l'accord avait été conclu mais, à cause des informations que Koroku ramenait parfois de chez les Saeki, il s'attendait à voir les fiancés célébrer leur union avant la fin de l'année. A part cela, il savait seulement, toujours par l'intermédiaire de Koroku, que le père de la jeune fille avait un emploi dans certaine société, qu'elle-même menait une existence heureuse, avait fait ses études au célèbre collège de jeunes filles de Tôkyô, et qu'elle avait de nombreux frères et sœurs. Le seul à connaître son visage, uniquement d'après une photographie, était Koroku.

— Elle est jolie ? avait demandé Oyone.

— Je suppose que oui, avait répondu Koroku.

Ce soir-là, pendant que cuisait le pâté de sarrasin, tous trois discutèrent des raisons qui avaient fait retarder la cérémonie. Oyone émit l'hypothèse que les augures n'étaient pas bons. Sôsuke pensait qu'avec les festivités du Nouvel An toutes proches le temps manquait pour préparer la cérémonie. Seul Koroku invoqua des raisons ménagères, ce qui ne lui arrivait jamais.

— Je crois que c'est plutôt à cause de nécessités matérielles, dit-il. La fiancée vient d'un milieu habitué au luxe, et ma tante ne peut se contenter d'une cérémonie trop simple.

11

Oyone avait commencé à se sentir souffrante un peu après le milieu de l'automne, vers l'époque où les feuilles rouges des érables noircissent et se fanent. A part l'époque où elle vivait à Kyôto, elle n'avait jamais été en très bonne santé, que ce soit à Hiroshima ou à Fukuoka, et son retour à Tôkyô n'avait pas été très heureux non plus de ce côté-là... Elle avait attribué un temps ses souffrances au fait que l'eau de sa ville natale ne devait pas convenir à son tempérament.

Peu à peu, son mal s'était calmé, et comme les occasions pour Sôsuke de s'inquiéter avaient diminué au point qu'il pouvait facilement compter celles de cette année, il s'était tranquillisé, et la vie suivait son train : elle gardait la maison en son absence, tandis qu'il continuait ses allers et retours au bureau. C'est pourquoi Oyone elle-même ne s'était pas inquiétée outre mesure quand, vers le déclin de l'automne, à l'époque où le vent, transportant de fines particules de gel, transperçait la peau, elle avait recommencé à se sentir mal. Au début, elle n'en avait même pas parlé à Sôsuke, et quand celui-ci s'en était aperçu et l'avait poussée à consulter un médecin, elle avait longuement hésité.

Puis Koroku avait emménagé chez eux. Seul Sôsuke, son mari, se rendait exactement compte, en observant Oyone, de son état physique et mental, et c'est à cause de cela qu'il aurait préféré éviter de lui compliquer la tâche en augmentant le nombre des habitants de la maison, mais les circonstances l'y avaient obligé. Faute de pouvoir faire autrement, il avait dû accepter le cours des événements. Simplement, il lui avait fait du bout des lèvres la recommandation contradictoire de se reposer le plus possible, dans l'intérêt de sa santé.

— Ça ira, ne t'en fais pas, avait répondu Oyone avec un léger sourire.

Cette réponse fut loin de tranquilliser Sôsuke. Mais, étrangement, la santé d'Oyone s'améliora après l'arrivée de Koroku. On eût dit que le fait de se voir confier une petite responsabilité supplémentaire avait affermi son courage, et c'est avec une énergie accrue qu'elle prenait soin de son mari et de son beau-frère. Koroku ne s'en aperçut même pas, mais Sôsuke se rendait clairement compte qu'Oyone s'acquittait encore mieux qu'autrefois de ses devoirs de maîtresse de maison. Au fond de son cœur, il éprouvait devant le dévouement de son épouse un renouveau de gratitude, mais, en même temps, il craignait que ce surcroît de tension ne finisse par susciter un jour en elle quelque désordre nuisible à sa santé.

Malheureusement, cette crainte se transforma en réalité vers le 20 décembre, et Sôsuke, dévoré par le feu de l'angoisse et du pressentiment, en fut bouleversé. Ce jour-là, le ciel sans éclat s'était couvert dès le matin d'épais nuages, et un froid lourd et pesant avait duré toute la journée. Une fois de plus, Oyone n'avait pas dormi de la nuit, et c'est la tête lourde à cause du manque de repos qu'elle s'était courageusement mise au travail. Chaque fois qu'elle bougeait ou se levait, elle ressentait de douloureux élancements à la tête, mais, sans doute distraite par la relative clarté du monde extérieur, le mal lui paraissait plus facile à supporter debout que couchée et uniquement concentrée sur sa tête douloureuse. Quoi qu'il en soit, elle avait patienté jusqu'au départ de son mari, pensant que le mal s'atténuerait au bout d'un certain temps, comme d'habitude, et une fois Sôsuke parti, elle se détendit un moment en accomplissant ses tâches ménagères, mais peu à peu le mauvais temps se mit à peser sur son esprit. Elle se sentait glacée rien qu'à regarder le ciel, et dans la maison, un froid pénétrant semblait imprégner jusqu'aux lugubres papiers des cloisons. Malgré cela, sa tête devenait de plus en plus brûlante, si bien qu'elle fut obligée de ressortir les matelas qu'elle avait rangés le matin, pour les étendre dans le salon et s'y allonger. Comme la douleur était toujours insupportable, elle demanda à Kiyo de lui enrouler une serviette mouillée autour de la tête. La serviette devenant immédiatement tiède, elle fit mettre une bassine métallique à son chevet pour pouvoir la retremper dans l'eau.

Jusqu'à midi, elle essaya par ce moyen de fortune de se rafraîchir la tête, mais comme elle n'en ressentait aucun soulagement, le courage lui manqua de se lever pour déjeuner avec Koroku. Elle donna l'ordre à Kiyo de mettre la table et invita Koroku à s'installer. Quant à elle, elle resta au lit, après s'être fait apporter le petit traversin habituellement utilisé par son mari, et avoir fait enlever son oreiller dur de femme. Oyone manquait en effet de ce courage typiquement féminin qui consiste à endurer les pires souffrances pour éviter d'avoir un chignon décoiffé.

En sortant de sa chambre, Koroku entrouvrit les cloisons entre les deux pièces et aperçut Oyone allongée, les yeux fermés, à demi tournée vers le *tokonoma*. La croyant endormie, il referma doucement les cloisons sans un mot et prit seul possession de la grande table. Dès qu'il fut assis, on l'entendit mélanger sa soupe au thé et aux algues avec le riz.

Vers deux heures, Oyone, qui avait réussi à grand-peine à dormir un peu, ouvrit les yeux et se rendit compte que la serviette enroulée autour de sa tête était chaude et presque sèche. Elle avait un peu moins mal à la tête, mais en revanche une nouvelle souffrance avait surgi : une douleur violente allant de l'épaule à l'épine dorsale. Poussée par la pensée qu'il ne faut jamais se laisser aller, Oyone se leva seule, et prit un déjeuner tardif et léger.

— Comment vous sentez-vous ? lui demanda Kiyo en la servant.

Comme elle se sentait beaucoup mieux, Oyone fit ranger les matelas par la servante et s'installa près du brasero pour attendre le retour de Sôsuke. Celui-ci rentra à l'heure habituelle, et commença par lui raconter que dans l'avenue principale de Kanda toutes les boutiques étaient pavoisées pour les ventes de fin d'année, que des toiles blanches et rouges avaient été tendues dans le bazar, avec un orchestre pour attirer les clients.

— C'est animé, tu sais. Tu devrais aller y faire un tour. En tramway, c'est juste à côté, suggéra-t-il.

Lui-même avait le visage si rouge de froid qu'il en paraissait écorché.

En voyant les égards que Sôsuke avait pour elle, Oyone n'eut pas le courage de lui dire qu'elle était malade. En fait, elle n'avait plus tellement mal. Comme si de rien n'était, elle se mit comme d'habitude à aider son mari à se changer et à mettre son kimono, et elle rangea son costume européen.

La nuit vint. Vers neuf heures, Oyone se tourna soudain vers son mari et lui dit qu'elle aimerait se coucher avant lui, parce qu'elle ne se sentait pas très bien. Comme elle avait jusque-là bavardé gaiement avec lui comme d'habitude, Sôsuke fut légèrement surpris, mais, Oyone lui ayant assuré que ce n'était rien de grave, il se rasséréna et l'engagea à se préparer et à se mettre au lit rapidement.

Une fois Oyone couchée, Sôsuke resta environ vingt minutes à écouter le chuintement de la bouilloire placée à côté de lui, tandis que la lueur de la lampe ronde à mèche brillait sur cette soirée paisible. Songeant à cette rumeur d'une augmentation de salaire pour tous les fonctionnaires à partir de l'année suivante, il réfléchit aussi au bruit qui courait que cette augmentation serait précédée de grandes réformes, qui entraîneraient sans doute des licenciements. Il se demanda si lui-même ne risquait pas d'être déplacé. Il regretta que Sugihara, qui l'avait fait venir à Tôkyô, n'occupât plus le poste de chef de section au ministère. C'était étrange, mais lui-même, depuis son arrivée à Tôkyô, n'avait pas été malade une seule fois, et par conséquent il n'avait pas eu à demander une seule fois l'autorisation de s'absenter. Ayant dû interrompre ses études à mi-course, il n'avait guère lu de livres, et son éducation était certes incomplète mais il n'avait pas l'esprit obtus au point de ne pouvoir s'acquitter correctement de ses fonctions...

Après avoir ainsi réfléchi aux divers aspects de la situation, il en vint à conclure au fond de lui qu'il n'avait rien à craindre. Il se mit à tapoter la bouilloire du bout des ongles. A ce moment il entendit la voix douloureuse d'Oyone en provenance du salon.

— Sôsuke, viens voir...

Dans le salon, il trouva Oyone, les sourcils froncés, la poitrine rejetée hors du lit, étreignant son épaule de sa main droite. De façon presque mécanique, Sôsuke posa sa main au même endroit et exerça une forte pression sur l'os, au-dessus du point sur lequel appuyait Oyone.

— Un peu plus en arrière, lui dit-elle d'une voix suppliante.

Pour trouver le point exact, Sôsuke dut changer deux ou trois fois la position de sa main. En pressant avec le doigt, il constata que la partie située entre l'épaule et la nuque, près de la colonne vertébrale, était dure comme la pierre. Elle le pria d'appuyer de toutes ses forces sur ce point, et l'effort couvrit de sueur le front de Sôsuke. Pourtant ce n'était toujours pas assez fort pour soulager Oyone. Sôsuke se rappela une expression de l'ancien temps, « durcissement de l'épaule », qui désignait les crises d'angine de poitrine. Une anecdote que lui avait racontée son grand-père lui revint tout à coup à la mémoire avec la plus vive netteté : un certain samouraï qui voyageait à cheval avait été assailli par une crise de ce genre. Sautant à bas de sa monture, il avait dégainé son poignard et s'en était aussitôt porté un coup dans l'épaule, pour faire couler le sang, ce qui lui avait évité la mort subite qui le menaçait. C'est affreux ! se dit-il, totalement indécis, se demandant s'il devait ou non prendre l'initiative d'entailler l'épaule d'Oyone avec un instrument tranchant.

Oyone, dont le sang était monté à la tête, était rouge jusqu'aux oreilles. Sôsuke lui demanda si elle avait chaud à la tête, elle répondit que celle-ci lui cuisait douloureusement. Sôsuke cria à Kiyo de lui amener un sac à glace empli d'eau fraîche. Kiyo, comme elle l'avait fait le matin même, apporta une cuvette emplie d'eau avec une serviette qu'elle trempa et retrempa dedans pour rafraîchir la tête de sa maîtresse, tandis que Sôsuke continuait à presser de toutes ses forces sur son épaule. De temps en temps il lui demandait si elle se sentait un peu mieux, mais Oyone répondait seulement d'une voix faible qu'elle avait toujours mal. Fou d'inquiétude, Sôsuke s'apprêta à courir chercher un médecin, mais, finalement, cette même inquiétude l'empêcha de faire un seul pas en direction de la porte.

— Kiyo, cours acheter un sac à glace, et profites-en pour appeler le médecin. Il est encore tôt, il ne doit pas être couché.

Kiyo se leva immédiatement et regarda l'heure à l'horloge de la salle à manger.

— Il est neuf heures et quart, dit-elle, sans plus, avant de partir vers la porte de service.

Elle cherchait fébrilement ses socques de bois quand, par chance, Koroku arriva. Comme d'habitude, il allait se faufiler dans sa chambre sans même dire bonsoir à son frère quand celui-ci l'arrêta d'une voix de stentor : « Hé, Koroku ! » Il hésita sur le seuil de la salle à manger, mais comme son frère criait à nouveau son nom, il ne put faire autrement que de répondre « oui », à voix basse, et de pousser la cloison pour se montrer. Il avait autour des yeux des marques rouges indiquant une ivresse non encore dissipée. Il jeta un coup d'œil dans la pièce, et, pour la première fois, arbora un air surpris.

— Qu'est-ce qui se passe ?

Son ton indiquait qu'il était temporairement dégrisé.

Sôsuke lui répéta les ordres qu'il venait de donner à Kiyo, et le pressa de faire vite. Koroku, sans quitter son manteau, reprit aussitôt la direction de l'entrée.

— Si je vais chercher le médecin, même en me dépêchant, ça va prendre du temps. Je vais plutôt emprunter le téléphone des Sakai pour le faire venir tout de suite.

— Oui, vas-y, répondit Sôsuke.

En attendant le retour de Koroku, il fit renouveler l'eau de la cuvette plusieurs fois par Kiyo, tandis que lui-même consacrait tous ses efforts tantôt à presser des points d'acupuncture, tantôt à masser l'épaule de sa femme. Il lui était intolérable de la regarder souffrir sans pouvoir rien faire, et ces gestes lui occupaient l'esprit.

Il vécut les minutes les plus angoissantes de sa vie en guettant ainsi l'arrivée du médecin. Tout en massant l'épaule d'Oyone, il ne cessait de tendre l'oreille au moindre bruit extérieur.

Quand le médecin arriva enfin, ce fut pour lui comme si l'aurore s'était levée. Très professionnel, le médecin montra toute la présence d'esprit nécessaire. Sa petite serviette posée près de lui, il procéda lentement et posément à l'examen de sa patiente, comme si elle était atteinte d'une quelconque affection chronique. C'est sans doute la proximité de ce visage complètement dénué d'émotion, qui aida Sôsuke à calmer les battements désordonnés de son propre cœur.

Le médecin recommanda à Sôsuke, comme moyens de première urgence, de faire à la malade des cataplasmes de moutarde, de lui réchauffer les pieds avec des serviettes chaudes, enfin de lui rafraîchir la tête avec de la glace. Après quoi, il prépara lui-même la farine de moutarde et en enduisit Oyone de l'épaule à la nuque. Kiyo et Koroku se chargèrent des serviettes chaudes, tandis que Sôsuke plaçait un sac de glace sur son front par-dessus la serviette.

Tout cela avait pris environ une heure. Le médecin annonça qu'il allait observer un peu l'évolution des choses avant de s'en aller, et s'assit au chevet d'Oyone. Il échangea quelques banalités avec Sôsuke, mais la plupart du temps tous deux se contentaient de surveiller en silence l'état de la malade. La nuit avança donc dans le calme habituel.

— La fièvre est bien tombée, maintenant, dit le médecin.

Sôsuke ne voulait pas le déranger plus longtemps, et après avoir écouté ses recommandations, lui dit de ne pas hésiter à s'en aller. Le médecin repartit donc après avoir dit :

— Je pense que ça devrait aller maintenant. Je vais lui donner une potion à prendre cette nuit, et je pense qu'ainsi elle devrait bien dormir.

Koroku partit tout de suite après lui pour aller chercher le médicament.

— Quelle heure est-il ? demanda Oyone en levant les yeux vers son mari toujours à son chevet. Sa mine avait bien changé depuis le début de la soirée : tout le sang s'était retiré de ses joues, qui paraissaient maintenant verdâtres à la lumière de la lampe. Sôsuke se dit que cette mauvaise mine était due au désordre de sa chevelure sombre, et il en arrangea quelques mèches avant de demander :

— Tu te sens un peu mieux maintenant ?

— Oui, beaucoup mieux, répondit Oyone, son petit sourire habituel revenant flotter sur ses lèvres.

Même quand elle était au plus mal, Oyone n'oubliait jamais d'adresser à son mari ce léger sourire. Dans la salle à manger, Kiyo ronflait, effondrée sur les nattes.

— Aide Kiyo à se mettre au lit, demanda Oyone.

Quand Koroku revint avec le médicament, et qu'Oyone l'eut pris suivant la prescription du médecin, il était presque minuit. Vingt minutes plus tard, elle dormait profondément.

— Ça a l'air d'aller, dit Sôsuke en regardant le visage de sa femme. Koroku lui aussi la regarda dormir un moment, et répondit : « Oui, je crois que ça va maintenant. » Tous deux furent d'accord pour enlever le sac de glace de son front.

Bientôt, Koroku rentra dans sa chambre, et Sôsuke vint s'allonger comme d'habitude auprès de sa femme. Cinq ou six heures plus tard, la nuit d'hiver, qui avait couvert le sol de petites aiguilles de gel, fit place à l'aurore. Une heure après, le soleil colorait déjà la surface de la terre et s'élevait sans obstacle dans un ciel d'un bleu immaculé ; Oyone était toujours profondément endormie.

Pendant ce temps, Sôsuke avait pris son petit déjeuner, l'heure de son départ pour le bureau approchait. Oyone ne donnait pas le moindre signe de vouloir se réveiller. Sôsuke se pencha sur l'oreiller et écouta sa respiration profonde, en se demandant s'il allait se rendre au bureau ou non ce jour-là.

12

Ce matin-là, Sôsuke avait repris son service comme si de rien n'était, mais la vision des événements de la veille venait parfois flotter devant ses yeux, et le souci qu'il se faisait pour la santé de sa femme l'empêchait de se concentrer comme il l'aurait voulu sur son travail. Il commit même des étourderies inhabituelles. Il patienta jusqu'à midi, puis décida de rentrer chez lui.

Pendant le trajet en tramway, il imagina un scénario rassurant : Oyone s'était réveillée vers telle heure, ce long somme l'avait revigorée, aucune nouvelle crise n'était à craindre. Il avait pris le tramway à une heure inhabituelle et les voyageurs étaient peu nombreux, si bien qu'il n'avait nul besoin d'être attentif à son environnement immédiat, et contemplait en toute liberté les images qui se formaient dans sa tête. Il arriva ainsi au terminus.

Une fois devant la porte de sa maison, il se rendit compte qu'il régnait à l'intérieur un silence complet, comme s'il n'y avait personne. Il ouvrit la porte d'entrée, enleva ses chaussures, gravit la marche du vestibule, sans que personne vînt à sa rencontre. Sans passer par la véranda pour se rendre dans la salle à manger comme il faisait d'ordinaire, il ouvrit tout de suite les cloisons pour entrer dans le salon où dormait Oyone. Il constata qu'elle dormait toujours. Sur un plateau de laque rouge posé à son chevet se trouvaient un sachet de médicament en poudre et un verre à demi rempli d'eau, comme le matin quand il était parti. Oyone avait, elle aussi, gardé la même position depuis le matin : la tête tournée vers le *tokonoma*, la joue gauche et la naissance du cou légèrement enduit de moutarde à peine visibles. Comme le matin, elle était plongée dans un sommeil si profond que seule sa respiration semblait la rattacher au monde. Tout dans la pièce était resté entièrement conforme à l'image que Sôsuke avait emportée le matin même. Sans quitter son manteau, il se pencha au-dessus d'Oyone pour écouter un moment sa respiration. Elle n'avait pas l'air d'être sur le point de se réveiller. Sôsuke compta sur ses doigts le nombre d'heures écoulées depuis qu'elle avait pris son médicament, et une expression inquiète apparut finalement sur son visage. Jusqu'à la veille, c'étaient ses insomnies qui l'avaient inquiété, mais à la voir maintenant livrée si longtemps à l'inconscience du sommeil, il commençait à trouver anormal de dormir ainsi.

Posant la main sur le matelas, il secoua légèrement Oyone deux ou trois fois. Sa chevelure ondoya sur l'oreiller mais elle continua à dormir profondément. Il la laissa tranquille et se rendit dans la cuisine. Dans la cuvette posée dans l'évier trempait encore la vaisselle sale, des tasses à thé et des bols de laque. Il jeta un coup d'œil dans la chambre de Kiyo et la trouva endormie par terre à côté de la marmite de riz, un bol posé devant elle. Cette fois, il poussa la porte de la chambre de six nattes et passa la tête dans l'ouverture : Koroku y dormait, la tête cachée sous une couverture.

Sôsuke se changea, plia son costume, le rangea dans le placard, puis il aviva le feu du brasero et mit de l'eau à bouillir. Appuyé au brasero, il réfléchit quelques minutes puis se leva pour appeler d'abord Koroku, puis Kiyo. Réveillés en sursaut, tous deux sautèrent sur leurs pieds. Il demanda à Koroku comment se portait Oyone depuis le matin, et celui-ci répondit qu'en fait il avait tellement sommeil qu'il s'était recouché à onze heures et demie, mais que, jusque-là, Oyone avait paisiblement dormi.

— Va chez le médecin, et demande-lui si ce n'est pas inquiétant qu'elle ne se soit pas réveillée depuis qu'elle a pris ce médicament hier soir.

— Bien.

Koroku sortit sur cette brève réponse. Sôsuke revint dans le salon et observa attentivement le visage de sa femme. Perplexe, il croisa les bras, incapable de décider s'il devait la réveiller ou si cela pouvait lui faire du mal.

Koroku fut bientôt de retour et expliqua que le médecin s'apprêtait justement à sortir pour faire sa tournée de visites et, quand il lui avait fait part du problème, avait dit qu'il passerait les voir en deuxième ou troisième lieu. Sôsuke demanda à Koroku s'il pensait qu'il pouvait laisser Oyone dormir ainsi en attendant l'arrivée du médecin, mais le jeune homme répondit seulement que le médecin n'avait rien dit de plus. Sôsuke ne put s'empêcher de reprendre sa place au chevet de la malade, tout en trouvant que le médecin comme Koroku se montraient un peu trop indifférents. Sa mauvaise humeur augmenta encore quand lui revint en mémoire la tête qu'affichait Koroku la veille quand il était rentré pendant que lui-même essayait de soigner Oyone. Quand sa femme avait commencé à lui faire remarquer que son frère buvait, cela avait éveillé son attention et, en observant Koroku, il s'était aperçu qu'effectivement celui-ci avait l'air de se conduire avec bien peu de sérieux, et il se disait bien qu'un jour ou l'autre il devrait le sermonner à ce sujet, mais il s'en était jusque-là abstenu pour éviter à cette pauvre Oyone le déplaisant spectacle d'un différend entre deux frères.

En fait, se dit-il, c'est maintenant que je devrais lui parler, pendant qu'elle dort, car au moins, même si je me dispute avec lui, ses nerfs à elle seront épargnés.

Parvenu à ce point de ses réflexions, il regarda à nouveau le visage endormi de sa femme et, repris par son inquiétude, eut envie de la réveiller sur-le-champ. Pendant qu'il hésitait, le médecin arriva.

Tenant précautionneusement sous son bras la même serviette que la veille, le médecin écouta en les ponctuant de « oui, oui, oui ! » et en fumant une cigarette les explications de Sôsuke, puis il se tourna du côté d'Oyone en disant qu'il allait l'ausculter. Il commença comme d'habitude par prendre le pouls de la malade en regardant sa montre. Après quoi il apppliqua un stéthoscope à l'endroit du cœur et le déplaça de-ci de-là avec attention. Pour finir, il sortit de sa serviette un miroir percé d'un trou rond et demanda à Sôsuke d'allumer une bougie. Comme il n'y en avait pas dans la maison, il pria Kiyo d'allumer une lampe. Le médecin écarta les paupières d'Oyone endormie, fit passer soigneusement la lumière réfléchie par le miroir entre les cils de la malade. L'examen était terminé.

— Le médicament a fait un peu trop d'effet, dit-il en se tournant vers Sôsuke, puis, voyant l'expression des yeux de celui-ci, il ajouta immédiatement une explication : Il n'y a pas lieu de s'inquiéter. Dans ce genre de cas, il ne peut y avoir danger que si le cœur ou le cerveau sont affectés, or il ressort de mon examen que ni l'un ni l'autre de ces organes ne présente quoi que ce soit d'anormal.

Sôsuke fut enfin rassuré. Le médecin lui expliqua en outre avant de s'en aller que le somnifère qu'il avait employé était un produit relativement nouveau, qui, théoriquement, était moins nocif que les autres mais avait en fait un effet extrêmement variable selon les patients. Au moment où il partait, Sôsuke demanda :

— Alors, il n'y a aucun inconvénient à la laisser dormir ainsi jusqu'à ce qu'elle se réveille ?

Le médecin répondit que ce n'était pas la peine de la réveiller à moins d'avoir une bonne raison de le faire. Aussitôt après son départ, Sôsuke se sentit une faim soudaine. Il passa dans la salle à manger et vit que l'eau qu'il avait fait chauffer était en train de bouillir. Il appela Kiyo et lui demanda de servir le repas. Celle-ci répondit d'un air embarrassé que ce n'était pas prêt, et, en effet, ce n'était pas encore l'heure du dîner. Sôsuke s'installa confortablement en tailleur près du brasero, et absorba successivement quatre bols de riz arrosés d'eau chaude, grignotant en accompagnement des radis noirs en saumure.

Une trentaine de minutes plus tard, Oyone se réveillait d'elle-même.

13

Sôsuke, désirant renouveler sa coupe de cheveux pour la nouvelle année, se décida à entrer, pour la première fois depuis longtemps, dans le salon d'un coiffeur. Sans doute à cause de la fin de l'année toute proche, il y avait une foule de clients et on entendait des ciseaux cliqueter activement dans deux ou trois coins de la boutique. Ce bruit de ciseaux retentissait comme l'écho d'une agitation impatiente aux oreilles de Sôsuke, qui venait d'assister au spectacle de l'animation fébrile de la rue, comme si la foule des citadins s'agitait pour en finir plus vite que la nature avec la saison froide et se retrouver au printemps.

Pendant qu'il attendait son tour près du poêle en fumant des cigarettes, Sôsuke avait l'impression d'être entraîné malgré lui dans le tourbillon trépidant d'une vaste foule avec laquelle il n'avait aucun lien, et d'être obligé de franchir avec elle le cap de la fin de l'année. Ne fondant lui-même aucun espoir sur cette nouvelle année en perspective, il se sentait comme perdu dans cette vaste foule qui l'invitait en vain à la suivre.

L'attaque qu'avait eue Oyone s'était complètement calmée, au point que Sôsuke pouvait à nouveau partir comme d'habitude l'esprit tranquille au bureau en la laissant à la maison. Oyone, de son côté, déployait la même activité que chaque année pour les préparatifs du Nouvel An, bien modestes d'ailleurs, comparés à ceux d'autres foyers. Sôsuke s'était résigné à passer les fêtes de façon plus simple que d'habitude, et à la vue d'Oyone toute pimpante, comme ressuscitée, il se passait la main sur le cœur, dans un geste de soulagement, comme s'il avait vu enfin s'éloigner l'horrible tragédie qui les menaçait. Mais de temps à autre passait dans son esprit, comme un brouillard, la vague crainte de voir le spectre de la tragédie, sous une forme ou une autre, menacer un jour à nouveau sa famille.

A voir en cette fin d'année tous les gens ordinaires, soucieux seulement des plaisirs de ce monde, s'agiter en vain, comme poussant devant eux les brèves journées de leur vie, il se sentait d'autant plus en proie à cette crainte diffuse. Il allait jusqu'à éprouver le désir de rester seul, oublié de tous, dans ce dernier mois de l'année que lui seul trouvait si sombre et si triste. Son tour arriva enfin, et quand il aperçut le reflet glacé de son image dans le miroir, il se mit à la contempler en se demandant qui se cachait derrière cette ombre. Entièrement enveloppé, à part la tête, dans un linge blanc, il ne distinguait rien de la couleur ni des rayures de son kimono. A ce moment, il s'aperçut qu'une cage, où le patron du salon de coiffure élevait un petit oiseau, se reflétait aussi dans le fond du miroir. Perché sur son bâton, l'oiseau sautillait.

Quand il ressortit dans la rue, la tête enduite d'huile parfumée, suivi par des remerciements obséquieux, il éprouva malgré tout une sensation de soulagement. Il avait bien fait de se faire couper les cheveux, comme Oyone le lui avait recommandé, se dit-il, se rendant compte une fois dans l'air froid de la rue qu'il éprouvait une sensation de renouveau.

Avant de rentrer chez lui, il s'arrêta chez Sakai, qu'il devait consulter à propos d'une taxe du service des eaux. Une servante apparut et lui indiqua le chemin, mais elle lui fit traverser le petit salon dans lequel il s'attendait à être reçu comme d'habitude et l'emmena jusqu'à la salle à manger. Les cloisons coulissantes de cette vaste pièce étaient entrouvertes d'un demi-mètre, et l'on pouvait entendre résonner de l'autre côté trois ou quatre voix rieuses : la maison Sakai était toujours aussi animée.

Le maître de maison était assis face à un grand brasero bien astiqué. Sa femme, assise un peu plus loin à côté des cloisons de papier qui longeaient la véranda, était tournée vers lui. Derrière le propriétaire se trouvait une pendule murale longue et étroite, suspendue à un crochet noir. A droite de la pendule s'étendait le mur, à gauche une petite vitrine où l'on apercevait divers objets d'art, des pierres portant des inscriptions gravées, des esquisses, des éventails privés de leur monture.

En plus du propriétaire et de son épouse étaient assises là, épaule contre épaule, deux petites filles portant des kimonos à manches rondes aux motifs assortis. L'une paraissait avoir douze ou treize ans, l'autre environ dix ans. Leurs paires de grands yeux s'étaient tournés vers Sôsuke dès son arrivée entre les portes coulissantes, mais les coins de leurs bouches conservaient les traces visibles de leurs éclats de rire précédents. En parcourant la pièce du regard, Sôsuke aperçut encore, en dehors des deux enfants et de leurs parents, un homme à l'allure étrange, qui attendait le plus près possible de l'entrée dans une attitude pleine de respect.

A peine cinq minutes après s'être assis, Sôsuke apprenait que les rires qu'il avait entendus en arrivant avaient été provoqués par les questions et les réponses échangées entre cet étrange personnage et les membres de la famille Sakai. Cet homme possédait une barbe roussâtre tout hirsute, qui paraissait comme saupoudrée de grains de sable, et un teint fortement hâlé marqué pour la vie par le soleil. Il portait une chemise de coton blanc aux boutons de porcelaine, et à voir la longue cordelette comme celle d'une bourse qui pendait du col de son vêtement ouaté en étoffe grossière tissée à la main, on ne pouvait se méprendre sur ses origines : c'était un homme venu des montagnes des provinces lointaines qui avait rarement l'occasion de se rendre à Tôkyô. De plus, on apercevait ses jambes nues, en dépit de la température glaciale, et il avait tiré de derrière sa ceinture en coton épais d'un bleu indigo passé une serviette avec laquelle il se frottait le dessous du nez. Sakai le présenta en disant :

— Voilà un homme qui s'est déplacé exprès de sa province de Kaï jusqu'à Tôkyô avec un ballot d'étoffes sur le dos.

— Vous m'en achèterez bien un, monseigneur ? fit l'homme en guise de salutation en se tournant vers Sôsuke.

En effet, des pièces de soie et de coton, de crêpe et de pongé blanc étaient étalées partout sur les nattes. Sôsuke fut surpris de voir un homme à l'allure et au langage si comiques colporter de si beaux articles. D'après les explications de Mme Sakai, il venait d'un village perdu au milieu de terres volcaniques ne pouvant produire ni riz ni millet, si bien que les habitants avaient été obligés pour survivre de planter des mûriers et d'élever des vers à soie. Le village devait être extrêmement pauvre puisqu'aux dires du colporteur, il n'y avait qu'une seule maison possédant une horloge, et trois enfants seulement qui allaient à l'école communale.

— Il paraît même qu'il est le seul dans le village à savoir lire ! fit Mme Sakai en riant.

Le marchand de tissus confirma ces dires avec grand sérieux.

— C'est bien vrai, madame, il n'y a personne d'autre que moi à savoir lire et écrire. C'est un endroit affreux, pour sûr !

Le colporteur n'arrêtait pas de répéter, en plaçant sous les yeux du maître de maison ou de sa femme diverses pièces d'étoffe : « Achetez, achetez donc ! » et lorsqu'ils disaient que c'était trop cher et proposaient un prix plus bas, il répondait avec son drôle d'accent campagnard : « J'y gagne rien ! » ou bien : « Achetez-le au prix qu'je vous dis, je vous en supplie », ou encore : « Soupesez-moi donc ça pour voir ! » A chaque fois, tout le monde éclatait de rire. Une fois de plus, les époux paraissaient avoir du temps à perdre, car ils n'en finissaient pas de bavarder, en se moquant à moitié de lui, avec le colporteur de tissus.

— Dis-moi, colporteur, quand tu voyages comme ça avec ton balluchon sur le dos, tu dois bien t'arrêter pour manger quand c'est l'heure ?

— On ne peut pas se passer de manger, faut bien que je mange quand j'ai faim !

— Et où manges-tu donc ?

— Ben, dans les échoppes à thé, pardi !

Le propriétaire lui demanda en riant ce qu'étaient ces échoppes. Le bonhomme répondit que c'était là où on pouvait s'arrêter pour manger du riz. Il fit à nouveau rire tout le monde en ajoutant qu'à Tôkyô le riz était tellement bon que, quand il s'attablait dans la plupart des auberges, il n'arrivait jamais à se rassasier et que c'était grand dommage pour les aubergistes d'avoir un client comme lui qui dévorait les bols de riz trois par trois.

Finalement le colporteur vendit à Mme Sakai une pièce de pongé et une autre de gaze blanche. Sôsuke trouva enviable le sort de ces gens qui avaient les moyens de s'acheter dès la fin de l'année de la gaze pour l'été à venir. A ce moment, le maître de maison se tourna vers lui d'un air engageant.

— Eh bien, et vous ? Achetez-lui donc une étoffe au passage ! De quoi faire un kimono de tous les jours pour votre épouse, par exemple.

Mme Sakai s'y mit aussi, lui expliquant que c'était l'occasion ou jamais d'acheter une pièce d'étoffe à bas prix.

— Vous pourrez me payer quand vous voudrez, lui assura le marchand.

Sôsuke finit par acheter un coupon de dix mètres de soie ordinaire pour Oyone. Le maître de maison le marchanda jusqu'à trois yen. Le colporteur accepta le prix puis s'exclama :

— J'y gagne rien, là ! Ah, ça me donne envie de pleurer !

Ce qui provoqua un nouvel éclat de rire général.

Son boniment à l'accent campagnard ouvrait, paraît-il, toutes les portes au colporteur. En parcourant ainsi toutes les maisons du voisinage, il faisait peu à peu diminuer son fardeau, jusqu'à ce qu'il ne lui reste plus que le carré de tissu bleu foncé dont il enveloppait son ballot, et le cordon qui servait à l'attacher. Comme le jour de l'an de l'ancien calendrier arrivait justement, il dit qu'il s'en retournait tout de suite dans sa province, qu'il célébrerait l'arrivée du printemps dans ses montagnes et qu'il reviendrait ensuite, portant sur son dos de nouvelles marchandises, autant qu'il en pouvait porter. Avant la fin avril ou le début de mai, époque où l'élevage des vers à soie exigerait ses soins, il aurait changé toutes ses étoffes en argent et regagnerait alors son petit village perdu dans les terres volcaniques au pied du mont Fuji, au nord.

— Cela fait quatre ou cinq ans qu'il revient nous voir, remarqua Mme Sakai, mais chaque fois qu'on le voit, il est toujours le même, il ne change absolument pas !

— C'est vraiment un curieux bonhomme, ajouta le maître de maison en commentaire.

Et, dans ce monde moderne, où si l'on reste seulement trois jours sans sortir on risque de retrouver sa rue élargie ou bien de ne plus être au courant de l'itinéraire du tramway si on oublie un seul jour de lire le journal, il était effectivement curieux de rencontrer un homme capable de garder intactes ses caractéristiques montagnardes en venant deux fois par an à Tôkyô. En observant la façon de s'exprimer, les vêtements et l'allure générale du colporteur, Sôsuke ressentait une sorte de pitié.

Tandis qu'il rentrait chez lui après avoir pris congé des Sakai, en changeant de place de temps en temps le paquet de soie qu'il avait emporté sous sa pèlerine, flottaient continuellement devant ses yeux le vêtement de grossière toile rayée doublée d'ouate que portait le bonhomme qui lui avait vendu cette soie pour la modique somme de trois yen, sa barbe aux reflets roux, ses cheveux sans une trace de pommade, soigneusement séparés, on ne sait pourquoi, par une raie au milieu.

A la maison, Oyone venait de finir de coudre la nouvelle veste que Sôsuke porterait au printemps, et l'avait mise pour la repasser sous un coussin, sur lequel elle s'apprêtait à s'asseoir.

— Tu le mettras sous le matelas ce soir avant de te coucher, dit-elle en se tournant vers son mari.

Le récit de sa rencontre avec l'homme de la province de Kaï que fit Sôsuke la fit beaucoup rire. Puis elle contempla sans se lasser les rayures et la qualité du tissu qu'il avait ramené, en s'extasiant sur le prix. La soie était en effet d'excellente qualité.

— Comment peut-il faire un profit avec des prix si peu élevés ? demanda-t-elle finalement.

— Ce sont les grossistes intermédiaires qui font d'énormes profits, répondit Sôsuke, qui grâce à ce coupon de soie avait acquis des lumières sur la valeur des tissus.

La conversation roula ensuite sur l'aisance dans laquelle vivaient les Sakai, aisance qui avait permis à l'antiquaire du coin de faire une excellente affaire, puis ils passèrent à l'occasion d'acheter à bon compte des marchandises dont ils n'avaient nul besoin que leur avait fournie le passage de ce colporteur chez leur opulent propriétaire, et, enfin, ils en arrivèrent à parler de l'animation et de la gaieté extraordinaire qui régnaient dans la famille Sakai. Sôsuke changea alors brusquement de ton et fit remarquer à Oyone :

— Mais ce n'est pas seulement l'argent qui est en cause. C'est parce qu'ils ont des enfants. Les enfants, cela amène la joie même dans une famille pauvre.

L'amertume de son ton, comme s'il se reprochait à lui-même la solitude de leur vie, résonna douloureusement aux oreilles d'Oyone. Inconsciemment, elle enleva les mains de la pièce de soie posée sur ses genoux et regarda son mari.

Mais celui-ci, tout à la joie de voir le tissu qu'il avait ramené plaire à sa femme et le visage de celle-ci s'illuminer pour la première fois depuis longtemps, ne remarqua absolument rien. Oyone se contenta de le regarder et ne dit rien, remettant jusqu'au moment de se coucher l'expression de ses sentiments.

Tous deux se mirent au lit comme d'habitude après dix heures, mais Oyone profita de ce qu'il ne dormait pas encore pour se tourner vers lui et lui dire ceci :

— Tout à l'heure tu m'as dit que la maison était triste parce que nous n'avions pas d'enfants...

Sôsuke se rappelait bien avoir fait une remarque de ce genre, mais c'était plutôt d'un point de vue général, et il n'avait aucunement l'intention d'attirer l'attention d'Oyone sur leur cas personnel, aussi se trouva-t-il fort embarrassé, comme devant un interrogatoire.

— Mais je ne parlais pas du tout de la maison.

Après cette réponse, Oyone se tut un moment, mais elle ne tarda pas à renouveler sa question sous une formulation analogue.

— Pourtant tu ne peux pas t'empêcher de trouver la maison triste, c'est bien ça qui te fait dire des choses pareilles en fin de compte ?

A cela Sôsuke ne pouvait que répondre qu'elle avait touché juste ; mais par égard pour Oyone il n'osa pas l'avouer aussi clairement. Il réfléchit que, pour empêcher sa femme encore convalescente de se tourmenter, il valait mieux tourner la chose en plaisanterie et en rire.

— En parlant de tristesse, c'est vrai que la maison en a sa part, mais…

Il avait voulu donner à ses paroles un ton de gaieté, mais il s'arrêta soudain net, en peine de la suite amusante qu'il aurait aimé trouver. Il ne put finalement s'empêcher de dire :

— Allez, ça va, ne t'inquiète pas !

Comme elle ne répondait rien, il essaya de changer de sujet et se mit à lui parler de banalités.

— Tu as vu, il y a encore eu un incendie hier soir.

— Quel dommage pour toi d'avoir une femme comme moi, dit-elle brusquement, la gorge serrée, comme cherchant à s'excuser.

Puis elle se tut à nouveau. La lampe était, comme toujours, posée sur le *tokonoma*, et Oyone tournait le dos à la lumière, si bien que Sôsuke ne pouvait voir clairement l'expression de son visage, mais sa voix paraissait pleine de larmes. Il était jusque-là occupé à regarder le plafond, couché sur le dos, mais il se tourna soudain vers sa femme et observa avec attention son visage à contrejour. Elle aussi le regardait fixement dans la semi-obscurité. Finalement, elle dit d'une voix hésitante :

— Cela faisait longtemps que je voulais tout t'expliquer et m'excuser auprès de toi, mais c'était tellement difficile à dire que j'ai toujours remis ça à plus tard.

Sôsuke ne comprenait absolument pas ce qu'elle voulait dire. Peut-être fallait-il attribuer tout cela à une légère hystérie ? Indécis, il se demandait ce qu'il en était quand Oyone déclara d'un ton profondément convaincu, avant d'éclater en sanglots :

— Je n'ai plus aucun espoir d'avoir un jour un enfant.

Comment consoler sa femme après ce triste aveu était un problème qui dépassait les facultés de Sôsuke. Il restait égaré, empli d'un sentiment de pitié qui allait en s'intensifiant.

— Qu'est-ce que ça peut faire, qu'on n'ait pas d'enfants ? Regarde des gens comme les Sakai, qui en ont plein, on ne peut pas s'empêcher de les plaindre ! On se croirait dans une crèche, là-haut !

— Mais de savoir qu'on ne peut pas en avoir du tout, c'est quand même affreux pour toi, non ?

— Mais ce n'est pas si sûr que ça. Tu vas peut-être en avoir un bientôt, qui sait ?

Les sanglots d'Oyone redoublèrent. Déconcerté, Sôsuke attendit patiemment que la crise se calme, puis écouta longuement les explications de sa femme.

Si l'union de ces deux époux était plus réussie que la moyenne du point de vue de l'harmonie conjugale, pour ce qui est des enfants, ils étaient plus malheureux que la plupart de leurs voisins. Si encore Oyone n'avait jamais été enceinte, ils auraient pu s'en consoler, mais leur malheur était d'autant plus intense qu'ils avaient déjà eu des enfants viables, mais nés avant terme, et qu'aucun n'avait survécu.

La première grossesse d'Oyone datait de l'époque où, ayant quitté Tôkyô, ils menaient à Hiroshima une vie de misère. Quand l'heureux événement fut certain, Oyone se mit à passer ses journées en rêveries, imaginant un avenir tantôt rose, tantôt effrayant, transformé par cette nouvelle expérience. Sôsuke, de son côté, interprétait cela comme la matérialisation de l'amour qu'il portait à sa femme, et en était transporté de bonheur. Tout heureux, il attendit en comptant les jours sur ses doigts le moment où il verrait enfin gigoter devant ses yeux ce petit bloc de chair dans lequel il avait insufflé sa propre vie. Mais l'enfant, contrairement à leurs prévisions, quitta prématurément le ventre de sa mère au bout de cinq mois de grossesse. A cette époque les deux époux menaient jour après jour une existence pénible et douloureuse. Sôsuke, en contemplant le visage blafard de sa femme après cette fausse couche, s'était dit que cet accident était sûrement dû à la dureté de leurs conditions de vie. La pauvreté avait détruit le fruit de leurs amours, et il déplorait de voir échapper de ses mains ce bonheur espéré en vain. Oyone pleura toutes les larmes de son corps.

Peu après leur installation à Fukuoka, Oyone avait à nouveau ressenti un penchant pour les aliments acides. Comme elle avait entendu dire que les fausses couches avaient tendance à se renouveler, elle prenait mille précautions, se comportait avec une extrême prudence. Peut-être est-ce pour cette raison que la plus grande partie de sa grossesse se déroula normalement, mais une fois encore, sans raison apparente, l'enfant naquit avant terme. La sage-femme, perplexe, l'engagea à consulter à nouveau le médecin. Après examen, celui-ci fut d'avis que l'enfant n'était pas suffisamment développé et qu'il fallait le garder dans une pièce artificiellement chauffée, de façon à y maintenir jour et nuit une température élevée. Mais avec les moyens qu'il avait, il n'était pas facile pour Sôsuke d'installer un chauffage dans son appartement. Les deux époux firent tout leur possible pour préserver la vie de l'enfant, dans la mesure du temps et des ressources dont ils disposaient. Mais leurs efforts se révélèrent vains : à peine une semaine plus tard, ce tendre petit bloc de chair où circulait leur sang à tous deux était devenu glacé. « Que faire, que faire ? » sanglotait Oyone, le cadavre de son bébé dans les bras.

Sôsuke supporta virilement ce nouveau choc. Jusqu'à ce que la chair froide fût transformée en cendres, et jusqu'à ce que ces cendres fussent à leur tour mêlées à la terre noire, pas une plainte ne lui échappa. Ensuite, pendant longtemps, une sorte d'ombre triste flotta entre les deux époux, puis elle s'éloigna progressivement et finit par disparaître.

La troisième fois aussi devait rester gravée dans leur mémoire. En effet, au début de l'année où Sôsuke fut muté à Tôkyô, Oyone se trouva à nouveau enceinte. A son arrivée à Tôkyô, elle avait une santé plutôt faible, si bien qu'elle-même évidemment mais surtout Sôsuke se faisaient du souci à ce sujet. Tous deux se disaient cependant que cette fois, peut-être... et plusieurs mois s'écoulèrent sans accident, dans une tension de chaque jour. Parvenue au cinquième mois, cependant, Oyone eut à nouveau une malchance imprévue. A cette époque, leur maison n'avait pas l'eau courante et la servante était obligée d'aller en chercher au puits du matin au soir pour laver le linge. Un jour, Oyone, pour donner un ordre à Kiyo qui se trouvait derrière la maison, était venue lui parler jusqu'auprès du baquet posé à côté de la rigole du puits. En voulant franchir cette rigole, elle glissa sur une planche mouillée couverte de mousse verte et tomba à la renverse. Elle pensa qu'une fois de plus elle allait perdre l'enfant, mais, honteuse de sa maladresse, elle évita de parler de cet incident à Sôsuke. Les jours passèrent sans que ce choc parût avoir d'influence sur le développement du fœtus. Quand elle fut bien certaine qu'aucun mal lui était arrivé, Oyone se sentit enfin tranquillisée et se décida à avouer à son mari sa maladresse passée. Sôsuke n'avait évidemment aucune intention de la blâmer, il se contenta de lui donner ce conseil avec tendresse :

— Fais très attention, sinon cela peut être dangereux.

Finalement, sa grossesse arriva à terme. Même quand l'accouchement fut imminent, Sôsuke continua à se rendre au bureau, mais il ne cessait de penser avec inquiétude à sa femme. Chaque fois qu'il rentrait du travail, il marquait un temps d'arrêt devant la porte du jardin, en se demandant si le bébé n'était pas né pendant son absence. Il lui arrivait de s'attendre presque à entendre les vagissements du bébé, et, comme aucun son ne lui parvenait, de commencer au contraire à se dire qu'il était arrivé quelque chose d'anormal ; il se précipitait alors à l'intérieur de la maison, honteux de lui-même et de sa maladresse.

Par bonheur, Oyone ressentit les premières douleurs en pleine nuit, moment où Sôsuke n'avait rien à faire au-dehors. Les circonstances se montraient donc extrêmement favorables, puisqu'il pouvait être à ses côtés et s'occuper d'elle. La sage-femme put arriver en temps voulu sans se presser, le coton hydrophile et tous les instruments nécessaires étaient préparés sans que rien ne manque. L'accouchement lui-même se déroula plus facilement que prévu. Mais le précieux enfant ne respira pas une seule fois l'air de cet univers éphémère depuis l'instant de sa sortie de l'utérus jusqu'à son arrivée dans ce vaste monde. La sage-femme prit un étroit tube de verre, et souffla fortement dedans pour tenter d'insuffler dans la petite bouche du nouveau-né sa propre respiration, sans aucun résultat : il n'était né que de la chair inerte. Sculptés sur cette chair, les deux époux purent retrouver leurs propres traits dans les yeux, le nez et la bouche, mais ils ne purent entendre aucun son sortir de sa gorge.

La sage-femme était venue une semaine avant l'accouchement et avait garanti à la future mère que l'enfant était en parfaite santé : en l'auscultant, elle avait même entendu le cœur du fœtus battre régulièrement. Il était impensable que la sage-femme se fût trompée et que le développement de l'enfant dans le ventre de sa mère ait été entravé avant l'accouchement, puisque, dans ce cas, soit il aurait été expulsé immédiatement, soit la mère aurait ressenti quelque chose d'anormal. Sôsuke, en se renseignant petit à petit pour savoir ce qui avait pu se passer, apprit une chose qu'il avait ignorée jusqu'à présent, et qui le plongea dans la stupéfaction et l'effroi : son enfant était en parfaite santé jusqu'au moment de la naissance, mais le cordon ombilical s'était enroulé autour de son cou. Lors de ce genre d'accident, la sage-femme doit couper le cordon, c'est la seule chose à faire, et si elle est expérimentée, elle peut fort bien réussir cette opération et dégager le bébé. La sage-femme à laquelle Sôsuke avait eu recours était suffisamment âgée pour être au courant de ce genre de chose. Mais le cordon ne faisait pas, comme il arrive le plus souvent, un tour autour du mince cou de l'enfant, mais deux, si bien que, comme elle n'avait pas réussi à dégager ces deux tours au moment où il franchissait l'étroit passage, le bébé était mort étouffé par une constriction du larynx.

La sage-femme était évidemment responsable, mais la faute en incombait aussi pour moitié, sans doute aucun, à Oyone elle-même. Il fut vite mis en évidence, en effet, que l'enroulement du cordon ombilical avait été suscité par sa chute brutale sur le derrière quand elle avait glissé au bord du puits, au début de son cinquième mois de grossesse. Quand les circonstances exactes de l'accident furent ainsi expliquées à Oyone au cours de ses relevailles, elle hocha simplement la tête sans rien dire. Puis ses yeux, légèrement enfoncés à cause de la fatigue, s'humectèrent de larmes, et ses longs cils se mirent à battre. Tout en la consolant, Sôsuke essuyait avec un mouchoir les larmes qui coulaient le long de ses joues.

Tel était le passé des deux époux en ce qui concernait leur progéniture. Après des expériences au goût si amer, ils n'aimaient guère évoquer le sujet des enfants. Mais une ombre de tristesse, bien difficile à effacer, teintait désormais leur existence commune. Toujours présente à l'arrière-plan au fond de leur cœur, cette ombre imprégnait jusqu'à leurs rires. C'est pourquoi l'idée de faire à nouveau à son mari le récit de ce sombre passé n'avait même pas effleuré Oyone, et d'ailleurs Sôsuke lui-même n'aurait pas compris la nécessité de voir ce passé étalé encore une fois devant lui par les soins de sa femme

L'aveu qu'Oyone fit ce soir-là à son mari n'était donc pas celui de cette réalité qui leur était commune. Quand elle avait perdu son troisième enfant et s'était entendu raconter par son mari comment cela avait pu arriver, elle avait eu l'impression d'avoir été une mère impitoyable envers l'enfant qu'elle portait. Parce qu'en y réfléchissant bien, il lui semblait que, sans même l'intention consciente de le faire, elle s'était elle-même embusquée sur le chemin menant des ténèbres à la lumière, pour reprendre à son enfant la vie qu'elle lui avait donnée. Après avoir interprété ainsi les faits, elle ne put s'empêcher de se considérer elle-même comme la plus terrible des criminelles. A l'insu de tous, elle avait alors enduré d'inimaginables tortures morales. Personne au monde ne pouvait l'aider à porter le poids de ces souffrances, car elle n'en souffla mot à quiconque, pas même à son mari.

Comme toutes les jeunes accouchées de cette époque, elle garda le lit trois semaines. Ces trois semaines de repos complet pour son corps furent pour son esprit trois semaines d'horrible épreuve. Sôsuke avait fait préparer un petit cercueil pour son enfant mort, et l'enterrement avait eu lieu dans l'intimité. Il fit ensuite confectionner pour le bébé une petite tablette mortuaire, qui portait, tracé en laque noire, son nom posthume. Le titulaire de la tablette eut donc un nom posthume, tandis que son nom d'usage restait à jamais inconnu, même de ses parents. Au début, Sôsuke avait posé cette tablette sur la commode de la salle à manger, et il faisait continuellement brûler des bâtonnets d'encens devant, dès son retour du bureau. Ces effluves d'encens venaient flotter de temps à autre aux narines d'Oyone, étendue à côté dans la pièce de six nattes, tant sa sensibilité était aiguisée à cette époque. Au bout d'un certain temps, Sôsuke, mû par on ne sait quelle pensée, avait remisé la tablette au fond d'un tiroir de la commode, où se trouvaient déjà, chacune soigneusement enveloppée dans du coton, la tablette funéraire de l'enfant mort à Fukuoka et celle de son père mort à Tôkyô. En quittant la maison de Tôkyô, Sôsuke avait trouvé insupportable de devoir emmener avec lui partout où il irait les tablettes de ses ancêtres, aussi avait-il simplement pris la plus récente, celle de son père, et confié toutes les autres à un temple bouddhiste.

Tout en restant couchée, Oyone observait et écoutait tout ce que faisait son mari. En outre, allongée sur son lit, elle imaginait les deux petites tablettes de ses bébés morts reliées par le fil invisible de la loi bouddhique des causes et des conséquences. Puis, étirant davantage encore ce fil, elle le lançait jusqu'à l'âme de ce troisième enfant mort, pareille à une ombre imprécise, sans forme depuis l'origine, disparue sans que même cette tablette funéraire pût en garder le souvenir. Au fond de chacun des douloureux souvenirs qu'elle gardait de Hiroshima, Fukuoka, puis Tôkyô, Oyone reconnaissait maintenant la loi intangible et sévère du destin. Au moment où elle comprit qu'elle devait à cette loi sévère qui la tenait sous son joug son sort de mère étrangement vouée à la répétition éternelle du même malheur, elle entendit résonner près de son oreille la voix insolite d'une malédiction. La voix de cette malédiction retentit presque continuellement à ses tympans, pendant les trois semaines où son état physique l'obligea à garder le lit. Ces trois semaines de repos furent donc pour elle trois semaines d'incomparables tourments.

La tête sur l'oreiller, elle regarda fixement s'écouler cette douloureuse période de presque un mois. Vers la fin, il lui était devenu tellement intolérable de supporter ces souffrances étendue sans rien faire que, dès le lendemain du départ de sa garde-malade, elle se leva furtivement pour essayer de s'activer à nouveau. Mais l'angoisse qui lui serrait le cœur ne disparut pas pour autant. Si elle arrivait à faire bouger de force son corps affaibli, elle était loin de parvenir aussi bien à dominer son esprit, toujours obsédé par les mêmes pensées, si bien que parfois, cédant au découragement, il lui arrivait de retourner s'enfouir sous les couvertures et de fermer bien fort les yeux, comme pour échapper au monde des humains.

Cependant, au bout de cette période de trois semaines, son corps avait naturellement récupéré des fatigues de l'accouchement. Quand elle se regarda à nouveau dans le miroir, après avoir rangé une fois pour toutes son matelas, elle y vit briller ses yeux, animés d'un nouvel état d'esprit. C'était la saison où l'on changeait de garde-robe. Abandonnant les lourds kimonos matelassés qu'elle portait depuis longtemps, elle éprouva sur sa peau une pure sensation de fraîche légèreté. La joyeuse clarté qui embellit l'atmosphère japonaise entre le printemps et l'été exerçait son influence jusque sur son esprit chagrin. C'était comme si, après avoir été ensevelie, on l'avait retirée de la terre et exposée à nouveau à une vivante lumière. A ce moment s'éveilla en elle une sorte de curiosité envers les moments sombres de son passé.

Par une belle matinée au temps splendide, Oyone sortit aussitôt après avoir, comme d'habitude, assisté au départ de son mari. C'était la saison où les femmes commencent à sortir avec des ombrelles. Oyone marcha d'un pas pressé sous le soleil, le front couvert d'une légère sueur. En ouvrant la commode pour changer de vêtements, sa main avait par hasard effleuré au fond du deuxième tiroir, où son mari l'avait rangée, la nouvelle tablette funéraire, et c'était ce qui la poussait maintenant, après toute une série de réflexions, à se rendre à grands pas jusqu'à la porte de la maison d'un devin.

Depuis son enfance, elle était sujette à ce genre de superstitions communes à nombre de gens cultivés. Mais, comme c'est souvent le cas chez les civilisés, ces superstitions ne se manifestaient que sous forme d'innocentes distractions. Il était donc extrêmement rare, il faut bien le dire, de la voir défier ainsi les lois qui régissaient ordinairement sa vie.

Ce jour-là, en effet, ce fut avec un maintien et un état d'esprit des plus sérieux qu'Oyone s'assit devant le devin pour lui demander quelles chances elle avait que le ciel lui accorde de mettre un enfant au monde et de l'élever. Le devin, qui ne différait en rien de ces charlatans qui installent leur échoppe au bord des chemins et prédisent l'avenir aux passants pour quelques sous, aligna de diverses façons des bâtons de divination, roula et compta dans ses mains des baguettes d'achillée, puis empoigna pour réfléchir d'un air significatif le bouc qu'il avait au menton, scruta le visage d'Oyone, avant de déclarer finalement avec le plus grand calme :

— Vous ne pouvez pas avoir d'enfant.

Oyone digéra en silence les paroles du devin, puis releva la tête pour demander :

— Pourquoi, d'après vous ?

Elle pensait qu'il allait réfléchir à nouveau un moment avant de répondre, mais il lui rétorqua aussitôt d'un ton sans réplique, en la fixant dans le blanc des yeux :

— J'ai l'impression que vous êtes coupable envers quelqu'un. C'est en expiation de cette faute que vous ne pourrez jamais avoir d'enfant.

Il sembla à Oyone que ces mots lui perçaient le cœur. Tête basse, elle rentra chez elle. Ce soir-là, elle jeta à peine un regard à son mari.

C'était ce jugement du devin qu'elle n'avait jusqu'à ce jour jamais avoué à son mari. Quand, au cours de cette soirée tranquille, à la lumière vacillante de la lampe posée sur le *tokonoma*, près de sombrer dans l'obscurité de la nuit, Sôsuke recueillit pour la première fois cette confession des lèvres d'Oyone, cela ne le mit pas particulièrement à l'aise, comme il fallait s'y attendre.

— Evidemment, il faut que tu te rendes dans ce genre d'endroit stupide à des moments où tu as les nerfs malades ! Tu ne trouves pas ça ridicule, de payer pour t'entendre dire des idioties pareilles ! Es-tu retournée chez ce devin après ça ?

— C'était trop horrible, je n'y retournerai jamais.

— Ça vaut mieux. Quelle ânerie !

Sur cette réponse proférée volontairement sur un ton sans réplique, Sôsuke s'endormit.

14

Sôsuke et Oyone étaient incontestablement un couple uni. Depuis le début de leur mariage jusqu'à ce jour, au cours des six longues années qu'ils avaient déjà passées ensemble, jamais ils n'avaient montré de mauvaise humeur l'un vis-à-vis de l'autre, pas même pour une demi-journée. Mieux encore, jamais ils n'avaient eu de discussion assez passionnée pour leur faire monter le sang au visage. Tous deux allaient chez le marchand de tissus acheter des étoffes pour s'habiller. Le riz qu'ils mangeaient, ils l'achetaient chez le marchand de riz. Mais en dehors de cela, ils se mêlaient rarement au reste de la société. La société n'existait pour eux que dans la mesure où ils en avaient besoin pour se procurer les denrées nécessaires à leur survie. Seule leur compagnie réciproque leur était vitalement nécessaire, et suffisante. Ils habitaient la ville, mais avec la mentalité de gens vivant au fin fond des montagnes.

Par sa nature même, leur vie ne pouvait être que monotone. S'ils étaient à l'abri des ennuyeuses complexités de la vie en société, ils étaient en même temps privés de toute occasion d'expérimenter directement les innombrables activités qu'elle procure, et il en découlait pour eux un renoncement total aux divers avantages qu'offre ordinairement la vie citadine aux gens civilisés. Ils se rendaient bien compte de temps en temps de l'absence de dynamisme de leur existence quotidienne, mais, ne se lassant jamais l'un de l'autre, ils n'avaient pas la moindre impression de carence. Ils ressentaient cependant sourdement, dans l'idée intime qu'ils avaient tous deux admise de leur existence, un vague manque de stimulation. Malgré tout, s'ils se contentaient de couler des jours éternellement semblables, marqués par les mêmes impressions, ce n'était pas parce qu'ils avaient dès le début perdu tout intérêt pour le reste de la société. C'était plutôt le résultat du fait que la société s'était hermétiquement refermée devant eux et leur avait froidement tourné le dos. Ne disposant d'aucune possibilité d'expansion vers le monde extérieur, tous deux n'avaient eu d'autre choix que de se replier sur eux-mêmes et d'approfondir leur vie intérieure. Ce que leur vie avait perdu en étendue, elle l'avait gagné en profondeur. Pendant ces six années, au lieu de chercher à nouer dans le monde quelques relations espacées, ils s'étaient employés à sonder réciproquement leurs cœurs, si bien que chacun avait fini par connaître jusqu'au tréfonds la vie de l'autre. Si tous deux étaient toujours pour le reste du monde des personnes distinctes, de leur point de vue à eux, ils n'étaient qu'un seul et même organisme, vivant dans une sorte d'osmose morale. Les systèmes nerveux qui constituaient leurs deux intelligences s'embrassaient étroitement jusqu'à la dernière fibre. Ils étaient comme deux gouttes d'huile surnageant à la surface d'une vaste étendue d'eau, réunies ensemble pour repousser l'eau, ou, pour exprimer plus exactement la réalité, comme deux gouttes d'huile qui, rejetées par l'eau, se seraient rejointes pour former une seule goutte ronde, à jamais indivisible.

Dans cet état d'osmose où ils vivaient, ils avaient atteint une entente et une intimité difficiles à trouver chez un couple ordinaire, mais sans échapper à la lassitude inhérente à ce genre de situation. Même sous le pénible effet de l'ennui, ils n'oubliaient jamais de considérer leur sort comme un sort heureux. Si cette lassitude, jetant un voile de somnolence sur leurs consciences, embrumait parfois leur amour, ils n'étaient en revanche jamais sujets à ce genre d'angoisse aiguë qui met les nerfs à vif. Bref, c'était un couple uni, grâce à leur vie en vase clos, dans l'ignorance du monde qui les entourait.

Tout en vivant jour après jour, depuis si longtemps, dans cette harmonie peu commune, leurs tête-à-tête se déroulaient d'ordinaire sans qu'ils aient conscience de cette harmonie. Il leur arrivait cependant parfois de reconnaître la profondeur de leur attachement réciproque. Dans ce cas, ils ne manquaient pas de remonter en pensée le cours de cette longue période d'accord parfait, et ne pouvaient éviter alors de se rappeler au prix de quel sacrifice ils avaient payé l'audace de se marier. Ils s'étaient agenouillés en tremblant devant la redoutable vengeance du ciel qu'ils avaient ainsi attirée sur leurs têtes, mais sans oublier en même temps de brûler sur l'autel du dieu de l'amour des bâtons d'encens en remerciement du bonheur réciproque qu'ils avaient obtenu au prix de cette vengeance. Ils s'avançaient vers la mort sous les coups de fouet, mais l'extrémité de ce fouet leur paraissait enduite d'un miel onctueux, panacée de tous les maux.

Sôsuke, issu d'une famille de Tokyô vivant dans une grande aisance matérielle, avait pu jouir pleinement, quand il était étudiant, du luxe habituel aux gens de sa classe. A cette époque, c'était un parfait homme du monde, raffiné tant dans ses tenues que dans son allure ou sa pensée, qui évoluait tête haute, avec assurance, dans la bonne société. Tout en lui, y compris son esprit, était orienté vers un monde de raffinement, à commencer par son col impeccablement blanc, le pli élégant au bas de son pantalon, et même les motifs des chaussettes de cachemire qu'on entrevoyait sous son pantalon.

C'était un garçon intelligent, qui n'avait pas besoin de bûcher pour comprendre. Les études représentaient surtout pour lui un moyen de s'élever dans la société, il n'avait aucune ambition de devenir un savant, métier qui l'aurait plutôt obligé à s'éloigner des relations mondaines. Il se contentait de suivre les cours et de remplir de notes ses cahiers, comme les autres étudiants. Mais de retour chez lui, il ne les relisait ni ne les corrigeait jamais, pas plus qu'il ne se préoccupait de rattraper les cours qu'il avait manqués. Il empilait avec soin ses cahiers de cours sur la table de la pension où il vivait et ne sortait jamais se promener sans avoir au préalable rangé méticuleusement son bureau. Beaucoup de ses amis lui enviaient sa nonchalance, et lui-même s'y complaisait. Il voyait briller devant lui un avenir aussi magnifique qu'un arc-en-ciel.

A cette époque, contrairement à ce qu'il était devenu, Sôsuke avait de nombreux amis. A vrai dire, il considérait sans distinction comme des amis à peu près tous ceux que croisaient ses yeux insouciants. Il traversa ainsi sa jeunesse avec une nature optimiste qui lui faisait ignorer le sens exact du mot « ennemi ».

— Bah, du moment qu'on a l'air avenant, on est bien accueilli partout, disait-il souvent à l'un de ses camarades du nom de Yasui.

En vérité, son visage n'avait jamais eu une expression suffisamment sévère pour être désagréable à qui que ce fût.

— Tu as la chance, toi, d'être en bonne santé, répondait avec envie Yasui qui était souvent en proie à des malaises.

Ce Yasui était originaire de la province d'Echizen, mais avait longtemps habité Yokohama, si bien que son accent et sa façon de s'exprimer ne différaient en rien des gens de Tôkyô. Toujours habillé avec élégance, il portait ses cheveux longs, séparés par une raie au milieu. Il ne venait pas du même lycée que Sôsuke, mais s'étant trouvé à plusieurs reprises assis à côté de lui aux cours de l'université il lui avait souvent demandé de vérifier des passages qu'il avait mal entendus, et c'est ainsi qu'ils étaient devenus amis. C'était la première année de ses études, et pour Sôsuke, nouveau venu à Kyôto, cette relation s'était révélée très utile. Yasui lui avait fait goûter, comme un nouveau vin, les impressions de cette région nouvelle pour lui. Presque tous les soirs, ils avaient arpenté ensemble les quartiers animés de Sanjô et de Shijô et avaient même parfois traversé ensemble toute la ville de Kyôto. Debout au milieu des ponts, ils avaient contemplé les eaux de la rivière Kamo, ou regardé la lune se lever tranquillement sur les collines de Higashiyama. La lune à Kyôto paraissait plus ronde et plus grosse qu'à Tôkyô. Le samedi et le dimanche, lorsqu'ils étaient lassés de la ville et de ses habitants, ils allaient visiter les alentours. Sôsuke se réjouissait à la vue des forêts de bambous d'un vert profond qui s'étendaient partout, prenait plaisir aux paysages de rangées de pins dont les troncs, d'un rouge si vif qu'ils en paraissaient teints, reflétaient les rayons du soleil couchant. Un jour, ils montèrent jusqu'au temple Daihikaku pour admirer le célèbre tableau du moine Sokuhi, et entendirent de là-haut le bruit des rameurs descendant le cours de la rivière au fond de la vallée. Tous deux s'amusèrent à l'idée que ce bruit de rames ressemblait aux cris des oies sauvages. Un autre jour, ils s'étaient rendus à l'auberge de Heihachi et y avaient passé la journée à se prélasser, buvant du saké et mangeant de mauvais poissons de rivière que la patronne de l'auberge leur faisait griller en brochettes. Coiffée d'une serviette, elle portait des espèces de jambières bleu marine.

Sous l'effet de ces impressions nouvelles, l'appétit de sensations de Sôsuke se trouva un certain temps satisfait. Pourtant, à force de parcourir ainsi les rues de l'ancienne capitale et d'en respirer le parfum, il finit par trouver tout cela d'une plate banalité. L'impression de brillante fraîcheur que produisaient au début sur son esprit les splendides couleurs des montagnes et le bleu des eaux commençait à ne plus le satisfaire. Son sang jeune et chaud ne s'accommodait plus de ces teintes d'un vert profond qui rafraîchissaient son ardeur. C'était évidemment parce qu'aucune activité n'était assez violente pour utiliser à fond la passion qui bouillonnait en lui. Le sang circulait à l'intérieur de son corps et faisait vivement battre son pouls, suscitant de vaines démangeaisons. Il déclara un jour, en croisant les bras et en contemplant les montagnes qui encadraient l'horizon :

— J'en ai assez de toutes ces vieilleries !

Pour établir une comparaison, Yasui lui raconta l'histoire du pays natal d'un de ses amis. Dans ce lieu, rendu célèbre par le *joruri*[1] appelé *La pluie tombe sur Tsuchiyama*, les yeux ne rencontrent pas autre chose que des montagnes, du lever au coucher du soleil, lui expliqua-t-il, donnant tout à fait l'impression d'habiter

1. Drame ou poésie épique contant la vie des anciens héros du Japon sous forme de chant psalmodié par des chœurs.

au fond d'un mortier. Au mois de mai, il y pleuvait tant que cet ami se rappelait les angoisses de son cœur d'enfant à l'idée que le village où il habitait, et où il était d'ailleurs resté depuis, finirait par être submergé par les eaux torrentielles qui ruisselaient de toutes les pentes des montagnes environnantes. Sôsuke se dit que nul sort ne pouvait être plus triste que celui de gens ainsi condamnés à passer leur vie au fond d'une cuvette.

— C'est incroyable que des gens arrivent à vivre dans des endroits pareils, dit-il à Yasui d'un air rêveur.

Yasui se mit à rire. Puis il lui répéta l'histoire que lui avait racontée son ami sur le personnage le plus célèbre originaire de Tsuchiyama : il s'agissait d'un homme qui avait été crucifié pour avoir volé, en opérant une substitution, un coffre contenant plus de mille pièces d'or. Sôsuke, qui était las de Kyôto, où il se sentait à l'étroit, se disait que ce genre d'événement haut en couleur était bien nécessaire, ne fût-ce qu'une fois tous les cent ans, pour briser la grise monotonie de la vie dans ce genre d'endroit.

A cette époque, les yeux de Sôsuke s'étaient accoutumés à vivre dans un monde d'impressions toujours nouvelles. C'est pourquoi, une fois qu'il avait assisté au cycle complet des saisons, il n'éprouvait plus le besoin de renouveler ses impressions de l'année précédente en contemplant à nouveau la floraison des cerisiers ou les teintes rouges des érables. Pour lui, qui aurait voulu tenir en main un papier lui garantissant une vie toujours intense, la seule question d'actualité était le moment présent ou le futur immédiat, mais le passé n'était autre qu'une fugitive illusion, comparable à un rêve. Après avoir épuisé les visites de temples shintô tout écaillés et de temples bouddhistes délabrés, le courage de pencher sa chevelure de jais sur les couleurs fanées de l'Histoire l'avait complètement abandonné. Il n'avait pas encore l'esprit assez desséché pour s'en aller rôder parmi les fantômes d'un passé endormi.

A la fin de l'année scolaire, Sôsuke et Yasui se séparèrent en se promettant de se retrouver à la rentrée. Comme Yasui devait d'abord retourner dans sa ville natale de Fukui puis aller à Yokohama, il dit à Sôsuke qu'il le préviendrait par lettre afin qu'ils puissent, s'ils avaient le temps, rentrer à Kyôto par le même train, en s'arrêtant en route à Okitsu, puis descendre tranquillement en visitant le temple Seikenji, la forêt de pins de Miho ou le mont Kunôzan. Sôsuke répondit que c'était une bonne idée, pensant déjà à la joie qu'il aurait en recevant la carte postale de Yasui.

Quand Sôsuke rentra cette année-là à Tôkyô, son père était encore en bonne santé et Koroku n'était qu'un enfant. Après une année d'absence, il se sentait tout heureux à l'idée de retrouver l'atmosphère surchauffée et enfumée de la capitale prospère. « Ah, ça, c'est Tôkyô ! » se disait-il en regardant d'un lieu surplombant la ville ce déferlement de toits de tuiles à l'infini sous un soleil brûlant. Tout ce qui faisait aujourd'hui tourner la tête de Sôsuke se reflétait à l'époque dans ses yeux comme marqué d'un sceau : « passionnant ».

Son avenir était alors une fleur en bouton, invisible non seulement à tous tant qu'elle n'était pas éclose, mais aussi complètement inconnue de lui-même. Il lui semblait voir planer les deux caractères du mot « immensité » au-dessus de la route qui s'étendait devant lui. Au cours de ces vacances torrides, il ne se préoccupa guère d'établir des plans pour ce qu'il ferait après ses études. Embrasserait-il une carrière administrative, entrerait-il dans les affaires en quittant l'université ? Il n'avait clairement décidé de rien, mais sans se soucier encore de la direction qu'il choisirait, il sentait bien qu'il était dans son intérêt d'aller de l'avant autant que possible dès maintenant. Il se fit présenter directement les amis de son père et, indirectement, les relations des amis de son père. Il tenta de rendre quelques visites à des personnages influents qui pouvaient l'aider dans le futur. L'un d'eux, sous prétexte de fuir la chaleur, avait déjà quitté Tôkyô. Un autre était absent. Un troisième, trop occupé, lui fixa un rendez-vous avant ses heures de travail. Vers sept heures, au moment où le soleil n'était pas encore très haut dans le ciel, Sôsuke fut conduit en ascenseur au troisième étage d'un immeuble de brique et introduit dans une salle d'attente où il eut la surprise de trouver sept ou huit jeunes gens qui, comme lui, espéraient une entrevue. En entrant dans ce lieu inconnu, où il côtoyait un monde nouveau pour lui, il se sentit heureux, sans se soucier du résultat qu'auraient ou non ses démarches, simplement de voir s'entrouvrir devant lui un monde plein d'animation dont il n'avait jusqu'ici pas soupçonné l'existence.

Sur ordre de son père, il participa aux travaux annuels d'aération de la maison, et il prit le plus vif intérêt à ce travail comme à tout ce qu'il fit cet été-là. Assis sur une pierre humide devant la porte de la resserre, dans un courant d'air frais, il feuilleta avec curiosité de vieux albums conservés depuis longtemps dans la maison, qui s'appelaient *Vues des lieux célèbres d'Edo* ou *Les sables d'Edo*. D'autres fois, assis en tailleur au milieu du salon, dont même les tatamis étaient brûlants, il répartissait dans de petits morceaux de papier des doses de camphre que la servante avait achetées, et les empilait les uns sur les autres, comme les sachets de médicaments que délivrent les médecins. Depuis son enfance, le parfum prononcé du camphre était associé pour lui aux journées de canicule qui font couler la sueur, à la fumée des moxas, au vol des milans dans le ciel azuré.

L'entrée de l'automne arriva. Début septembre le vent souffla beaucoup, il y eut des pluies. Les nuages s'agitaient sans relâche dans le ciel, le teintant d'une encre légère. Pendant deux ou trois jours, le thermomètre baissa fortement. Sôsuke dut fixer des cordes autour de sa malle de voyage en osier et se préparer à retoumer à Kyôto.

Pendant tout ce temps il n'avait pas oublié la promesse échangée avec Yasui. En arrivant à la maison paternelle, il avait d'abord attendu tranquillement, sachant qu'il avait deux mois devant lui, mais au fur et à mesure qu'approchait la fin des vacances, il s'inquiétait de ne pas avoir de nouvelles de Yasui. Car celui-ci ne lui avait pas envoyé la moindre carte postale. Sôsuke lui adressa une lettre à Fukui chez ses parents mais il ne reçut pas de réponse. Il songea à se renseigner à Yokohama, mais comme il n'avait noté ni le nom du quartier ni le numéro de la maison de Yasui, il ne put rien faire.

La veille de son départ, son père l'appela pour lui remettre, comme il le lui avait demandé, en plus de ses frais de voyage, de l'argent de poche pour un séjour de deux ou trois jours en cours de route, et une somme suffisante pour son arrivée à Kyôto. En même temps il lui fit cette recommandation :

— Economise cet argent autant que possible.

Sôsuke l'écouta comme un fils ordinaire écoute les conseils ordinaires de son père, qui lui dit aussi :

— Je ne te verrai pas avant ton retour l'an prochain, fais attention à toi.

Mais l'année suivante, Sôsuke ne put rentrer chez lui au moment prévu, et quand il rentra enfin, le cadavre de son père était déjà froid. Aujourd'hui encore, quand revenait flotter dans sa mémoire l'image de son père à ce moment, il éprouvait un sentiment de remords.

Finalement, dans les derniers instants précédant son départ, une lettre de Yasui arriva. Celui-ci s'excusait de ne pas pouvoir faire le voyage de retour en sa compagnie comme prévu, parce que certaines circonstances l'avaient obligé à partir plus tôt, et ajoutait qu'ils se verraient bientôt tranquillement à Kyôto. Sôsuke enfouit la lettre dans la poche intérieure de son costume avant de monter dans le train. Arrivé à Okitsu, où ils devaient se rendre ensemble, il descendit tout seul sur le quai et traversa la longue avenue étroite qui mène au Seikenji. La saison d'été était finie, et, en ce début de septembre, les auberges étaient relativement calmes, la plupart des gens venus là pour éviter les grosses chaleurs étant déjà repartis. Sôsuke s'allongea à plat ventre dans sa chambre avec vue sur la mer, et écrivit deux ou trois lignes sur une carte postale destinée à Yasui. Il inscrivit, entre autres : « Comme tu n'as pas voulu venir, je suis quand même venu tout seul. »

Le lendemain, il visita tout seul la presqu'île de Miho et le temple Ryûgenji, prévus aussi dans leur programme, afin d'avoir suffisamment de choses à raconter à Yasui quand il le reverrait à Kyôto. Mais était-ce la faute du temps ou du manque de compagnie ? Ni la vue de la mer ni l'ascension de la colline ne lui parurent tellement intéressantes, et quand il rentra à l'hôtel, n'ayant rien à faire, il s'ennuya de plus belle. Il enleva donc en hâte le kimono d'intérieur fourni par l'hôtel, le déposa avec sa ceinture bariolée sur la balustrade, et quitta Okitsu.

Le premier jour de son arrivée à Kyôto, entre la fatigue du voyage en train et le rangement de ses bagages, il ne mit pas le nez dehors. Le deuxième jour, il alla faire un tour au collège, mais les professeurs n'étaient pas encore tous rentrés. Les élèves eux aussi étaient moins nombreux que d'habitude. Chose étrange, il n'aperçut nulle part le visage de Yasui, qui avait pourtant dû arriver à Kyôto deux ou trois jours avant lui. Préoccupé par cette absence, il passa à sa pension avant de rentrer. Yasui habitait à côté du temple de Kamo, dans un quartier plein de verdure et de canaux. Il avait déménagé avant les vacances dans ce quartier campagnard et peu pratique d'accès, pareil à un village, en disant qu'il cherchait un coin tranquille loin de la ville pour travailler. La maison qu'il avait trouvée était entourée d'un mur d'argile écaillé, qui lui donnait un air d'antiquité précoce. Sôsuke avait appris de la bouche de Yasui que le propriétaire de cette maison était l'un des anciens prêtres shintoïstes du temple de Kamo. Sa femme, une quadragénaire volubile qui s'exprimait avec l'accent de Kyôto, s'occupait de lui.

— En fait de s'occuper de moi, elle se contente de m'apporter trois fois par jour les mauvais repas qu'elle a préparés, lui avait dit Yasui après son déménagement, en critiquant cette femme.

Sôsuke connaissait cette mauvaise cuisinière pour avoir rendu deux ou trois fois visite à Yasui là-bas. Elle aussi se rappelait Sôsuke, car dès qu'elle le vit, elle lui débita un compliment poli dans sa langue volubile, puis demanda des nouvelles de Yasui au malheureux garçon, qui était justement venu en chercher. D'après ce qu'elle lui dit, Yasui n'avait pas donné le moindre signe de vie depuis qu'il était parti en vacances dans son pays natal. Sôsuke rentra chez lui perplexe.

Toute la semaine suivante, il s'attendit vaguement, chaque fois qu'il ouvrait la porte de sa classe, à voir le visage de Yasui ou à entendre le son de sa voix, mais tous les jours il dut rentrer chez lui avec un sentiment tout aussi vague de déception. Les trois ou quatre derniers jours, Sôsuke était mû, plutôt que par une envie réelle de revoir Yasui au plus vite, par une certaine inquiétude quant au sort de ce garçon qui n'avait toujours pas reparu, après avoir pourtant pris soin de s'excuser d'avoir manqué de politesse en rentrant avant lui à cause de « certaines circonstances ». Il demanda à tout hasard à leurs camarades d'études si quelqu'un avait une idée de ce qu'était devenu Yasui, mais tout le monde l'ignorait. Un seul lui dit avoir croisé la veille, dans la foule du quartier de Shijô, un jeune homme en kimono d'été qui ressemblait bien à Yasui. Mais Sôsuke ne pouvait croire qu'il s'agissait de lui. Le lendemain, pourtant, une semaine environ après son retour à Kyôto, il reçut la visite inopinée de Yasui.

En revoyant après si longtemps son ami, qui se tenait là, dans une tenue négligée, un chapeau de paille à la main, Sôsuke eut l'impression que quelque chose en lui avait changé depuis ces vacances d'été. Ses cheveux noirs enduits de pommade étaient si soigneusement séparés en deux que ce détail le frappa. Yasui lui dit comme pour s'excuser qu'il sortait justement de chez le coiffeur.

Ce soir-là, il bavarda près d'une heure avec Sôsuke de sujets divers. Il n'avait pas changé, parlant toujours de la même façon solennelle, hésitant toujours à émettre des opinions tranchées, semant ses phrases de « mais malgré tout... ». Mais il s'abstint d'expliquer pourquoi il avait quitté Yokohama sans attendre Sôsuke, et ne fit aucun commentaire non plus sur les raisons qui l'avaient fait s'arrêter en route et arriver plus tard à Kyôto. La seule chose qu'il dit clairement fut qu'il était arrivé à

Kyôto trois jours plus tôt. Puis il ajouta qu'il n'était toujours pas retourné à sa pension d'avant l'été.

— Mais où habites-tu alors ? demanda Sôsuke, et Yasui lui donna le nom d'une auberge de troisième ordre dans le quartier de Sanbjô, que Sôsuke connaissait de nom.

— Quelle idée de loger dans un endroit pareil ! Tu as l'intention d'y rester longtemps ? insista Sôsuke.

Yasui répondit seulement que c'était commode pour l'instant.

— J'en ai assez de la vie de pension, et j'ai l'intention de louer une petite maison ajouta-t-il.

L'aveu inattendu d'un tel projet surprit Sôsuke.

Dans la semaine qui suivit, Yasui emménagea en effet, comme il l'avait annoncé à Sôsuke, dans un endroit tranquille non loin de l'université. C'était une de ces maisons à louer si communes à Kyôto, étroite et lugubre, avec des piliers et une porte d'entrée laquée de rouge foncé, qui semblait s'enorgueillir de son air de vétusté. Sôsuke remarqua devant l'entrée un saule pleureur, appartenant à on ne savait qui, dont les branches paraissaient devoir frôler l'auvent de la maison au moindre souffle de vent qui les agiterait. Le jardin était plus soigné que ceux des maisons de Tôkyô. Il y avait un espace libre où des pierres avaient été disposées, dont une relativement grosse, juste en face du salon. Entre ces pierres poussaient en abondance des mousses d'un vert rafraîchissant. Derrière la maison s'élevait un petit débarras, complètement vide, au plancher pourri, derrière lequel se trouvaient les cabinets, donnant sur le bosquet de bambous des voisins.

C'est au début des cours, juste avant le mois d'octobre, que Sôsuke vint visiter la nouvelle maison de son ami. Aujourd'hui encore, il se rappelait qu'il utilisait alors une ombrelle pour aller à ses cours, à cause des dernières chaleurs encore assez fortes. Quand il s'était arrêté devant la porte grillagée de l'entrée pour replier son ombrelle, il avait aperçu la silhouette d'une femme vêtue d'un kimono d'intérieur taillé dans un grossier coton rayé. Derrière la porte d'entrée s'étendait un dallage de ciment menant jusqu'au fond de la maison, de sorte que, avant de monter les marches tout de suite à droite qui conduisaient au vestibule, on pouvait apercevoir le reste de l'appartement, plongé dans la pénombre. Sôsuke resta donc là jusqu'à ce qu'ait disparu par une porte de derrière la silhouette en kimono. Il poussa ensuite la porte grillagée, et Yasui lui-même apparut dans le vestibule.

Ils passèrent au salon et discutèrent un moment, mais la femme de tout à l'heure ne se montra pas. Il n'entendit ni sa voix, ni un seul bruit venant d'elle. La maison n'était pas bien grande et elle devait forcément se trouver dans une pièce voisine, mais sa présence passait complètement inaperçue. Cette femme tranquille comme une ombre, c'était Oyone.

Yasui parla de sa ville natale, de Tôkyô, des cours de l'université, de choses et d'autres, mais il ne dit pas un mot au sujet d'Oyone. Sôsuke n'eut pas l'audace de le questionner. Ils se séparèrent ce jour-là sans rien se dire de plus.

Quand ils se revirent le lendemain, Sôsuke gardait au fond de son cœur le souvenir de cette femme, mais il n'en dit mot à son ami. Yasui faisait également comme si de rien n'était. Les deux jeunes gens avaient jusque-là parlé de tous les sujets sans aucune réserve, en amis intimes qu'ils étaient, mais Yasui, depuis son déménagement, semblait avoir perdu la faculté de parler librement. Sôsuke de son côté n'éprouvait pas une curiosité assez vive pour vouloir forcer le secret de son ami, si bien qu'une semaine de plus s'écoula sans que ni l'un ni l'autre ne fassent la moindre allusion à cette femme, pourtant présente entre eux dans le courant de leur conscience.

Le dimanche suivant, Sôsuke retourna voir son ami. Il devait lui parler d'une réunion d'étudiants qui les concernait tous deux, et le motif de sa visite n'avait donc rien à voir avec la jeune femme. Cependant, une fois dans le salon, assis au même endroit que la dernière fois, avec sous les yeux le petit prunier planté près de la haie, sa précédente visite lui revint clairement en mémoire. Ce jour-là aussi, le silence régnait sur le reste de la maison, et Sôsuke ne pouvait s'empêcher d'imaginer la présence de cette femme, dissimulée comme une ombre dans la maison silencieuse. En même temps, il était persuadé qu'elle n'apparaîtrait pas plus devant ses yeux que la dernière fois.

Mais justement, alors qu'il venait de se faire cette réflexion, Oyone lui fut présentée. Ce jour-là, elle ne portait pas le kimono grossier de la dernière fois. Elle surgit de la pièce voisine, vêtue comme si elle s'apprêtait à sortir ou venait de rentrer. Sôsuke fut frappé de surprise. Elle n'avait pourtant ni une toilette spécialement recherchée ni une robe d'une couleur ou une ceinture d'un éclat propres à l'étonner. Oyone ne montra pas cet air effarouché habituel aux jeunes filles devant Sôsuke qu'elle rencontrait pourtant pour la première fois. Elle lui parut seulement être une jeune fille ordinaire et tranquille, qui exprimait en peu de mots ce qu'elle avait à dire. Sôsuke découvrait en elle une femme d'un calme indifférencié, qu'elle se trouvât dissimulée dans une pièce ou en présence de gens. Il en déduisit que si elle était restée cachée la dernière fois, ce n'était pas seulement par timidité mais pour éviter de se montrer.

— C'est ma sœur cadette, dit Yasui en la lui présentant.

Pendant les quatre ou cinq minutes qu'il passa assis en face d'elle à échanger des banalités, Sôsuke remarqua qu'elle n'avait pas une trace d'accent provincial.

— Vous avez habité la province jusqu'à maintenant ? lui demanda-t-il, mais Yasui répondit à sa place avant qu'elle ait pu ouvrir la bouche.

— Non, elle a vécu longtemps à Yokohama.

Il dit ensuite qu'ils avaient l'intention de se rendre ce jour-là en ville pour faire des achats et Sôsuke éprouva un peu de remords à l'idée de les avoir empêchés de sortir, surtout quand il s'aperçut qu'à l'évidence Oyone avait mis son kimono pour sortir et portait même des socquettes blanches toutes neuves, sans doute à cause de la chaleur.

— Que veux-tu, nous tenons une maison maintenant, et nous nous apercevons tous les jours que de nouvelles choses nous manquent. Alors il faut bien aller jusqu'à Kyôto une ou deux fois par semaine pour les acheter, dit Yasui en riant.

— Je vous accompagne jusqu'à la route, répondit Sôsuke en se levant aussitôt.

Puis il se laissa mener par Yasui, qui voulait lui faire d'abord visiter la maison. Avant de sortir, il put donc admirer, dans la pièce voisine, un brasero carré à fond d'étain, une bouillotte de cuivre aux reflets jaunâtres et un seau à l'aspect trop neuf posé à côté d'un évier vétuste. Yasui ferma le cadenas de l'entrée et partit en courant, disant qu'il allait confier la clé aux voisins de derrière. Sôsuke et Oyone échangèrent deux ou trois phrases banales en l'attendant.

Aujourd'hui encore, Sôsuke se rappelait les propos échangés pendant ces quelques minutes. Ce n'était rien de plus que ces mots banals qu'un homme quelconque peut dire à une femme quelconque pour établir une simple communication normale entre humains. Pour leur trouver une qualification, ils étaient comparables à de l'eau plate, sans saveur particulière. Il n'aurait pu dire dans combien d'autres circonstances, sur les chemins de la vie, il avait à nouveau échangé pareilles banalités avec des inconnus.

Chaque fois qu'il se rappelait, une à une, les phrases de cet entretien extrêmement bref, il ne pouvait qu'admettre leur incroyable banalité, qu'on pouvait presque qualifier d'incolore. Il était si étrange qu'il eût suffi de la voix claire de cette femme pour teinter d'écarlate leur futur à tous deux ! Bien sûr cette couleur rouge avait avec le temps perdu son éclat d'autrefois. La flamme qu'ils avaient avivée l'un par l'autre s'était assombrie, leur existence s'était enfoncée dans les ténèbres. En se retournant vers le passé pour regarder le cours qu'avait suivi leur destinée, Sôsuke n'en revenait pas de voir à quel point ces quelques phrases banales avaient pu assombrir leur vie. Il ne pouvait que constater l'effrayante puissance du destin, qui pouvait changer ainsi le cours d'une existence à cause d'un événement en apparence des plus ordinaires.

Il se souvenait que la partie supérieure de leurs ombres, pliées en deux, se reflétait sur le muret de terre tandis qu'ils attendaient tous deux devant la porte. Il se rappelait même que l'ombre d'Oyone était dissimulée par son ombrelle, et qu'à la place de sa tête se dessinait sur le mur la forme irrégulière de l'ombrelle. Il se rappelait le soleil qui commençait à décliner en cette journée de début d'automne mais dardait sur eux des rayons encore brûlants. Oyone, toujours sous son ombrelle, s'était rapprochée du saule pleureur, qui pourtant ne dispensait guère de fraîcheur. Et Sôsuke se rappelait avoir contemplé, à quelques pas de distance, le liseré blanc de l'étoffe violette de son ombrelle qui se détachait sur les feuilles du saule, pas encore fanées.

Quand il y repensait maintenant, tous les détails étaient encore parfaitement clairs dans son esprit, et il ne trouvait rien d'étrange à cela. Après avoir attendu tous deux que Yasui reparût derrière le mur d'argile, ils étaient partis ensemble en direction de la ville, les deux garçons devisant côte à côte, Oyone traînant ses sandales de paille derrière eux. Pas pour très longtemps toutefois, car à mi-chemin Sôsuke les quitta pour rentrer seul chez lui.

Mais les impressions de cette journée, elles, demeurèrent longtemps en lui. Une fois rentré chez lui, même après avoir pris son bain et s'être installé sous la lampe, les silhouettes d'Oyone et de Yasui continuèrent à clignoter par moments devant ses yeux, comme une estampe colorée. Une fois couché, il commença même à se demander si cette Oyone, que Yasui lui avait présentée comme sa sœur cadette, était réellement parente avec lui. Tant qu'il ne poserait pas directement la question à Yasui, il lui serait difficile de se débarrasser de ce doute. Mais maintenant que ce soupçon subit lui était venu, il trouvait que l'attitude réciproque d'Oyone et de Yasui laissait largement place au doute. Tout cela est bien étrange, songeait-il, allongé dans son lit. Il finit cependant par se dire qu'il était idiot de ressasser de telles pensées, et souffla la lampe qu'il avait oublié d'éteindre.

Ce souvenir s'effaça graduellement jusqu'à ne plus laisser de traces et leurs rencontres furent loin de s'espacer au point de ne plus se voir : non seulement ils se voyaient aux cours de l'université, mais ils continuèrent à se rendre visite au même rythme qu'avant les vacances d'été. Oyone, cependant, ne venait pas saluer Sôsuke chaque fois qu'il se rendait chez Yasui. Une fois sur trois, elle ne se montrait pas et restait dissimulée en silence dans une pièce, comme lors de leur première rencontre. Sôsuke ne se préoccupait pas particulièrement de cela, car, en dépit de ce fait, ils se rapprochaient peu à peu l'un de l'autre. Avant peu, ils furent suffisamment intimes pour échanger des plaisanteries.

Puis l'automne revint. Sôsuke, pour les mêmes raisons que l'année précédente, avait peu envie de voir se répéter l'automne à Kyôto, mais le jour où Oyone et Yasui le convièrent à aller cueillir des champignons avec eux, il trouva que l'air vibrait d'un parfum nouveau. Ils contemplèrent aussi tous les trois les feuilles rouges des érables, traversèrent ensemble les collines pour se rendre de Saga à Takao. Oyone avait remonté le bas de son kimono et seule sa robe de dessous flottait sur ses chaussettes blanches, tandis que son ombrelle lui servait de canne. Du haut de la colline, le soleil faisait scintiller le cours d'une rivière une centaine de mètres plus bas, et quand on vit clairement de loin son lit transparent, Oyone s'exclama en se tournant vers ses compagnons :

— Ce que c'est joli, Kyôto !

Sôsuke, qui contemplait le paysage avec elle, trouva lui aussi que Kyôto était en effet bien joli.

Il leur arrivait souvent de sortir ainsi ensemble, mais le plus souvent ils se rencontraient chez Yasui. Une fois que Sôsuke était venu comme d'habitude rendre visite à son ami, il trouva Oyone seule, comme abandonnée dans la tristesse de l'automne. Sôsuke lui demanda si elle se sentait seule et vint bavarder avec elle au salon, où ils se chauffèrent les mains au-dessus du brasero, l'un en face de l'autre. Leur conversation se prolongea plus qu'il ne l'aurait pensé, puis il repartit. Un autre jour, Sôsuke se trouvait chez lui, nonchalamment accoudé à sa table, désœuvré et se demandant comment tuer le temps, quand Oyone lui rendit une visite inattendue. Elle dit qu'elle avait profité de courses à faire dans le quartier pour passer le voir, accepta le thé et les gâteaux qu'il lui offrit, bavarda tranquillement avec lui en toute confiance, puis s'en alla.

Tandis que des événements de ce genre se reproduisaient, un jour vint où les arbres se trouvèrent dépouillés de leurs feuilles. Un matin, le sommet des montagnes apparut blanc de neige. La plaine balayée par les vents blanchit elle aussi, on pouvait voir les ombres des gens traverser les ponts à petits pas. L'hiver de Kyôto, cette année-là, était de cette sorte sournoise qui transperce la peau sans un bruit. Yasui, atteint par ce froid pernicieux, attrapa une terrible grippe. Au début, Oyone s'étonna de la fièvre, plus forte que pour une grippe ordinaire, qui le tenaillait, puis, comme elle baissa tout de suite, on le crut guéri. Mais la maladie couva longtemps et s'agrippa à lui comme de la glu, avec des accès de fièvre subits qui le tourmentaient beaucoup.

Le médecin diagnostiqua une atteinte des voies respiratoires et lui conseilla un changement d'air. Yasui sortit sans entrain sa malle de voyage d'un placard et la ferma avec des cordes, tandis qu'Oyone bouclait sa valise. Sôsuke les accompagna jusqu'à la gare de Shichijô et resta avec eux dans le compartiment jusqu'au départ du train, leur tenant des propos enjoués.

— Viens nous voir, lui dit Yasui par la fenêtre quand il fut redescendu sur le quai.

— Oui, venez sans faute, ajouta Oyone.

Le train défila lentement devant Sôsuke et son air de santé florissante, puis, crachant de la fumée, disparut en direction de Kôbe.

Le malade passa la fin de l'année dans sa villégiature, d'où il envoya, dès son arrivée, des cartes postales presque journalières à Sôsuke, avec une invitation toujours renouvelée à venir le voir. Il y avait toujours aussi une ligne ou deux de la main d'Oyone sur ces cartes, que Sôsuke empilait à part sur un coin de sa table. C'était toujours la première chose qui attirait son regard quand il rentrait chez lui, et il lui arrivait de les reprendre pour les relire une à une, dans l'ordre de leur arrivée, en regardant à nouveau les illustrations. Finalement arriva une dernière carte avec ces mots : « Suis complètement guéri maintenant, vais revenir. Regretterais vraiment de repartir d'ici sans t'y avoir vu. Viens nous voir, même pour peu de temps, dès que tu auras reçu cette carte. »

Ces quelques lignes suffirent pour décider Sôsuke, ennemi de la monotonie et de l'inaction, à bouger. Le soir même, il arrivait en train chez Yasui.

Dès que tous trois furent rassemblés sous la lumière éclatante de la lampe, Sôsuke remarqua la bonne mine du convalescent, qui avait même l'air en meilleure santé qu'avant sa maladie. Yasui dit qu'il se sentait au mieux de sa forme et releva la manche de sa chemise pour caresser ses biceps striés de veines bleues. Oyone elle aussi avait un regard brillant de joie. Sôsuke observait avec un intérêt particulier la façon dont elle mouvait son regard. Ce qui, en elle, jusque-là, avait le plus ému le jeune homme, c'était ce calme extraordinaire qu'elle conservait même au milieu d'un désordre de sons et de couleurs. Il était sûr que ce calme apparent n'était dû en grande partie qu'à sa façon de se servir de l'immobilité de son regard.

Le lendemain, tous trois sortirent contempler la mer bleu sombre qui s'étendait à perte de vue. Ils respirèrent un air embaumé par la résine coulant des troncs des pins, tandis que le soleil d'hiver sombrait doucement vers l'ouest, boule rouge et nue traversant un petit carré de ciel. Avant de s'enfoncer derrière l'horizon, il teignit un petit nuage de ses couleurs de flamme incandescente, jaune et rouge. La nuit tomba sans que le vent se lève. L'air bruissait seulement de temps à autre dans les branches de pins. Le soleil, chaud et doux, ne cessa de briller pendant les trois jours que Sôsuke passa sur place avec ses amis.

Sôsuke dit qu'il aimerait rester plus longtemps. « Oh oui, restons encore un peu ! » renchérit Oyone. « C'est Sôsuke qui a nous amené le beau temps », déclara Yasui. Puis tous trois préparèrent malles d'osier et valises pour rentrer à Kyôto. Impalpablement, l'hiver avait poussé le vent du nord vers les pays froids et balayé la neige clairsemée, laissant voir à nouveau les sommets des montagnes. Ensuite surgirent d'un coup, sous le ciel bleu, de nouvelles pousses...

Chaque fois que Sôsuke repensait aux événements d'alors, il se disait qu'il eût sans doute mieux valu que le cours des choses se soit alors figé, et Oyone et lui transformés soudain en statues de pierre : ils auraient ainsi évité bien des tourments. Car tout débuta vraiment à ce moment-là, après l'hiver, quand le printemps commença à pointer le bout de son nez, et quand les feuilles tendres remplacèrent sur les cerisiers les fleurs dispersées dans le vent, tout était déjà consommé. Ils eurent à livrer un combat sans merci, leurs souffrances furent pareilles à celles des bambous verts que l'on presse pour en extraire l'huile. Ils s'étaient laissé surprendre par une brusque tempête, qui les renversa tous les deux. Quand enfin ils se relevèrent, leurs corps étaient déjà couverts de sable, et ils regardaient ce sable qui les recouvrait sans plus savoir à quel moment la tempête les avait renversés.

Le monde, sans indulgence, les accusa d'immoralité. Eux-mêmes, avant de subir les affres du remords, restèrent un moment hébétés, se demandant s'ils n'étaient pas le jouet d'une illusion. Car, avant la honte de se considérer eux-mêmes comme un couple immoral, ils se voyaient, étrangement, comme un couple complètement déraisonnable. Ils n'avaient aucune excuse, et en ressentaient un tourment indicible. Dans leur désespoir, il leur semblait que le destin cruel se jouait d'eux, qu'il les avait pris par surprise pour les pousser tous deux, innocentes victimes, au fond d'un gouffre.

Quand la divulgation de leur secret vint les frapper brutalement, ils avaient déjà enduré toutes les convulsions de la souffrance morale. Ils présentèrent honnêtement leurs fronts blêmes au fer rouge qui devait les marquer de sa flamme écarlate. Puis, liés à jamais par une chaîne invisible, ils découvrirent qu'ils devaient désormais marcher ensemble main dans la main. Ils abandonnèrent parents, famille et amis. Bref, ils abandonnèrent le reste du monde. Ou plutôt le monde les abandonna. Evidemment, Sôsuke fut également rejeté par l'université. Ce n'est que par pure formalité qu'il présenta une demande d'arrêt de ses études, afin de conserver un semblant de dignité humaine.

Tel était le passé de Sôsuke et d'Oyone.

15

Chargés du poids de ce passé, tous deux continuèrent à souffrir une fois partis à Hiroshima. Leurs souffrances les poursuivirent encore à Fukuoka, et même à Tôkyô, ce lourd fardeau continua de peser sur eux. Les liens d'affection qui unissaient Sôsuke aux Saeki se relâchèrent. L'oncle mourut. La tante et Yasu étaient encore là mais, les jours passant, la froideur accumulée rendit peu à peu impossible la reprise des relations de confiance qu'ils avaient eues autrefois. Cette année-là il n'alla pas même leur présenter ses vœux de Nouvel An, et eux non plus ne lui rendirent pas visite. Son frère Koroku lui-même, qu'il avait recueilli chez lui, ne lui accordait au fond aucun sentiment de respect. A l'époque de leur arrivée à Tôkyô, Koroku, avec son esprit simple d'enfant, avait franchement détesté Oyone. Oyone, tout comme Sôsuke lui-même, s'en était bien rendu compte. Mais, souriant au soleil et rêvant à la lune, les années s'étaient écoulées, paisibles, et voilà qu'une année de plus tirait à sa fin.

Dans tout le quartier, depuis la fin de l'année, les portes s'étaient garnies des ornements traditionnels. Alignées par dizaines de chaque côté de la rue, des branches de bambous, s'élevant plus haut que les auvents, bruissaient partout dans l'air glacé. Sôsuke avait lui aussi fait l'emplette de deux minces sapins de deux pieds de haut, qu'il avait cloués aux montants de son portail. Puis il avait placé sur le plateau à offrandes une grosse orange amère rouge, et avait posé le tout devant le *tokonoma*, où il avait suspendu une peinture douteuse à l'encre de Chine représentant un prunier vomissant une lune en forme de palourde. Sôsuke lui-même ignorait le sens que pouvait avoir un ensemble aussi hétéroclite, une orange amère posée sur un plateau à offrandes devant cette étrange peinture.

— Finalement, quel est le but de tout cela ? demanda-t-il à Oyone en contemplant la décoration qu'il venait d'installer.

— Je ne sais pas, il faut le faire, c'est tout, répondit celle-ci avant de disparaître dans sa cuisine.

— Si la coutume veut qu'on pose une orange comme ça, c'est peut-être pour la manger, en fin de compte ? s'interrogea Sôsuke en penchant la tête, puis il rectifia la position du plateau. Le soir, ils apportèrent dans la salle à manger la planche sur laquelle était disposé le gâteau de riz gluant, et le coupèrent ensemble en tranches. Comme il n'y avait pas assez de couteaux, Sôsuke s'abstint de participer à ce travail. Ce fut Koroku qui découpa la plus grande partie, en y mettant tout son cœur. En revanche, il commit aussi plus d'erreurs, car ses morceaux de pâte de riz avaient parfois des formes étranges pas très jolies à voir. Chaque fois qu'il obtenait une forme bizarre, Kiyo éclatait de rire. Koroku appliqua une serviette mouillée au dos du couteau et dit, en appuyant de toutes ses forces, rouge jusqu'aux oreilles, sur les extrémités difficiles à couper du gâteau :

— Peu importe la forme, du moment que c'est mangeable !

Le reste des préparatifs du Nouvel An consista simplement à préparer dans des boîtes de laque des petites sardines séchées et des légumes. Le dernier soir de l'année, Sôsuke se rendit chez Sakai, à la fois pour lui présenter ses vœux et pour payer son loyer. En empruntant exprès, par discrétion, l'entrée de service, il vit une lumière se refléter sur le verre dépoli de la porte, et entendit un bruit de voix à l'intérieur. Un garçon de courses muni d'un registre – sans doute son employeur l'envoyait-il toucher une facture en cette fin d'année – était assis sur le pas de la porte. Il se leva pour saluer Sôsuke. Dans la salle à manger se tenaient le propriétaire et sa femme. Dans un coin de la pièce, un ouvrier vêtu d'un tablier portant la marque de son employeur était occupé, tête baissée, à fabriquer d'innombrables petites guirlandes. A côté de lui étaient posées des lanières de papier blanc et des ciseaux. Une jeune servante, agenouillée devant sa maîtresse, alignait sur les tatamis des billets de banque et des pièces qui semblaient être la monnaie du paiement qu'elle venait de faire.

— Ah, comme c'est gentil ! fit le maître de maison dès qu'il aperçut Sôsuke. Vous devez être très occupé vous aussi. Ici, c'est le désordre habituel, mais tenez, venez par ici. Pour nous, le Nouvel An, c'est devenu plutôt ennuyeux, hein ? Répétée plus de quarante fois, même la plus amusante des fêtes perd son attrait, vous ne trouvez pas ?

A entendre Sakai, les préparatifs du Nouvel An l'excédaient, mais il n'avait nullement l'air déprimé : il parlait avec animation, avait un teint florissant, comme si la chaleur du saké qu'il avait absorbé au dîner flottait encore sur ses joues. Sôsuke accepta le tabac qu'il lui offrait et bavarda une vingtaine de minutes avant de rentrer chez lui.

Munie d'une boîte à savon enveloppée dans une serviette, Oyone attendait le retour de son mari pour lui demander de garder la maison pendant qu'elle irait aux bains en compagnie de Kiyo.

— Qu'est-ce que tu as fait pour mettre si longtemps ? lui demanda-t-elle en regardant la pendule qui indiquait près de dix heures. Kiyo avait aussi prévu de passer chez le coiffeur se faire arranger les cheveux au retour du bain. Ainsi, même la vie on ne peut plus tranquille de Sôsuke n'était pas exempte d'incidents, en ce soir de réveillon.

— Est-ce que toutes les notes sont payées ? demanda-t-il à sa femme avant de s'asseoir.

— Il ne reste que celle du marchand de bois, répondit-elle. Paie-le s'il vient.

Elle sortit de sous ses vêtements un portefeuille d'homme tout taché et un porte-monnaie qui contenait des pièces, et les tendit à Sôsuke.

— Où est Koroku ? demanda celui-ci en prenant les objets.

— Il est sorti tout à l'heure en disant qu'il voulait voir à quoi ressemblait le réveillon dans les rues. Le pauvre ! Avec le froid qu'il fait !

Derrière Oyone, Kiyo se mit à rire à gorge déployée.

— C'est qu'il est jeune ! commenta-t-elle, avant de se diriger vers l'entrée de service où elle aligna les socques de bois d'Oyone.

— Où a-t-il l'intention de regarder l'animation nocturne ?

— Entre Ginza et Nihombashi, à ce qu'il a dit.

Oyone avait déjà descendu les marches de l'entrée. On l'entendit ouvrir et refermer les cloisons de papier. Sôsuke écouta ce bruit, puis s'assit seul devant le brasero pour contempler les braises rouges qui se muaient en cendres. Dans son esprit flottait la vision des drapeaux à l'enseigne du soleil levant qui pavoiseraient le lendemain. Il voyait déjà briller les chapeaux de soie de ceux qui descendraient les avenues en voiture. Il entendait le cliquetis des sabres, le hennissement des chevaux, les voix des jeunes filles jouant au jeu rituel du volant. Dans quelques heures il allait devoir affronter celle des cérémonies annuelles la plus apte à donner un nouvel élan au cœur des hommes.

Dans son imagination défilaient d'innombrables groupes, à l'air animé ou joyeux, mais dont nul ne se détachait pour le prendre par le bras et l'entraîner dans la ronde. Conscient de n'être qu'un exclu, que nul ne conviait au festin, il évitait toutes les occasions d'ivresse, comme si l'ivresse lui était formellement interdite. En dehors des péripéties ordinaires de sa vie en compagnie d'Oyone, il ne pouvait rien espérer. Le calme solitaire de cette soirée de réveillon, où il gardait la maison en l'absence de sa femme, était bien à l'image de la réalité ordinaire de sa vie.

Oyone revint après dix heures. Quand la lampe éclaira son visage, il apparut plus brillant que d'ordinaire. Pour se rafraîchir de la moiteur du bain, elle avait laissé entrouvert le col de son kimono, laissant voir sa chemise de dessous. La ligne élancée de sa nuque était elle aussi bien visible.

— C'était vraiment plein, soupira-t-elle, heureuse de se reposer enfin. On ne pouvait même pas se laver tranquillement ni trouver un baquet disponible.

Kiyo ne rentra qu'après onze heures. Elle aussi bien propre et bien coiffée, elle passa la tête entre les cloisons, les saluant d'un « Me voilà ! Excusez-moi de rentrer si tard ! », après quoi elle se lança dans le récit de sa soirée : « Et après il a fallu que j'attende mon tour, deux personnes, trois personnes... »

Seul Koroku n'était pas rentré. Quand minuit sonna, Sôsuke proposa d'aller se coucher. Oyone trouvait que, ce soir au moins, ils pouvaient bien l'attendre, le contraire eût été étrange, et elle fit son possible pour entretenir la conversation. Heureusement, Koroku ne tarda pas à arriver. Il s'excusa de rentrer si tard, disant qu'après être allé de Ginza à Nihombashi il avait voulu faire un tour du côté de Suitengu, et que là, il avait dû laisser passer il ne savait combien de tramways avant de pouvoir en prendre un, tant ils étaient bondés. Il était entré dans le magasin Hakubotan, espérant gagner la montre en or que le magasin annonçait comme gros lot, mais il n'avait rien à acheter. Il s'était quand même décidé à acheter une boîte de petits ballons en étoffe ornés de grelots, ce qui lui avait permis d'attraper un des ballons qu'une machine soufflait par centaines à l'intérieur du magasin. Il n'avait pas gagné la montre en or, mais : « Voilà ce que j'ai gagné ! » dit-il en sortant de sa poche un paquet de poudre à laver de la marque Club. Il le posa devant Oyone en disant : « Un cadeau pour toi. » Puis il posa les petites balles en forme de fleurs de prunier ornées de grelots devant Sôsuke : « Tu pourras les offrir aux filles de M. Sakai, par exemple. »

Ainsi se termina le réveillon assez morne de ce modeste foyer.

16

Le 2 janvier, une chute de neige couvrit de blanc la capitale encore ornée des décorations du Nouvel An. Quand elle eut cessé de tomber, avant que les toits retrouvent leurs couleurs d'origine, les deux époux furent surpris à diverses reprises par les bruits de paquets de neige glissant sur les tôles des auvents. Au milieu de la nuit surtout, ces chutes produisaient un bruit violent. La boue qui recouvrait les chemins, bien différente de celle qui fait suite à des chutes de pluie, ne sécha pas en un ou deux jours. Chaque fois qu'il rentrait avec ses chaussures toutes crottées, Sôsuke disait en regardant Oyone, tandis qu'il montait la marche du vestibule :

— Vraiment, ça ne peut plus aller.

D'après son ton, il paraissait la tenir pour responsable du mauvais état des chemins, si bien qu'elle finit par lui dire en riant :

— Je m'excuse, vraiment, je suis désolée !

Mais Sôsuke ne trouva pas de réponse drôle appropriée à la circonstance.

— Ecoute, Oyone, dit-il. Quand je sors d'ici, j'ai l'impression de ne pas pouvoir faire un pas sans mes socques de bois surélevés, mais quand j'arrive dans la ville basse, c'est tout différent : les rues sont pleines de poussière et je suis si mal à l'aise avec mes socques que je peux à peine marcher ! Autrement dit, le quartier où nous vivons retarde d'un siècle.

En s'exprimant ainsi, Sôsuke ne montrait pas une mine spécialement mécontente. Quant à Oyone, elle l'écoutait avec à peu près le même intérêt que celui avec lequel elle suivait les volutes de la fumée de cigarette qu'il rejetait par les narines.

— Va donc voir Sakai pour lui expliquer tout ça, répliqua-t-elle d'un ton léger.

— Oui, et j'en profiterai pour lui demander de baisser le loyer, répondit Sôsuke, mais il ne mit pas à exécution son projet d'aller voir le propriétaire.

Le jour de l'an, il s'était rendu de bonne heure chez Sakai, avait simplement laissé sa carte de visite puis était ressorti sans chercher à voir le propriétaire, mais en rentrant chez lui, le soir, après la tournée rituelle de visites du premier jour de l'année, il avait appris que Sakai lui avait rendu la politesse en venant le voir, ce dont il fut extrêmement touché. Le 2 janvier, à part la chute de neige, il ne se passa rien de particulier. Le 3, en fin d'après-midi, une servante de chez Sakai vint en messagère leur dire qu'ils étaient attendus tous les trois, Monsieur, Madame et le jeune Monsieur, s'ils avaient le temps, pour passer la soirée chez les Sakai.

— Pourquoi nous invitent-ils ? se demanda Sôsuke, perplexe.

— Sûrement pour jouer au jeu des poèmes à compléter, dit Oyone. Il y a beaucoup d'enfants chez eux, alors, il doivent y jouer pour le jour de l'an. Tu n'as qu'à y aller, toi.

— C'est toi qui devrais y aller, puisqu'ils t'ont invitée. Moi, le jeu des poèmes, cela fait trop longtemps que je n'y ai pas joué.

— Moi non plus, je n'y ai pas joué depuis longtemps, je ne peux pas y aller.

Ni l'un ni l'autre ne paraissaient très empressés à se rendre à cette invitation. Finalement, il fut décidé que le « jeune Monsieur » devrait y aller en représentant de la famille.

— Allez, vas-y, jeune Monsieur ! dit Sôsuke à son frère. Koroku se leva avec un sourire forcé.

Les deux époux trouvaient du plus haut comique ce titre de « jeune Monsieur » donné à Koroku, et ils éclatèrent de rire en voyant le sourire forcé de celui-ci en s'entendant à nouveau gratifier de ce titre. Koroku quitta cette chaude ambiance de Nouvel An, traversa une centaine de mètres dans le froid, et alla s'asseoir à nouveau dans une atmosphère de fête, sous un éclairage électrique.

Ce soir-là, Koroku avait mis dans sa manche les balles en forme de fleurs de prunier achetées le soir du réveillon, pour les offrir aux filles de Sakai, en expliquant que c'était un cadeau de la part de son frère. Au retour, il avait en échange dans sa manche une petite poupée nue qu'il avait gagnée en jouant à la loterie chez ses hôtes. Il manquait une petite partie du front de la poupée, et cette entaille était passée à l'encre noire. L'air très sérieux, Koroku posa la poupée devant son frère et sa belle-sœur en déclarant :

— Il paraît que c'est Sodehagi[1].

---

1. Sodehagi est l'héroïne d'une pièce de Chikamatsu, qui a pour sujet la révolte des Abe : Sodehagi a été maudite par son père, vassal des Minamoto, pour avoir épousé Abe Sadatô, fils du rebelle. Quelques années plus tard, errant dans la misère à la recherche de son époux, elle arrive près du palais où se trouvent ses parents. Devant la haie du jardin, elle a cette phrase célèbre : « Cette simple haie est pour moi une porte d'acier. »

Les deux époux ne comprenaient pas en quoi cette poupée pouvait représenter Sodehagi. Koroku leur raconta que lui non plus, évidemment, n'avait pas compris au début et que Mme Sakai lui avait obligeamment fourni l'explication, mais qu'il n'y avait rien compris, si bien que le maître de maison avait écrit sur un bout de papier deux phrases, la citation correcte accompagnée d'une contrepèterie, en lui disant de les montrer à son frère et à sa belle-sœur une fois rentré à la maison. Koroku fouilla donc dans sa manche pour en extraire le bout de papier qu'il leur montra. Il y avait écrit cette phrase : *Kono kaki hitoe ga kurogane no* (« Cette simple haie est pour moi une porte d'acier »), suivie de celle-ci : *Kono gaki hitai ga kurogake no* (« Le front de cette gamine a une entaille noire »). Cette plaisanterie fit émettre à Sôsuke et à Oyone un rire printanier.

— C'est bien trouvé ! Mais qui a pu avoir cette idée ? demanda le frère aîné.

— Qui est-ce que ça peut bien être ? répondit Koroku, avec un air d'ennui profond, abandonnant là sa poupée pour rentrer dans sa chambre.

A deux ou trois jours de là, le soir du 7 pour être exact, la servante de chez les Sakai vint à nouveau transmettre dans son langage poli un message de son maître : s'ils n'avaient rien de prévu ce soir, ils étaient priés de venir bavarder un peu chez lui. Oyone et Sôsuke s'apprêtaient justement à dîner, sous la lampe qu'ils venaient d'allumer, et Sôsuke venait de dire en soulevant son bol de riz :

— Voilà les mondanités du Nouvel An enfin terminées.

Kiyo vint leur transmettre juste à ce moment l'invitation de leur voisin, et Oyone regarda son mari avec un petit sourire. Sôsuke posa son bol et demanda avec un léger froncement de contrariété entre les sourcils :

— Ils organisent une réception ?

Interrogée, la servante des Sakai répondit qu'il n'y avait pas d'invités de l'extérieur ni aucun préparatif particulier. Elle raconta même que Madame était absente, s'étant rendue chez des parents avec les enfants.

— Dans ce cas, j'y vais, dit Sôsuke, et il sortit.

Sôsuke avait horreur des relations mondaines et évitait de se montrer dans les réunions, sauf s'il y était obligé. Il n'éprouvait pas non plus le besoin de se faire de nombreux amis personnels, d'ailleurs, il n'avait pas le temps de rendre visite aux gens. Sakai était l'unique exception : il lui arrivait de temps à autre de se rendre chez lui, sans raison spéciale, simplement pour passer le temps en sa compagnie. Sakai, au contraire, était un homme sociable de nature. Voir l'homme du monde qu'était Sakai et le sauvage qu'était Sôsuke se rapprocher et trouver des sujets de conversation était aux yeux d'Oyone un phénomène fort étrange.

— Installons-nous là-bas, fit Sakai en lui faisant traverser la salle à manger pour se rendre le long de la véranda jusqu'à un petit cabinet de travail. Dans le *tokonoma* était suspendue une calligraphie composée de cinq affreux caractères chinois, énormes, qui paraissaient tracés avec une feuille de palmier en guise de pinceau. Dans un vase sur une étagère se trouvait une magnifique pivoine blanche. Tous les éléments de la pièce, les coussins, la table, étaient raffinés. Sakai s'arrêta d'abord sur le seuil de la pièce obscure pour tourner un commutateur et allumer l'électricité, en disant : « Entrez, je vous en prie. »

— Attendez un peu, reprit-il en allumant à l'aide d'une allumette un minuscule radiateur à gaz, en harmonie avec les dimensions de la pièce. Il offrit un coussin à Sôsuke en disant : « Voici l'antre où je me réfugie quand je veux être tranquille. »

Sôsuke, assis sur son coussin bien rembourré de coton, se laissait aller à la quiétude du lieu. Le gaz brûlait à petit bruit, une douce chaleur montait graduellement le long de son dos.

— Quand je suis ici, dit Sakai, le reste du monde n'existe plus. Ici on est complètement tranquille. Mettez-vous bien à l'aise, je vous en prie. Vraiment, on ne peut jamais prévoir à quel point cette période du Nouvel An va être fatigante, vous ne trouvez pas ? Moi-même j'ai été tellement surmené qu'hier je croyais être sur le point de m'effondrer ! Et ces indigestions du Nouvel An, c'est d'un pénible ! Du coup, hier, je me suis éloigné de ce monde corrompu et j'ai dormi tout mon soûl, tellement je me sentais malade. Tout à l'heure je me suis réveillé, j'ai pris un bain, j'ai dîné, fumé, et quand j'ai repris conscience du monde extérieur, je me suis aperçu que ma femme était partie chez des parents à elle qui l'avaient invitée avec les enfants. Je me disais : Enfin un peu de calme ! Eh bien voilà que je me suis mis à m'ennuyer ! Ah, nous autres humains sommes vraiment capricieux ! Mais j'ai beau m'ennuyer, l'idée de faire encore des simagrées me fatigue d'avance, et quant à boire ou manger encore de ces bonnes choses du Nouvel An, cela me répugne, c'est pourquoi quelqu'un comme vous, qui n'a pas l'air de faire grand cas du Nouvel An, excusez-moi, je suis impoli, je veux dire quelqu'un qui n'a pas trop de liens avec le monde, enfin, là aussi, je me montre peut-être grossier, bref, je veux dire que j'ai eu envie de discuter avec quelqu'un comme vous, détaché des choses de ce monde, c'est pour ça que je vous ai envoyé ce message...

Ce flot de paroles coulait des lèvres de Sakai avec la facilité habituelle. Sôsuke, face à cet optimiste, avait tendance à oublier son propre passé. Si sa vie à lui avait connu un développement normal, peut-être, se disait-il, serait-il lui aussi devenu un personnage de ce genre.

A ce moment, une servante ouvrit l'étroite porte d'entrée de la pièce, fit de nouveau devant Sôsuke une courbette polie, plaça devant lui une sorte d'assiette à gâteaux en bois. Elle en plaça une autre exactement semblable devant son maître, puis se retira sans mot dire. Sur chacune de ces assiettes se trouvait un gros pain sucré fourré à la pâte de haricots, de la taille d'une balle en caoutchouc, auquel était joint un cure-dents qui paraissait lui aussi deux fois plus grand que la moyenne.

— Mangez donc pendant que c'est chaud, dit Sakai, et Sôsuke s'aperçut que le gâteau était tout chaud comme s'il venait d'être fait. Il contempla la croûte jaune comme une rare curiosité.

— Non, non, on ne vient pas de les faire, reprit Sakai. En fait, j'en ai goûté hier chez quelqu'un qui m'a dit d'en emporter, parce que je lui en faisais des compliments intarissables, à moitié en plaisantant, d'ailleurs. A ce moment-là, ils étaient tout frais, mais je les ai fait réchauffer à l'instant pour vous les faire goûter.

Sans se servir de ses baguettes ni du cure-dents, Sakai coupa en deux un des gâteaux et se mit à en manger de grosses bouchées. Sôsuke l'imita.

Le propriétaire commença alors à lui parler d'une étrange geisha qu'il avait rencontrée la veille dans certain restaurant. Cette geisha avait une prédilection pour les éditions de poche des *Analectes* de Confucius, qu'elle emmenait partout avec elle, qu'il s'agît de voyager en train ou d'aller s'amuser chez des amis.

— Elle m'a raconté que Confucius avait un disciple préféré du nom de Zilu. Quand on lui demandait pourquoi il le préférait aux autres, le maître répondait que c'était parce qu'il était sérieux au point d'avoir des difficultés à entendre un nouvel enseignement avant d'avoir pu mettre en pratique celui qu'il venait de recevoir. A vrai dire, j'étais embarrassé, ne sachant moi-même pas grand-chose de ce Zilu, mais je lui ai demandé si elle avait le même genre de difficultés quand elle prenait un amant, et devait attendre d'avoir épousé le premier avant d'en prendre un nouveau !

Le propriétaire s'étendit à loisir sur ce type de sujet. Il ressortait des anecdotes qu'il racontait qu'il était habitué à fréquenter ce genre de lieu, qui par conséquent ne le stimulait plus tellement, mais, contrecoup de cette accoutumance, il y retournait plusieurs fois par mois sans se lasser. Mais si on le questionnait un peu plus, il s'avérait que même cet homme impassible, lassé de temps à autre de cette vie de plaisirs, éprouvait le besoin de se reposer les nerfs dans son cabinet de travail.

Sôsuke, lui-même non dénué d'expérience en ce domaine, ne se forçait pas à s'intéresser aux propos de son hôte et ne lui faisait que des réponses polies et ordinaires, ce qui semblait plaire au propriétaire, qui paraissait de son côté désireux de scruter d'un peu plus près le passé coloré qu'il entrevoyait derrière les réponses plates de Sôsuke. Mais il changeait de sujet dès qu'il sentait que Sôsuke n'avait pas envie de suivre cette direction. Il agissait plutôt par discrétion que par tactique, si bien que Sôsuke n'en ressentait pas le moindre désagrément.

Ils en vinrent à parler de Koroku. Le propriétaire avait observé chez ce jeune homme deux ou trois choses qui avaient échappé à son propre frère. Sans se soucier de l'exactitude des appréciations de Sakai, Sôsuke l'écouta avec intérêt. Sakai lui demanda par exemple si Koroku n'était pas un enfant qui, tout en possédant une intelligence complexe pour son âge quoique peu adaptée à la vie pratique, ne manifestait pas par ailleurs un caractère d'une simplicité convenant à un âge plus tendre. Sôsuke approuva aussitôt et répondit que cette tendance devait exister, quel que soit l'âge, chez toute personne ayant eu une éducation purement scolaire, sans bénéficier d'une éducation au sein de la société.

— C'est exact, mais inversement, quelqu'un qui n'a eu que l'éducation de la société et a été privé de celle de l'école acquiert un caractère extrêmement complexe, tout en gardant une intelligence d'enfant. Cela me paraît bien pire !

Le propriétaire rit un moment puis reprit :

— Que diriez-vous de me l'envoyer ici comme secrétaire ? Cela lui donnerait un avant-goût de la vie active.

Un étudiant remplissait le rôle de secrétaire chez le propriétaire mais, un mois environ avant que le chien de celui-ci, malade, ne soit envoyé chez le vétérinaire, l'étudiant en question avait été reconnu bon pour le service par la commission de recrutement et avait été enrôlé. Depuis, il n'avait repris personne, expliqua-t-il.

Sôsuke fut heureux que l'occasion de trouver une place pour Koroku se présente ainsi d'elle-même, avec la nouvelle année, sans même qu'il ait à la rechercher. Mais en même temps, cette offre soudaine de son propriétaire le déconcerta un moment, lui qui n'avait jamais eu jusqu'ici le courage de rechercher activement la bienveillance et l'amabilité d'autrui. Il entrevit cependant aussitôt la possibilité de réduire ses frais en confiant Koroku le plus tôt possible aux bons soins de Sakai, et de consacrer la différence à compléter un peu l'aide fournie par Yasunosuke, ce qui lui permettrait de procurer à son jeune frère, selon les propres vœux de celui-ci, les moyens de recevoir une éducation supérieure. Il expliqua tout cela à Sakai sans rien omettre. Le propriétaire le laissa parler en ajoutant seulement « en effet, en effet ! » de temps à autre, et conclut sur un ton des plus conciliants : « Tout ça me paraît très bien ! » L'affaire fut donc conclue sur-le-champ.

Sôsuke se dit alors que le moment était venu de se retirer, et il s'apprêtait à prendre congé, mais son hôte le retint en lui disant de ne pas se presser. Il alla même jusqu'à lui dire en sortant sa montre : « Les nuits sont longues, la soirée ne fait que commencer ! » Apparemment, il s'ennuyait vraiment tout seul, et comme Sôsuke lui non plus n'avait rien de spécial à faire une fois rentré chez lui, sinon aller se coucher, il se rassit et fuma une nouvelle pipe du tabac brun de son hôte. Finalement, imitant le maître des lieux, il s'enfonça dans son coussin moelleux et étendit ses jambes.

Le propriétaire lui fit remarquer, à propos de Koroku :

— Quel tracas d'avoir un frère cadet à sa charge, n'est-ce pas ? Moi aussi, je m'en souviens bien, j'ai dû m'occuper du mien, un vrai garnement d'ailleurs !

Et il se mit à lui raconter tout ce que lui avait coûté le séjour à l'université de son frère cadet, comparé à la vie frugale que lui-même menait au temps où il était étudiant. Pour se faire une idée plus complète de la destinée de ce personnage, dont le souvenir paraissait pénible à Sakai, Sôsuke lui demanda quels chemins sa vie avait pris par la suite, quelle carrière il avait suivie.

— Aventurier ! cracha Sakai à brûle-pourpoint.

A la fin de ses études, ce frère était entré dans une banque sur sa recommandation, mais il se plaignait sans cesse qu'il allait laisser tomber cette carrière si cela ne lui rapportait pas plus, et dès la fin de la guerre russo-japonaise, il était parti pour la Mandchourie, déclarant qu'il avait de grandes ambitions à réaliser là-bas, sans écouter les tentatives de Sakai pour le retenir. Et là-bas, par quoi avait-il commencé ? Par gérer une affaire de transports qui descendait en bateau des résidus de haricots et de soja sur le fleuve Liao-he, et qui évidemment avait immédiatement fait faillite ! Bien sûr ce n'était pas lui qui avait fourni les capitaux, et le jour où il avait finalement dû rendre des comptes, on s'était aperçu qu'ils se soldaient par des pertes énormes. Cela va sans dire, l'affaire ne pouvait continuer, et le résultat inévitable était qu'il avait perdu sa situation.

— Ce qu'il a fait tout de suite après, je ne sais pas très bien, mais quand j'ai enfin entendu parler de lui à nouveau, j'ai eu une surprise, ah ça oui ! Il est parti traîner en Mongolie, figurez-vous ! Je ne sais pas où il espère que tout ça va le mener, mais il me fait courir des risques à moi aussi. Tant qu'il est loin d'ici, je me contente de me demander de temps en temps ce qu'il devient. Je reçois des lettres de temps à autre : « la Mongolie étant un pays qui souffre de sécheresse, quand il fait trop chaud, on arrose les chemins avec l'eau des fossés, et quand il n'y a plus d'eau dans les fossés, on arrose avec de l'urine de cheval, ce qui fait que tout le pays en est empuanti », voilà le genre de lettre qu'il m'envoie ! Evidemment, il me parle aussi d'argent, mais comme Tôkyô, ce n'est pas la porte à côté de la Mongolie, je fais la sourde oreille. Donc, tant qu'il était loin, cela allait encore, mais voilà que ce bougre-là est revenu à la fin de l'année sans prévenir !

Sakai, comme s'il venait de se rappeler quelque chose, décrocha d'un des piliers du *tokonoma* une sorte d'objet de décoration orné d'une belle frange.

C'était une dague longue d'une trentaine de centimètres, dans un étui de brocart. Le fourreau était d'une matière verte inconnue, brillante comme du mica, cerclée d'argent à trois endroits. La lame, plutôt mince, faisait à peine une quinzaine de centimètres de long, mais le fourreau, qui ressemblait à un bâton de chêne de forme hexagonale, était très épais. En regardant bien, on remarquait une paire de minces baguettes enfoncées le long de ce fourreau. Leur étui y était fixé par un cercle d'argent.

— Il m'a rapporté ça de là-bas : il paraît que c'est une dague mongole, dit Sakai en dégainant l'arme pour la lui montrer.

Il tira aussi de leur étui fixé derrière le fourreau les deux baguettes d'ivoire.

— Et voilà les baguettes. Les Mongols portent toujours cette dague à la ceinture, et au moment des repas, ils la tirent du fourreau pour couper la viande et se servent des baguettes pour manger.

Pour appuyer sa démonstration, Sakai avait saisi les baguettes et le poignard dans ses mains, et faisait le geste de couper et de manger. Sôsuke regarda avec attention l'habile facture de l'objet.

— Il m'a aussi offert un tapis de feutre dont les Mongols se servent sous la tente, ça ressemble tout à fait aux tapis de laine qu'on utilisait autrefois au Japon.

Sakai raconta alors à Sôsuke tout ce que son frère, revenu récemment de là-bas, avait pu lui rapporter au sujet de la Mongolie : les Mongols étaient d'excellents dresseurs de chevaux, leurs chiens au corps maigre et allongé ressemblaient aux greyhounds occidentaux, ils étaient progressivement envahis par les Chinois, etc. Sôsuke écouta avec un intérêt non dissimulé toutes ces informations nouvelles pour lui. Puis il eut la curiosité de demander ce que le frère en question avait bien pu faire ces derniers temps en Mongolie. A cette question, Sakai répondit par la même exclamation qu'un instant plus tôt, prononcée sur un ton virulent : « Aventurier ! » avant d'expliquer : « Ce qu'il fait, je n'en sais rien. A moi, il me dit qu'il s'occupe d'élevage et qu'il a très bien réussi, mais ça ne tient pas debout. Jusqu'ici il m'a souvent trompé en me jetant de la poudre aux yeux. Et l'affaire qui l'amène à Tôkyô cette fois est bien étrange : il veut emprunter vingt mille yen pour le roi de Mongolie, qui se nomme je ne sais plus comment. S'il n'y arrive pas, la confiance qu'on a là-bas en lui sera compromise. Evidemment c'est à moi qu'il s'est adressé en premier lieu, mais roi de Mongolie ou pas, immenses terrains en gage ou pas, je n'aurai aucun moyen de pression sur la Mongolie depuis Tôkyô pour me faire rembourser. Alors j'ai refusé, et il n'a rien trouvé de mieux que d'aller dire à ma femme derrière mon dos en prenant de grands airs qu'avec la mentalité que j'avais, je ne pourrais jamais me lancer dans les affaires ! C'est désespérant, je vous dis !

Le propriétaire eut un petit rire, puis, voyant l'expression étrangement tendue de Sôsuke :

— Que diriez-vous de faire sa connaissance ? Il est drôle, vous savez, avec sa houppelande de fourrure ostensiblement trop grande. Si vous voulez, je vous le présenterai. Justement, il vient dîner après-demain soir... Allez, ça ne vous engage à rien : il suffit de le laisser parler sans rien dire et de l'écouter, comme ça vous ne risquez rien. Cela ne peut être qu'amusant.

Une telle insistance ébranla un peu Sôsuke.

— Votre frère sera-t-il le seul invité ?

— Non, je pense qu'il viendra avec un de ses amis qui est venu de Mongolie avec lui. C'est quelqu'un que je ne connais pas encore, un nommé Yasui, et en fait je les ai invités ensemble, parce que mon frère n'a de cesse de me le présenter.

En franchissant le portail des Sakai à l'issue de cette soirée, Sôsuke était blême.

17

L'affaire qui avait obscurci l'existence de Sôsuke et d'Oyone et émacié leurs silhouettes continuait à hanter leurs pensées où qu'ils aillent, tel un fantôme. Dans le secret de leur cœur se dissimulait, invisible à autrui, une plaie horrible dont ils avaient confusément conscience, mais qu'ils avaient toujours, au cours des années, prétendu ignorer l'un vis-à-vis de l'autre.

Dès le début, ce qui les avait intérieurement affectés le plus, c'était l'influence que leur faute n'avait pu manquer d'avoir sur l'avenir de Yasui. Quand s'était enfin calmé le terrible tourbillon d'écume bouillonnante qui avait bouleversé leurs esprits, ils avaient appris que Yasui avait lui aussi interrompu ses études et quitté l'université. Sans aucun doute, ils étaient à l'origine de ce coup infligé à l'avenir de Yasui. Ce n'est qu'ensuite que leur parvint la rumeur de son retour dans sa province natale. Puis ce fut la nouvelle qu'il était cloué au lit par la maladie. Chaque fois qu'ils entendaient parler de lui, ils se sentaient le cœur douloureusement lourd. Finalement, ils apprirent son départ pour la Mandchourie. Etait-il donc déjà guéri de sa maladie ? se demanda Sôsuke, pensant au fond de lui que la nouvelle de ce départ n'était qu'un mensonge. Du point de vue de sa santé comme de son tempérament, Yasui n'était pas homme à partir en Mandchourie ou à Formose. Sôsuke chercha par tous les moyens à savoir ce qu'il en était réellement, et finit par apprendre ainsi de source sûre que Yasui se trouvait bel et bien à Moukden. On l'assura aussi que Yasui était en bonne santé et très actif. En apprenant cette nouvelle, les deux époux se regardèrent et poussèrent un soupir de soulagement.

— Eh bien, tant mieux ! avait dit Sôsuke.

— Tout plutôt que la maladie ! avait ajouté Oyone en écho.

Après cela, ils évitèrent de prononcer le nom de leur ancien camarade. Ils n'osaient même pas penser à lui, tant ils se sentaient coupables aussi bien de l'interruption de ses études que de son retour chez lui, de sa maladie et de sa fuite en Mandchourie, sans que la souffrance de ces remords accumulés pût déboucher sur autre chose qu'un sentiment d'impuissance.

— Oyone, est-ce qu'il t'arrive d'avoir foi en quelque chose ? demanda un jour Sôsuke à sa femme.

— Bien sûr, répondit simplement celle-ci. Et toi ? ajouta-t-elle aussitôt.

Sôsuke eut un léger sourire, mais ne répondit rien, pas plus qu'il ne posa à Oyone de questions plus détaillées sur sa foi religieuse. C'était sans doute heureux pour elle, car elle n'était pas femme à avoir des idées claires et précises en ce domaine. Quoi qu'il en soit, tous deux n'allaient pas s'asseoir sur les bancs des églises ni ne franchissaient les portes des temples shintô ou bouddhistes. Ce fut donc simplement par la force de cette harmonie fondamentale que dispense la nature qu'ils retrouvèrent le calme, avec le temps. Les remords qui apparaissaient encore de loin en loin au fond de leur conscience étaient trop vagues, trop faibles, trop étrangers à leurs intérêts matériels pour pouvoir être qualifiés de cruellement douloureux ou d'effrayants. Finalement leur foi, qui n'avait pour objet ni les dieux ni les bouddhas, s'exerçait symboliquement sur leurs personnes réciproques. Peu à peu ils en vinrent à former un cercle parfait dans les bras l'un de l'autre. Leur vie était triste, mais tranquille. Ils goûtaient une sorte de douce mélancolie dans cette paisible tristesse. Etrangers à la littérature comme à la philosophie, l'état de leurs connaissances ne leur permettait pas de se rendre pleinement compte de leur situation, et tout en goûtant cette mélancolie, ils l'éprouvaient de façon bien plus pure que n'eussent pu le faire un poète ou un lettré dans les mêmes circonstances. Tel était donc l'état d'âme des deux époux, jusqu'à ce soir du 7 janvier où une invitation chez Sakai procura à Sôsuke des nouvelles fortuites de Yasui.

Ce soir-là, en rentrant chez lui, Sôsuke déclara dès qu'il aperçut sa femme :

— Je ne me sens pas très bien, je vais me coucher tout de suite.

Il s'approcha du brasero, laissant Oyone, qui avait attendu son retour, toute à sa surprise.

— Qu'est-ce qui t'arrive ? demanda-t-elle en levant les yeux pour le regarder.

Sôsuke restait debout, figé sur place.

L'attitude de son mari était d'autant plus extraordinaire pour Oyone qu'il ne s'était jamais comporté de la sorte. Elle se leva brusquement, comme assaillie par une sinistre intuition, et commença à sortir presque mécaniquement les couvertures et le matelas du placard pour préparer le lit, selon les ordres de son mari. Pendant ce temps, Sôsuke resta immobile à côté d'elle, les mains enfouies dans son kimono. Dès que le lit fut prêt, il se déshabilla en hâte et se glissa dedans. Oyone ne pouvait se décider à s'éloigner.

— Qu'est-ce que tu as donc ?

— Je ne sais pas, je ne me sens pas bien. Ça va sûrement passer, si je reste allongé comme ça un petit moment.

La réponse de Sôsuke parvenait à Oyone à demi étouffée par les couvertures. Elle resta assise sans bouger au chevet de son mari, l'air navré.

— Tu peux rester dans la pièce à côté, je t'appellerai si j'ai besoin de quelque chose.

Oyone finit par passer dans la salle à manger.

La tête sous les couvertures, Sôsuke se raidit et ferma les yeux. Dans l'obscurité, il ressassait ce qu'avait dit Sakai. Il n'aurait jamais imaginé entendre des nouvelles de Yasui, après son départ pour la Mandchourie, de la bouche de son propriétaire. Jamais il n'aurait imaginé jusqu'à ce soir, même en rêve, qu'il puisse un jour être invité en même temps que lui chez son propriétaire et se retrouver assis à côté ou en face de lui. Allongé, il réfléchissait aux deux ou trois heures qui venaient de s'écouler, et n'en revenait pas de surprise de ce coup de théâtre inopiné. En même temps il se sentait triste. Il savait qu'il n'était pas d'une force telle qu'un pareil coup du sort fût nécessaire pour le renverser, comme un croc-en-jambe assené à l'improviste par-derrière. Pour jeter à terre un être aussi faible que lui, il y avait, se disait-il, de nombreux autres moyens plus doux que celui-là.

Il revivait en pensée les tours et détours de cette conversation : de Koroku au frère de Sakai, de celui-ci à la Mandchourie et à la Mongolie, puis à son retour à Tôkyô, et enfin à Yasui. Il n'en revenait toujours pas de ce hasard extraordinaire. Plus il se disait qu'il fallait que le destin l'ait choisi parmi un million d'êtres pour le mettre face à un hasard si difficile à rencontrer pour un être ordinaire, plus il souffrait. Cela l'irritait aussi. Dans l'obscurité, sous ses couvertures, il poussa un profond soupir.

La plaie qui avait enfin commencé à cicatriser au cours de ces deux ou trois dernières années recommençait à le faire souffrir. Non seulement cela, mais elle s'était aussi envenimée. Un vent empoisonné s'était engouffré sans merci dans cette plaie rouverte. Ne valait-il pas mieux tout raconter à Oyone, se demanda-t-il, afin de partager avec elle ces souffrances ?

— Oyone, Oyone, cria-t-il deux fois.

Oyone vint tout de suite et fixa sur lui un regard pénétrant. Sôsuke sortit complètement la tête de sous les couvertures. La lumière de la pièce voisine éclairait à demi les joues d'Oyone.

— Je voudrais une tasse d'eau chaude, dit-il.

Il avait brusquement perdu le courage de lui dire ce qu'il s'apprêtait à révéler, et s'en tirait avec ce mensonge.

Le lendemain, Sôsuke se leva et déjeuna comme d'habitude. Ce retour à la normale semblait avoir légèrement tranquillisé Oyone, et Sôsuke contemplait son visage avec une sorte d'émotion, de joie et de tristesse mêlées pendant qu'elle le servait.

— Tu m'as fait peur hier soir, tu sais. Je me demandais ce que tu avais.

Sôsuke, la tête penchée, continua à boire le thé qu'elle venait de lui verser. Qu'aurait-il pu répondre, en effet ? Aucune parole appropriée ne lui venait à l'esprit.

Ce jour-là, un vent violent s'était mis à souffler dès le matin, soulevant des tourbillons de poussière et arrachant de temps à autre les chapeaux des passants. Sans écouter Oyone qui, inquiète, lui conseillait de se reposer une journée de peur qu'il n'ait de la fièvre, Sôsuke monta dans le tramway comme tous les jours, la nuque raide, le regard fixe, le bruit du vent se mêlant à celui de la voiture. En descendant, le sifflement du vent dans les fils télégraphiques au-dessus de sa tête attira son attention, et il leva les yeux vers le ciel : il y vit briller un soleil plus radieux que jamais, au milieu de la violence des éléments déchaînés. Une rafale de vent passa, lui glaçant les cuisses à travers son pantalon, et Sôsuke la vit clairement poursuivre son chemin jusqu'au fossé de l'autre côté de la rue, en soulevant un tourbillon de sable, comme un rideau de pluie poussé en oblique par la tempête.

Une fois au bureau, il eut du mal à se concentrer sur son travail. Le pinceau dans une main, la joue appuyée sur l'autre, il restait songeur. De temps en temps il frottait son bâton à encre sur la pierre, avec des gestes désordonnés, alors qu'il n'avait pas besoin d'encre. Il fumait des cigarettes à la chaîne, puis, comme s'il venait de se rappeler quelque chose, il regardait au-dehors à travers la vitre, pour n'y voir chaque fois qu'un monde en proie aux rafales du vent. Sa seule pensée était de regagner sa maison au plus vite.

Quand, l'heure enfin venue, il rentra chez lui, Oyone le regarda d'un air inquiet.

— Tu n'as rien ? demanda-t-elle.

Sôsuke fut obligé de répondre que non, il n'avait rien, c'était seulement la fatigue, et il resta sans bouger jusqu'à l'heure du dîner, sous la couverture de la chaufferette. Le vent était tombé au coucher du soleil, un silence de mort contrastant avec le fracas de la journée s'était soudain mis à régner.

— Ah, ça fait du bien que ce vent se soit arrêté. Quand il souffle comme ça toute la journée, je ne sais pourquoi, ça me met mal à l'aise, et même en restant à la maison, je trouve ça insupportable.

Dans le ton d'Oyone, on sentait la peur qu'elle avait du vent, comme s'il s'était agi d'un démon. Sôsuke répondit tranquillement :

— Il fait un peu plus doux ce soir, dirait-on. Il ne fait pas très froid pour un mois de janvier, c'est bien agréable.

Après le dîner, pendant qu'il fumait une cigarette, il fit soudain cette proposition inattendue à sa femme :

— Oyone, si on allait voir un spectacle ?

Oyone, évidemment, n'avait aucune raison de refuser. Koroku déclara qu'il préférait rester tout seul à se faire griller des gâteaux de riz glutineux et à en manger à sa guise plutôt que d'aller au théâtre, les deux époux lui confièrent la garde de la maison et sortirent.

Ils arrivèrent un peu en retard, la salle était déjà pleine. Ils furent placés tout au fond, dans un espace si petit qu'il n'y avait pas place pour un coussin, où ils durent s'accroupir, un genou levé.

— Quel monde, hein !

— C'est sûrement pour fêter la nouvelle année que les gens sortent.

Tout en parlant à voix basse, ils parcouraient du regard la salle emplie de spectateurs serrés les uns contre les autres. Les têtes des gens aux premiers rangs, le plus près de la scène, apparaissaient comme dans un brouillard, voilées par la fumée des cigarettes. Sôsuke se dit que cette masse sombre était composée de personnes qui avaient les moyens de passer une soirée à s'amuser, en allant se divertir au spectacle, et la vue de ces visages l'emplissait de jalousie.

Regardant droit vers la scène, il s'efforçait de se concentrer sur les *joruri*[1] et de les écouter, mais il avait beau essayer, il n'arrivait pas à s'y intéresser. De temps en temps, il détournait les yeux pour observer Oyone à la dérobée. Celle-ci regardait toujours la scène, droit devant elle, et paraissait tellement absorbée par ce qu'elle écoutait qu'elle en oubliait presque la présence de son mari à ses côtés. Sôsuke se vit obligé de compter jusqu'à Oyone dans le nombre de ces gens qu'il jalousait.

Au moment de l'entracte, il lui proposa de rentrer.

— Pourquoi ? Ça ne te plaît pas ? demanda Oyone, fort surprise. Comme Sôsuke ne répondait pas, elle ajouta poliment : « Ça m'est égal », à moitié pour ne pas aller à l'encontre de son mari. Mais celui-ci se rendit compte que ce serait dommage pour elle de s'en aller maintenant, alors que lui-même avait proposé cette sortie, et finalement il se rassit, supportant l'ennui d'assister au spectacle jusqu'à la fin.

De retour chez eux, ils trouvèrent Koroku assis en tailleur près du brasero en train de lire un livre qu'il tenait au-dessus de sa tête, la couverture pliée en deux, sans se soucier d'abîmer la reliure. La bouilloire, décrochée et posée à côté de lui, ne contenait plus que de l'eau tiède. Il restait sur un plat deux ou trois morceaux des gâteaux de riz qu'il avait fait griller. On voyait des traces de sauce de soja au fond d'une soucoupe couverte de motifs en croisillons.

Il se leva et leur demanda s'ils s'étaient bien amusés. Les deux époux restèrent une dizaine de minutes à se réchauffer près du brasero puis allèrent se coucher.

Le lendemain, Sôsuke était toujours aussi anxieux que la veille. Après le bureau, il monta comme d'habitude

---

1. Voir note 1 page 176.

dans le tramway qui le ramenait chez lui, mais en songeant qu'à peu près au même moment Yasui s'apprêtait à entrer en invité chez les Sakai, il trouvait bien déraisonnable de rentrer chez lui à une telle vitesse à seule fin d'approcher son ancien ami. D'un autre côté, il était tenaillé par le désir de constater par lui-même, de l'extérieur, les changements qui avaient dû s'opérer chez Yasui.

L'avant-veille au soir, Sakai avait résumé par le mot « aventurier » la piètre opinion qu'il avait de son frère, et ce mot résonnait encore de toute sa force dans les oreilles de Sôsuke. Il englobait dans ce qualificatif le sens de « désespéré, dévoyé, aigri, haineux, révolté, être sans foi ni loi, tête brûlée, capable de tout » et brossait intérieurement le portrait d'un Yasui de retour de Mandchourie, partageant les mêmes intérêts que ce frère et donc fatalement soumis aux mêmes écueils. Il se représentait évidemment le personnage qu'était devenu Yasui sous les couleurs les plus violentes que pouvait laisser supposer ce terme d'« aventurier ». Il semblait ainsi à Sôsuke que c'était à lui seul qu'incombait l'entière responsabilité de l'état de dépravation dans lequel était tombé cet aventurier issu de son imagination. Tout ce qu'il souhaitait maintenant était d'entrevoir Yasui à son arrivée chez Sakai, afin de vérifier de ses yeux mêmes ce qu'il était devenu, avec l'espoir, pour se consoler, qu'il ne serait peut-être pas tombé aussi bas que le lui dépeignait son imagination.

Il réfléchit pour trouver un endroit propice, près de la maison de Sakai, d'où il pourrait apercevoir ce qui s'y passait sans être vu. Malheureusement il ne lui vint pas la moindre idée de l'endroit où il pourrait bien se cacher. Et s'il avait une chance de voir sans être vu une fois la nuit tombée, l'inconvénient était que l'obscurité l'empêcherait également de distinguer le visage des visiteurs.

Pendant qu'il se faisait ces réflexions, le tramway arriva à Kanda. L'idée de changer de tramway à cet endroit comme d'habitude pour prendre la direction de sa demeure lui parut extrêmement pénible. Dans l'état de nervosité où il se trouvait, il n'aurait pu supporter de faire ne serait-ce qu'un pas de plus pour se rapprocher de l'endroit où Yasui devait se rendre. La curiosité qui le poussait à vouloir épier son ancien ami n'était finalement pas si forte, puisque au moment de ce changement de tramway, il était parvenu à la maîtriser complètement. Comme de nombreux passants, il se mit à arpenter les rues froides. Mais contrairement à tous ces passants, il n'avait aucun but précis. Dans les magasins, les lampes commençaient à s'allumer, les phares des tramways aussi. Sôsuke entra dans un petit restaurant où l'on vendait de la viande de bœuf et se mit à boire du saké. Il en but un flacon comme dans un rêve. Il se força à en avaler un deuxième. Au troisième, il ne se sentait toujours pas ivre.

Le dos appuyé au mur, il fixait le vide devant lui, avec le regard d'un homme livré à la solitude de l'ivresse.

L'heure étant l'heure, de nombreux clients, venus prendre là leur dîner, entraient et sortaient. La plupart d'entre eux, une fois leur appétit satisfait, demandaient la note et ressortaient aussitôt. Sôsuke, silencieux au milieu de cet incessant va-et-vient, finit par s'apercevoir qu'il s'attardait deux ou trois fois plus que les autres clients. Incapable de rester assis plus longtemps, il se leva et sortit.

Les lumières des magasins éclairaient les deux côtés de la rue principale, et l'on pouvait voir distinctement les couleurs des chapeaux et des vêtements des gens qui passaient devant les vitrines. L'éclairage était cependant trop faible pour cette large et froide artère, et c'était la vaste obscurité de la nuit qui triomphait, dédaignant les becs de gaz et les ampoules électriques. Sôsuke avançait, enveloppé d'un manteau de teinte sombre, en harmonie avec ce monde de la nuit. A ce moment, l'air même qu'il respirait lui paraissait d'une couleur de cendre qui se répandait dans ses vaisseaux sanguins jusqu'à ses poumons.

L'idée ne l'effleurait pas ce soir-là d'utiliser l'un de ces tramways qui allaient et venaient en toute hâte devant ses yeux en faisant retentir leurs sonnettes. Il n'essayait même pas de régler ses pas sur ceux des passants qui marchaient vers un but précis. Etre humain coupé de ses racines, il s'interrogeait en secret sur son avenir, l'angoisse étreignait son cœur, pareil à une épave ballottée par les vagues : qu'allait-il devenir si cette situation se prolongeait ? Jusqu'à ce jour, la conviction que le temps guérit toutes les blessures était restée gravée dans son cœur, en vertu de sa propre expérience. Mais l'avant-veille au soir, tout cela s'était effondré.

Marchant ainsi dans la nuit noire, c'était devant son propre cœur qu'il tentait de fuir. Bien vil lui semblait en effet ce cœur, faible, tourmenté, inquiet, instable et manquant par trop de courage. Sous le poids qui oppressait sa poitrine, il ne songeait qu'à trouver un véritable moyen de se délivrer de ses angoisses et il avait complètement exclu de ses pensées la véritable cause dont résultaient ces tourments, à savoir sa propre faute, son propre crime. Il avait perdu toute faculté de penser à autrui, dans sa préoccupation égoïste de lui-même. Jusqu'ici il avait parcouru son chemin en endurant son sort avec patience. Il lui fallait maintenant envisager l'existence de façon plus constructive. Mais la façon d'envisager l'existence n'était pas chose à décrire avec des mots ou à concevoir seulement en esprit : il lui fallait le faire en ouvrant son cœur à sa véritable nature.

Avançant toujours, il se répétait inlassablement les syllabes du mot « religion », mais à peine avait-il prononcé ce mot que l'écho s'en effaçait. Ce mot « religion » était pour lui aussi inconsistant que la fumée qu'on croit saisir dans la main, et qui déjà a disparu avant qu'on la rouvre.

Associé à l'idée de religion lui vint à l'esprit le mot « zen ». Autrefois, quand il était à Kyôto, un de ses camarades était allé au temple Shôkokuji faire une retraite de méditation zen. Il avait ri de ces inepties : « A l'époque où nous vivons !... » avait-il pensé. Ce camarade lui avait paru d'autant plus stupide que sa conduite ne différait par ailleurs en rien de la sienne.

Il se prenait maintenant à penser que les mobiles de son ami pour aller au temple Shôkokuji sans craindre d'y perdre des heures précieuses valaient sans doute bien mieux que le mépris dont lui-même avait fait preuve, et il eut honte de sa légèreté d'alors. Il se dit que si par le pouvoir de la méditation il était possible d'atteindre, comme le prétendait l'ancienne tradition, la paix de l'esprit ou l'Eveil, cela valait la peine d'essayer, quitte à prendre un congé de dix ou vingt jours. Mais il était complètement profane en la matière, aussi ne lui vint-il pas d'idée plus claire.

Lorsqu'il arriva enfin chez lui et retrouva comme d'habitude Oyone, Koroku, la salle à manger, la lampe, la commode, il sentit profondément qu'il était bien le seul à avoir passé les quatre ou cinq dernières heures dans un état d'esprit anormal. Sur le brasero était posée une petite marmite, dont le couvercle laissait s'échapper de la vapeur. Près du brasero était posé son coussin habituel, à la place où il avait l'habitude de s'asseoir, et le plateau de son dîner était dressé avec soin devant ce coussin.

Sôsuke contempla son bol retourné, puis les baguettes de bois dont il avait coutume de se servir depuis deux ou trois ans, et dit à sa femme :

— J'ai déjà mangé.

— Ah, vraiment ? répondit-elle d'un air légèrement contrarié, comme il se faisait tard, je me disais bien que tu avais dû dîner quelque part en ville, mais j'ai laissé ça au cas où...

Tout en parlant elle avait saisi les anses de la marmite à l'aide d'un torchon, et la posa sur un dessous-de-plat. Puis elle appela Kiyo et lui fit remporter le plateau à la cuisine.

Chaque fois que Sôsuke faisait ainsi un détour en sortant du bureau pour une raison quelconque, avant de rentrer chez lui, il racontait sa soirée à Oyone dès son arrivée. Et Oyone, de son côté, n'avait de cesse qu'il ne lui ait tout raconté par le menu. Mais ce soir-là, exceptionnellement, il n'avait aucune envie de lui raconter qu'il était descendu à l'arrêt de Kanda et était entré dans un restaurant de viande de bœuf où il avait bu du saké sans retenue. Mais Oyone, dans l'ignorance de tout cela, désirait naïvement s'entendre raconter comme d'habitude tous les détails de la soirée de son mari.

— Je n'avais aucune raison spéciale pour cela, expliqua Sôsuke, mais arrivé à Kanda, l'envie m'a pris d'aller manger du bœuf, et voilà tout.

— Et tu es ensuite rentré à pied pour avoir le temps de bien digérer ?

— Euh, oui, c'est ça.

Oyone se mit à rire comme si c'était une bonne plaisanterie, ce qui fut plutôt pénible pour Sôsuke. Au bout d'un instant, il demanda :

— Sakai ne m'a pas envoyé chercher pendant mon absence ?

— Non, pourquoi ?

— Parce que, quand je suis allé le voir l'autre soir, il voulait m'inviter à dîner.

— Encore ?

Oyone avait l'air ébahie. Sôsuke arrêta là la conversation et partit se coucher. Des images fulgurantes traversaient son esprit. En ouvrant les yeux de temps à autre, il constatait que la lampe, mise en veilleuse, était posée comme d'habitude sur le *tokonoma*, et qu'Oyone dormait paisiblement. Jusqu'à récemment, c'était lui qui dormait bien, et elle qui avait souffert d'insomnies pendant de nombreuses nuits. Tout en refermant les yeux, Sôsuke se sentait oppressé d'avoir maintenant à son tour à entendre distinctement le tic-tac de la pendule dans la pièce voisine. Elle sonna d'abord plusieurs coups successifs puis il y eut un coup unique, « ding ! », dont l'écho résonna longtemps dans ses tympans, comme la queue d'une comète. Ensuite elle sonna deux coups qui retentirent tristement. Pendant ce laps de temps, Sôsuke prit la résolution d'avoir une vision de la vie plus vaste et plus généreuse, d'une façon ou d'une autre. Quand l'horloge sonna trois heures, il l'entendit à peine, comme à travers une brume. Il n'entendit absolument pas sonner quatre heures, ni cinq, ni six. La seule chose dont il eut conscience, c'était de l'univers qui se gonflait, du ciel qui s'allongeait puis se rétrécissait en formant des vagues, tandis que la terre oscillait dans le firmament comme une balle suspendue à un fil en décrivant un immense arc de cercle. Tout cela n'était qu'un rêve, orchestré par quelque horrible démon. A sept heures, il s'éveilla en sursaut de son cauchemar : Oyone se penchait sur lui, son habituel sourire aux lèvres. Un soleil étincelant avait chassé au loin les ténèbres qui obscurcissaient le monde.

18

Quand Sôsuke franchit la porte du monastère, il était porteur d'une lettre d'introduction qu'il tenait d'une relation d'un de ses collègues. Il s'agissait de quelqu'un qui sortait de la poche de son veston le *Saikontan*[1] pour le lire dans le tramway qui le conduisait au bureau. Sôsuke ne s'intéressait guère à ce genre de chose et ignorait évidemment le contenu d'un tel ouvrage. Il s'était hasardé à lui demander quel était ce livre, un jour où il se trouvait assis à côté de lui dans le tramway. « C'est un livre extraordinaire », avait répondu son collègue en lui montrant la couverture jaune de petit format. Sôsuke demanda alors de quel sujet il traitait, et l'homme, qui apparemment ne trouvait pas de mots plus appropriés pour le lui expliquer en une phrase, eut cette étrange réponse : « C'est un traité zen. » Sôsuke avait retenu cette réponse.

Quatre ou cinq jours avant de recevoir cette lettre d'introduction, il avait approché ce collègue pour lui demander sans autre préambule : « Est-ce que tu pratiques le zen ? » Le collègue en question avait eu l'air

1. Ouvrage chinois de la fin de l'époque Ming, où s'entremêlent confucianisme, taoïsme et bouddhisme.

fort interloqué en voyant le visage tendu de Sôsuke, et lui avait simplement répondu, avant de s'esquiver rapidement : « Pas du tout, je lis ce genre de chose uniquement pour me distraire. » Sôsuke, la lèvre inférieure pendante de déception, avait regagné sa place.

En sortant du bureau ce jour-là, il emprunta par hasard le même tramway que son collègue. Celui-ci avait observé un instant plus tôt la mine piteuse de Sôsuke et avait apparemment discerné dans sa question autre chose qu'une simple tentative d'engager la conversation : il lui parla un peu plus aimablement du sujet qui l'intéressait. Il avoua n'avoir personnellement aucune expérience des pratiques zen, ajoutant que s'il voulait des renseignements plus détaillés, il lui présenterait volontiers quelqu'un de sa connaissance qui se rendait souvent au temple de Kamakura. Dans le tramway, Sôsuke avait noté sur son carnet le nom et l'adresse de cette personne, puis avait fait un détour le lendemain pour lui rendre visite, muni d'une lettre d'introduction rédigée par son collègue, à qui il avait tout de suite demandé de l'écrire, assis à côté de lui dans le tramway.

Il prévint ensuite son bureau qu'il était malade et serait absent une dizaine de jours. Il fit croire à Oyone elle-même qu'il était souffrant.

— Mon cerveau ne fonctionne pas très bien, je vais prendre une semaine de congé pour aller me reposer quelque part.

Comme Oyone, justement, se faisait du souci pour son mari depuis un moment, trouvant que quelque chose avait l'air de ne pas tourner rond, elle fut fort heureuse de le voir prendre une décision si rapide, lui d'ordinaire si hésitant. Une telle soudaineté, cependant, l'étonnait beaucoup.

— Aller te reposer ? Mais où donc ? demanda-t-elle en se retenant pour ne pas ouvrir les yeux tout ronds.

— Je me disais que les environs de Kamakura, ça ne serait pas une mauvaise idée, répondit calmement Sôsuke.

La réputation de snobisme de Kamakura était tellement aux antipodes des goûts habituellement simples de son mari que le rapprochement soudain des deux produisait un effet plutôt comique : Oyone ne put réprimer un sourire.

— Eh bien, mais tu es riche, alors ! Tu pourrais m'emmener avec toi ?

Sôsuke n'était pas d'humeur à goûter la plaisanterie de son épouse supposée aimante et compréhensive. Il prit son air le plus sérieux pour lui expliquer :

— Je n'ai pas l'intention d'aller dans un endroit luxueux. Je vais simplement demander l'hospitalité à un temple zen, et essayer de me reposer les méninges pendant huit ou dix jours. Je ne sais pas si l'effet m'en sera bénéfique, mais j'entends dire par tout le monde qu'un séjour à l'air pur est un excellent changement pour l'esprit.

— Dans ce cas, c'est différent. Vas-y, je t'en prie. Tu sais, tout à l'heure, je plaisantais.

Oyone était légèrement ennuyée de s'être moquée de son excellent époux. Sôsuke se procura dès le lendemain une lettre d'introduction pour le temple, et, celle-ci en poche, s'en alla prendre le train à la gare de Shimbashi.

Sur l'enveloppe de la lettre était inscrite l'adresse d'un certain « Monsieur Shaku Gidô ».

— Jusqu'à ces derniers temps, il était novice, mais j'ai appris qu'il occupait récemment une ancienne chapelle remise en état qui se trouve à côté du temple secondaire. Qu'en dites-vous ? De toute façon, vous pourrez vous renseigner en arrivant. La chapelle s'appelle Issô-an, si je me souviens bien, lui avait expliqué l'auteur de la lettre tout en la rédigeant.

Sôsuke l'avait remercié, avait pris la lettre puis était rentré chez lui, non sans avoir demandé des explications sur les termes « novice » et « temple secondaire », tout à fait nouveaux pour lui.

Une fois passé le portail principal du temple, le chemin était tout obscurci par deux rangées de grands cèdres qui obstruaient le ciel. Dès qu'il accéda à cette atmosphère sombre, Sôsuke se rendit compte de la différence entre les milieux mondains et les lieux voués à la contemplation. Debout dans l'entrée de cette paisible enceinte, il éprouva une espèce de frisson, comparable à celui qui annonce un début de grippe.

Il commença par avancer droit devant lui. Il apercevait çà et là, sur sa droite et sa gauche, et même devant lui, des constructions qui semblaient être des sanctuaires ou des oratoires. On n'y voyait aucune allée et venue, ces lieux délabrés paraissaient abandonnés. Sôsuke s'arrêta au beau milieu du chemin et tourna ses regards dans les quatre directions, se demandant à qui il pourrait bien demander où se trouvait Gidô.

Le temple était construit tout au fond, au sommet d'une colline haute d'une centaine de mètres, derrière lui se dressait un écran de verdure. Des deux côtés du chemin, c'était une succession d'ondulations, de collines et de petits monts, sans aucune surface plane visible. On accédait aux sommets par des escaliers de pierre, menant à de hauts portails qui paraissaient être des entrées de temple. Sôsuke passa devant deux ou trois de ces portails. Il y en avait de nombreux autres, disséminés çà et là, posés sur les sommets plats et entourés de clôtures. En s'approchant, il s'aperçut que chacun portait un nom, inscrit sur un tableau placé sous sa couverture de tuiles : « Sanctuaire de... », « Chapelle de... », etc. Sôsuke alla déchiffrer deux ou trois de ces vieux tableaux aux caractères décorés. Ce faisant, l'idée lui vint que le plus commode était encore de chercher au hasard le nom « Issô-an ». S'il ne trouvait pas le destinataire de sa lettre d'introduction, il pourrait toujours aller se renseigner plus loin. Il revint alors sur ses pas pour examiner un à un les portails des sanctuaires, et découvrit le Issô-an en haut d'un haut escalier de pierre, juste à droite après l'entrée principale du monastère. Situé sur une colline à l'écart, bien exposé au soleil, avec un large espace dégagé devant l'entrée de l'édifice, ce lieu paraissait choisi pour se protéger des rigueurs de l'hiver, au cœur de la montagne sise derrière comme pour le réchauffer. Sôsuke franchit le vestibule, traversa une cuisine et mit le pied dans une pièce au sol de terre battue. Il arriva devant des cloisons de papier, d'où l'on accédait à la partie surélevée, couverte de nattes, du bâtiment. « S'il vous plaît ! » appela-t-il deux ou trois fois. Comme personne ne daignait apparaître, il resta là et risqua un coup d'œil à l'intérieur. Mais il eut beau attendre, il n'entendit pas le moindre bruit. Trouvant cela bizarre, il repassa par la cuisine, se retrouva à nouveau devant le portail de l'entrée. A ce moment-là, il aperçut le crâne rasé luisant de reflets bleutés d'un bonze qui commençait à gravir l'escalier de pierre d'en bas. C'était un jeune homme au teint pâle, qui ne devait pas avoir plus de vingt-quatre ou vingt-cinq ans. Sôsuke l'attendit devant les battants du portail.

— Pourriez-vous me dire où je pourrais trouver M. Gidô ?

— C'est moi-même, répondit le jeune moine.

Sa première surprise passée, Sôsuke se sentit tout heureux. Il sortit aussitôt de sa poche la lettre de recommandation, la remit au moine, qui la décacheta et la lut séance tenante. Puis il la replia et la remit dans son enveloppe.

— Vous êtes le bienvenu, dit-il à Sôsuke.

Il le salua poliment et passa devant lui pour lui montrer le chemin. Tous deux enlevèrent leurs socques de bois dans la cuisine, puis ouvrirent les cloisons et entrèrent dans la pièce principale. Au centre de la pièce se trouvait un âtre immense creusé à même le sol. Gidô enleva puis suspendit à un clou le mince surplis de toile grossière qu'il portait sur son kimono de coton.

— Vous devez avoir froid, dit-il, se mettant en devoir d'extraire de sous les cendres les braises qui y étaient enfouies.

Ce bonze avait une manière calme de parler qui n'était pas en accord avec son jeune âge. Sôsuke trouvait tout à fait efféminée sa façon de sourire doucement après avoir répondu à voix basse. Au fond de lui, il se demandait quelles circonstances avaient bien pu pousser un si jeune homme à se faire raser le crâne, et un je-ne-sais-quoi de gracieux dans ses manières éveillait sa compassion.

— Tout a l'air très calme ici. Est-ce que tout le monde est sorti aujourd'hui ?

— Non, c'est tous les jours comme ça, j'habite seul ici. C'est pourquoi, quand je dois m'absenter, je laisse tout grand ouvert. Tout à l'heure je suis sorti un instant, j'avais à faire en bas. C'était vraiment bien impoli de ma part de ne pas être là alors que vous avez pris la peine de vous déplacer.

Gidô s'excusait formellement de son absence au

moment de l'arrivée de ce visiteur lointain. Sôsuke lui exprima en retour sa gêne à l'idée de lui donner un surcroît de travail en nécessitant ses soins, alors qu'il devait déjà être bien fatigant de s'occuper seul d'une si grande chapelle. Gidô lui fit une réponse édifiante.

Il donna alors à Sôsuke des explications générales sur la pratique de la méditation zen : la façon dont le Maître donnait à son disciple un *kô-an* [1], la façon dont le disciple devait mâcher et remâcher sans relâche ce *kô-an*, l'intégrer à son esprit jusqu'à le garder présent matin, midi et soir, bref toutes sortes de recommandations pour l'instant peu rassurantes aux yeux de Sôsuke. Après quoi, Gidô se leva et lui dit :

— Je vais vous guider jusqu'à votre chambre.

Ils sortirent de la pièce au centre de laquelle se trouvait l'âtre, et, longeant le corps principal du bâtiment, Gidô le conduisit jusqu'à une pièce de six nattes isolée, où il le fit entrer en ouvrant les cloisons qui donnaient sur la véranda. Sôsuke eut alors pour la première fois l'impression d'être seul dans un lieu écarté. Cependant, peut-être par réaction vis-à-vis de cet environnement calme et froid, son esprit était encore plus agité qu'à Tôkyô. Au bout d'une heure environ, il entendit de nouveau résonner les pas de Gidô, venant de la salle principale.

— Le Maître souhaite faire votre connaissance. Si cela vous convient, je vous emmène auprès de lui, dit-il, poliment agenouillé sur les nattes.

Tous deux sortirent ensemble, laissant la chapelle vide. Après avoir parcouru une centaine de mètres sur

---

1. Sujet de méditation, sous la forme d'une phrase généralement énigmatique, sur lequel le pratiquant doit méditer pendant de longues périodes.

le chemin qui partait de l'entrée principale du temple, ils arrivèrent près d'un étang de lotus situé sur la gauche. A cause du froid, les eaux de l'étang étaient légèrement troubles, ce qui suffisait à leur enlever tout caractère de pureté symbolique. On apercevait là, donnant sur l'étang et bordée de l'autre côté par un escarpement pierreux, une pièce garnie de nattes, avec une balustrade le long de la véranda, dont l'aspect élégant évoquait une peinture à l'encre de Chine.

— C'est là que réside le Maître, dit Gidô en désignant du doigt le bâtiment relativement neuf.

Tous deux passèrent devant l'étang, gravirent cinq ou six degrés de pierre, et une fois sous le toit imposant de la façade, tournèrent à gauche. Devant la porte d'entrée, Gidô le pria d'attendre un instant et fit le tour par une porte de derrière. Il reparut bientôt et invita Sôsuke à entrer, pour le conduire jusqu'à la pièce où se trouvait le Maître.

Celui-ci était âgé d'une cinquantaine d'années. Il avait le teint brillant ; la peau et les muscles de son visage rouge sombre avaient une apparence d'absolue fermeté, sans la moindre trace de mollesse. L'impression d'une statue de bronze se grava dans le cœur de Sôsuke. Seules des lèvres trop épaisses adoucissaient sa physionomie. Ses yeux, en revanche, brillaient d'un éclat que l'on observe rarement dans le regard d'un être ordinaire. La première fois que ce regard toucha Sôsuke, il eut l'impression de voir briller dans l'obscurité le reflet d'une lame d'acier.

— Par où l'on commence n'a guère d'importance, dit-il en se tournant vers Sôsuke. Méditez par exemple sur cette phrase : « Quel est l'état d'avant la naissance du père et de la mère ? »

Sôsuke ne saisissait pas très bien ce que pouvait signifier « avant la naissance du père et de la mère », mais il supposa que cela voulait dire : « Qui êtes-vous réellement ? Tâchez de concevoir la nature primordiale de votre être. » Il se sentait trop pauvre en connaissances sur ce qu'était le zen pour oser en demander davantage, aussi s'en retourna-t-il, sans mot dire, au Issô-an en compagnie de Gidô.

Pendant le dîner, le bonze expliqua à Sôsuke qu'il y avait deux offices au temple, un le matin et un le soir, et que les enseignements avaient lieu avant midi.

— Je ne vous demanderai pas de commencer vos pratiques ce soir, car vous ne pourriez sans doute pas les faire correctement, mais je vous expliquerai tout cela demain matin ou demain soir, lui dit-il gentiment. Puis il lui conseilla de faire brûler des bâtonnets d'encens pour mesurer la durée des sessions de méditation, et de se reposer ainsi régulièrement, car il était pénible au début de rester longtemps assis sans bouger.

Sôsuke prit les bâtonnets d'encens, traversa la salle principale pour regagner sa chambre et s'assit sans conviction. Il ne pouvait s'empêcher de se dire que tous ces sujets de *kô-an* étaient bien trop éloignés de sa condition présente. Pour l'instant, il avait mal au ventre. Mais quand il alla se plaindre de ces douleurs au ventre, ô surprise ! on lui recommanda en guise de traitement de se poser un problème compliqué d'arithmétique, ce qui lui ferait le plus grand bien. Puisqu'on lui disait de méditer, il voulait bien méditer, mais il était pour lui impensable de commencer avant que ses douleurs ne soient calmées.

D'un autre côté, il avait pris un congé spécialement pour venir ici et ne pouvait donc se conduire de façon trop inconséquente, que ce soit en considération de la personne qui avait écrit la lettre de recommandation ou de Gîdô qui se donnait le plus grand mal pour lui. S'armant de tout le courage que lui permettait son état actuel, il décida de faire face au *kô-an.* Où cela le mènerait-il, quel bien en retirerait-il pour son esprit, il l'ignorait. Abusé par la beauté du mot « illumination », il s'était engagé dans une aventure qui ne convenait guère à sa petite vie ordinaire. Mais, si par hasard cette aventure se voyait couronnée de succès, ne pourrait-il pas échapper enfin à son état de faiblesse et d'incertitude ? Tel était le vain espoir qui le soutenait dans son entreprise.

Laissant un bâton d'encens se consumer dans les cendres refroidies du brasero, il s'assit, comme on le lui avait enseigné, en position de demi-lotus.

Cette chambre, qui ne lui avait pas semblé tellement froide dans la journée, devint soudain glaciale après le coucher du soleil. Dans la position où il était assis, la basse température lui était si pénible qu'il en avait des frissons dans le dos.

Il médita. Mais aussi bien la direction selon laquelle mener sa méditation que la véritable nature de l'objet de sa méditation étaient pour lui choses trop abstraites pour pouvoir s'en saisir. Tout en méditant, il se demandait s'il ne se livrait pas là à d'ineptes singeries. Ce qu'il était en train de faire lui paraissait encore plus hors de propos que de sortir un plan détaillé et rechercher minutieusement les noms de rues et de quartiers au moment d'un incendie.

De nombreuses pensées traversaient son esprit. Elles apparaissaient les unes après les autres, claires ou imprécises, comme des nuages changeants. Il ne savait ni d'où elles venaient, ni où elles allaient. Simplement, dès que l'une s'effaçait, une autre apparaissait. Elles se succédaient sans répit. Illimitées, innombrables, inépuisables étaient ces pensées qui circulaient à l'intérieur de sa tête ; il ne pouvait ni les arrêter, ni même les interrompre un instant de sa propre volonté, et plus il cherchait à les arrêter, plus elles jaillissaient, intarissablement.

Effrayé, Sôsuke voulut retrouver son moi ordinaire, et fit des yeux le tour de la chambre. Celle-ci, faiblement éclairée, baignait dans une semi-obscurité. Le bâton d'encens planté dans les cendres du brasero n'était encore qu'à moitié consumé. Pour la première fois, Sôsuke prit conscience de l'effrayante lenteur avec laquelle le temps s'écoulait.

Il se remit à méditer. Aussitôt, des pensées, des formes et des couleurs traversèrent à nouveau son esprit. Elles allaient, grouillant comme des fourmis en marche, apparaissant sans cesse les unes après les autres, comme des colonnes de fourmis. Seul son corps était immobile. Son esprit, lui, se mouvait sans cesse, au point que c'en était pénible, douloureux, intolérable.

Puis, à force de rester immobile, ses genoux commencèrent à lui faire mal. Sa colonne vertébrale, qu'il avait maintenue droite, se mit petit à petit à se courber vers l'avant. Il saisit le dessus de son pied gauche à deux mains et le reposa à terre. Il se leva, sans intention particulière. Il avait envie d'ouvrir les cloisons, de sortir et de se mettre à courir en rond devant la porte du temple. Devant une nuit si profonde, on ne pouvait imaginer qu'il y eût des êtres alentour, endormis ou veillant. Sôsuke n'eut pas le courage de sortir. Mais l'idée d'être à nouveau tourmenté par les délires de son imagination, dans l'immobilité glaciale, le terrifiait plus encore.

Il se décida pourtant à allumer un nouveau bâton d'encens, et repassa par les mêmes expériences que précédemment. Il en arriva au raisonnement suivant : si l'important était de méditer, on pouvait aussi bien méditer couché qu'assis. Il étendit donc sur les nattes le matelas et les couvertures d'une propreté douteuse pliées dans un coin de la chambre, et se glissa dedans. Mais comme il était déjà accablé de fatigue depuis un bon moment, il sombra dans un sommeil profond avant d'avoir eu le temps de méditer sur quoi que ce soit.

Quand il ouvrit les yeux, les cloisons au pied de son lit étaient déjà claires, un reflet sur le papier blanc indiquait l'approche des premiers rayons du soleil. Dans ce temple de montagne où l'on pouvait s'absenter de jour sans laisser personne pour le garder, la nuit venue, on n'entendait pas non plus le bruit des volets que l'on ferme. Dès que Sôsuke se fut rendu compte que ce n'était pas dans la pièce sombre sous le talus des Sakai qu'il avait dormi, il se leva. Il sortit sur la véranda, où son regard tomba sur un grand plant de cactus. Il passa à nouveau devant l'autel de la pièce principale, puis dans la salle de séjour. Le surplis de Gidô était pendu à un clou comme la veille, et le propriétaire du vêtement était accroupi devant le fourneau, où il allumait du feu.

— Bonjour, dit-il poliment à Sôsuke dès qu'il l'aperçut. Je suis passé vous chercher tout à l'heure pour les pratiques matinales, mais vous dormiez si bien que j'y suis allé seul, je m'en excuse.

Sôsuke apprit ainsi que le jeune moine avait accompli dès l'aube ses dévotions, avant de rentrer préparer le petit déjeuner.

En le regardant, il s'aperçut que, tandis qu'il ajoutait du charbon de bois au feu de la main gauche, il tenait dans la droite un livre à couverture noire, qu'il lisait par intervalles au cours de sa besogne. Il lui demanda le titre de cet ouvrage. Il répondait au nom rébarbatif de *Traité des murs et des roches.* Sôsuke se dit que plutôt que de se torturer l'esprit comme la veille en s'absorbant dans une méditation qui ne le menait nulle part, emprunter un ouvrage traitant de cette doctrine et le lire serait peut-être un moyen plus rapide d'obtenir des éclaircissements. Gidô réfuta sans hésiter cette idée.

— Lire des livres est extrêmement néfaste. Rien ne peut faire davantage obstacle à la pratique que la lecture des textes. Je lis des ouvrages de ce genre, c'est vrai, mais dès que j'arriverai à un passage qui dépasse le niveau où j'en suis moi-même, je n'y comprendrai absolument rien. Si on prend l'habitude d'essayer d'interpréter soi-même les textes, cela devient un obstacle important à la méditation, car si l'on essaie d'entrevoir un niveau de réalisation supérieur au sien, ou que l'on s'attend à une illumination imminente, on a tendance à se décourager, et il y a une baisse d'énergie. Il vaut donc mieux essayer d'éviter ce genre d'effet pernicieux. Si votre désir de lecture est vraiment puissant, je vous conseille plutôt des livres comme le *Zenkan zakushin* (« Encouragement aux pratiques du zen »), qui exaltent le courage et dont la lecture ne peut que faciliter la pratique des novices, mais qui n'ont en fait rien à voir avec la Doctrine elle-même.

Sôsuke ne comprenait pas très bien ce que Gidô voulait dire. Debout devant le jeune bonze au crâne bleuté, il avait l'impression d'être un enfant arriéré. Toute trace de présomption avait déjà disparu de son cœur depuis les jours de Kyôto, et il avait vécu jusqu'à aujourd'hui dans la banalité. Le désir de renommée était on ne peut plus éloigné de son esprit. Il se tenait devant Gidô simplement tel qu'il était. Mais il se voyait obligé de reconnaître qu'il n'était, en outre, qu'un bébé totalement impuissant et dénué de toute intelligence, plus encore que d'ordinaire. C'était pour lui une nouvelle découverte, une découverte de nature à extirper de son cœur les racines du sentiment d'importance que l'on accorde à son ego.

Pendant que le moine éteignait le fourneau et laissait mijoter le riz, Sôsuke descendit de la cuisine dans le jardin, se lava le visage près de la margelle du puits. Juste sous ses yeux, il y avait la montagne, couverte de différentes espèces d'arbres, au pied de laquelle une petite parcelle plate avait été défrichée pour faire un jardin potager. Sôsuke, exposant sa tête humide à l'air froid, descendit jusqu'à ce potager. Là il découvrit une grande cavité creusée perpendiculairement au talus. Il resta un long moment devant elle, à en scruter la profondeur obscure, puis retourna à la salle de séjour. Un feu vif brûlait dans l'âtre, on entendait l'eau frémir dans la bouilloire suspendue au-dessus.

— Comme je n'ai personne pour m'aider, je me suis mis en retard, je suis désolé. Je vais vous servir votre plateau tout de suite. Mais, étant donné le lieu où nous sommes, je n'ai pas grand-chose à vous offrir, cela m'ennuie beaucoup. En échange, demain, je vous régalerai d'un bon bain chaud, lui expliqua le bonze.

Sôsuke, reconnaissant, s'assit devant l'âtre. Son repas rapidement terminé, il rentra dans sa chambre, plaça à nouveau devant ses yeux cet étrange sujet de méditation : « Avant la naissance du père et de la mère... », et le contempla, immobile. Mais comme il n'y avait là, fondamentalement, aucune logique, il ne trouvait aucune possibilité de développement, et il avait beau réfléchir, il ne savait pas par quel bout prendre le problème, si bien que la méditation lui devint tout de suite désagréable. Il se rappela soudain qu'il devait écrire à Oyone pour lui donner de ses nouvelles. Tout heureux d'avoir trouvé une occupation normale, il sortit de sa valise un rouleau de papier à lettres, une enveloppe et se mit à rédiger une lettre à sa femme. Il lui décrivit successivement le calme du lieu, la douceur du climat en comparaison de Tôkyô, sans doute à cause de la proximité de la mer, la pureté de l'air, la gentillesse du moine à qui on l'avait recommandé, la médiocrité des repas, la propreté douteuse de la literie. Comme sa lettre s'allongeait jusqu'à occuper presque un mètre du rouleau, il finit par reposer son pinceau, passant complètement sous silence les tourments que lui causait le *kô-an,* le mal aux genoux dû à la posture de méditation, ainsi que l'aggravation de sa neurasthénie qui lui semblait résulter de cette pratique. Il colla un timbre sur l'enveloppe et, prenant pour prétexte qu'il devait aller la poster, descendit du temple en toute hâte. Puis, avec dans la tête le poids menaçant des pensées d'« avant la naissance du père et de la mère », d'Oyone et de Yasui, il erra quelque temps dans le village, puis rentra.

A midi, il rencontra l'adepte dont Gidô lui avait parlé. Celui-ci tendit son bol de riz au bonze pour le faire remplir sans la moindre formule de politesse, se contentant de joindre les mains pour le remercier, ou s'exprimant par signes. Quand on lui eut dit que la règle était d'accomplir tout acte en silence dans ce lieu voué à la paix, dans l'esprit de faire le moins de bruit possible afin de ne pas gêner la méditation d'autrui, Sôsuke se sentit honteux de sa conduite depuis la veille au soir, par rapport à une pratique que d'autres respectaient si sérieusement.

Après le repas, tous trois bavardèrent un instant autour de l'âtre. Le novice raconta qu'il lui arrivait de s'endormir pendant sa méditation puis de se réveiller brusquement tout joyeux, croyant avoir atteint l'illumination.

Mais une fois qu'il avait les yeux bien ouverts, il était tout déçu de se retrouver pareil à lui-même. Ce récit fit rire Sôsuke. Voir que certains envisageaient la pratique avec une telle aisance d'esprit le rassurait un peu. Mais au moment où ils allaient se séparer, Gidô lui proposa fort sérieusement :

— Je viendrai vous chercher ce soir pour la pratique, mais il vous faut rester assis sans bouger à partir de maintenant jusqu'à la fin de la journée.

Sôsuke sentit à nouveau le poids d'une responsabilité. Il rentra oppressé dans sa chambre, comme si une boulette de riz trop dure pour être digérée lui était restée sur l'estomac. Il alluma à nouveau de l'encens et s'assit en posture de méditation. Evidemment, il ne put tenir ainsi jusqu'au soir. Tout en se disant qu'il lui fallait préparer une quelconque réponse à l'énigme proposée, il finit, à bout de patience, par ne plus avoir qu'une pensée en tête : que Gidô traverse bientôt la salle du temple pour venir lui annoncer que le dîner était prêt.

Tandis qu'il était en proie à ces tourments et à ces perplexités, le soleil déclinait. Ses derniers reflets sur les cloisons de papier s'éloignaient peu à peu, tandis que l'air froid du temple commençait à pénétrer sous le plancher. Depuis le matin, pas un souffle de vent n'avait agité les branches des arbres. Sôsuke sortit sur la véranda, leva les yeux vers le haut toit de la chapelle et aperçut, au-dessus de la longue rangée sombre que formaient les tuiles alignées au bord du toit, un ciel paisible qui perdait peu à peu de son intensité, comme s'il résorbait toute sa lumière bleue au fond de lui-même.

19

— Attention, c'est dangereux, disait Gidô en descendant l'escalier tout sombre devant Sôsuke.

Celui-ci restait sur ses talons. Ici, ce n'était pas comme en ville, dès qu'il faisait nuit, on risquait de trébucher, aussi Gidô s'était-il muni d'une lanterne pour éclairer la centaine de mètres qu'ils avaient à parcourir. En bas des marches, ils se retrouvèrent sous la voûte des grands arbres qui cachaient le ciel au-dessus de leurs têtes. La vue de leur feuillage vert dans les ténèbres donna à Sôsuke un frisson glacial, cette couleur lui semblait s'infiltrer à travers le tissu de leurs vêtements et même se refléter légèrement sur la lumière de la lanterne. Cette lanterne paraissait minuscule, en comparaison des troncs immenses des arbres. Elle éclairait faiblement le sol à peine à un mètre devant eux, et cette tache de lumière grise paraissait tombée par hasard au beau milieu des ténèbres, où elle avançait, accompagnant leurs deux silhouettes.

La montée à gauche après l'étang aux lotus fut un peu difficile pour Sôsuke, qui venait là de nuit pour la première fois. Ses semelles de bois se prirent une ou deux fois dans les pierres enracinées dans la terre. Il y avait bien un raccourci qui coupait à angle droit devant l'étang, mais il était très accidenté et, le jugeant peu commode pour Sôsuke qui n'avait pas l'habitude des lieux, Gidô avait choisi de passer par le sentier le plus large.

Quand ils arrivèrent dans l'entrée, de nombreux socques de bois étaient déjà alignés sur le carré de terre battue. Sôsuke se pencha pour gravir la marche menant à l'intérieur du temple, prenant soin de ne pas marcher sur des chaussures. Il entra dans une pièce d'une superficie de huit nattes. Six ou sept hommes étaient alignés sur un seul rang le long du mur, on voyait briller les crânes rasés des moines, revêtus de surplis noirs, mais la plupart des autres portaient de larges pantalons de cérémonie. Ces six ou sept personnages étaient alignés à angle droit le long du mur, dans un parfait silence, avec l'attitude de rigueur, laissant un espace libre devant le couloir d'accès aux appartements du fond.

En jetant un coup d'œil sur leurs physionomies, Sôsuke fut d'abord frappé par la sévérité de leur expression. Leurs bouches hermétiquement closes, leurs sourcils froncés ne laissaient présager rien de bon. Ils ne se retournaient même pas pour regarder qui se trouvait à leur côté, et ne prêtaient pas la moindre attention à ceux qui entraient. Telles de vivantes statues, ils étaient assis, silencieux et immobiles, dans cette pièce qu'aucun feu ne réchauffait. Une impression d'imposante solennité venait se superposer pour Sôsuke à celle de la froideur glaciale qui régnait dans le temple.

Bientôt, un bruit de pas traversa le morne silence. D'abord faibles, puis résonnant graduellement plus fort sur le plancher, ils se rapprochèrent de l'endroit où Sôsuke était assis. Finalement, un bonze apparut à l'entrée du couloir, puis il passa à côté de Sôsuke et disparut sans mot dire dans l'obscurité du dehors. Ensuite résonna au loin, venant des appartements du fond, un bruit de clochette.

A ce moment, un des personnages à l'attitude sévère alignés avec Sôsuke, vêtu d'un *hakama*[1], se leva, toujours en silence, et vint s'asseoir à un des coins de la pièce, juste en face du couloir d'accès aux appartements intérieurs. Là, dans un cadre en bois de soixante centimètres de haut sur trente de large environ, se trouvait un objet de la forme d'un gong, d'apparence plus lourde et plus épaisse qu'un gong normal. La faible lueur de la lampe lui donnait des reflets blêmes. L'homme en *hakama* saisit le maillet posé sur le cadre et en frappa deux coups sur cette espèce de gong. Puis il se leva, emprunta le couloir et disparut dans le fond. Cette fois, à l'inverse de tout à l'heure, le bruit de pas s'éloigna progressivement, faiblit, puis cessa brusquement, comme si l'homme s'était arrêté quelque part. Cela fit sursauter Sôsuke, toujours assis, qui tenta d'imaginer ce qui avait bien pu arriver à l'homme en *hakama*. L'intérieur du temple avait retrouvé un silence absolu. Pas un muscle n'avait tressailli sur le visage des gens alignés à côté de Sôsuke. Lui seul s'attendait à voir arriver quelque apparition du fond du temple, quand retentit à nouveau à ses oreilles le bruit d'une clochette qu'on agitait. En même temps un bruit de pas qui se rapprochaient se fit entendre à l'intérieur du long couloir. L'homme en *hakama* réapparut à l'entrée du couloir, descendit sans un mot dans le vestibule et disparut dans le givre du dehors. Un autre se leva alors à sa place, alla frapper le gong, puis s'enfonça lui aussi vers l'intérieur, ses pas résonnant le long du couloir. Après avoir observé ce manège qui se déroulait dans le plus grand

1. Large pantalon traditionnel de cérémonie.

silence, Sôsuke, les mains sur les genoux, attendit son tour.

Il ne restait plus qu'une personne à passer avant lui, et celui dont c'était le tour s'était levé depuis un moment, quand il entendit un grand cri en provenance des appartements du fond. La distance était assez grande, si bien que ce cri ne retentit pas aussi fort que si on lui avait crié dans les tympans, mais il était sans doute aucun poussé par une seule personne, et celle-ci avait sûrement hurlé de toutes ses forces. Quand l'homme qui était juste à côté de lui se leva, Sôsuke perdit tous ses moyens, tremblant à l'idée que le prochain tour était le sien.

Il avait préparé sa réponse au *kô-an* qui lui avait été donné l'autre jour. Ce n'était qu'un petit commentaire manquant de clarté et de consistance, mais du moment qu'il était entré dans cette pièce, il se devait de répondre quelque chose et de faire preuve d'un minimum d'entendement : il était obligé de prétendre avoir saisi quelque chose à quoi il n'avait en fait rien compris. Il savait bien qu'il n'avait aucune chance de passer ce cap difficile, avec son pauvre commentaire, et il n'avait bien évidemment aucune intention de duper le Maître, car il avait à ce moment-là commencé à prendre les choses bien plus au sérieux qu'avant. Il était seulement honteux de la marchandise trompeuse issue de son cerveau qu'il se voyait contraint d'apporter dans cette pièce, comme s'il n'avait à offrir qu'une image peinte au lieu d'un véritable gâteau de riz.

Comme les autres, Sôsuke fit résonner le gong. Mais tout en frappant, il avait conscience de n'avoir acquis aucune des capacités qui lui donnaient le droit de faire résonner ce gong à l'aide du maillet de bois. Il se haïssait profondément, se voyant comme un singe qui accomplirait ce geste simplement par esprit d'imitation.

Terrorisé par sa propre faiblesse, il franchit l'entrée et commença à avancer le long du couloir glacé. Le passage était fort long, sur la droite s'ouvraient des pièces obscures. Après deux tournants, il parvint devant une cloison de papier derrière laquelle brillait une lumière. Sôsuke avança jusqu'à l'entrée de la pièce et s'arrêta.

La règle voulait qu'en entrant on se prosterne trois fois devant le Maître. Il fallait pour cela baisser la tête presque jusqu'aux nattes, comme pour faire une courbette à genoux ordinaire, mais en même temps il fallait ouvrir les paumes vers le ciel, en les élevant à hauteur des oreilles, un peu comme pour soutenir un objet. Sôsuke s'agenouilla et accomplit la première des prosternations rituelles. Un avertissement lui parvint alors de l'intérieur de la pièce :

— Une fois suffit.

Il s'en tint donc là et entra.

La pièce baignait dans une semi-obscurité. La lumière de la lampe était si faible qu'on n'aurait pu déchiffrer les caractères d'un livre, si gros fussent-ils. Sôsuke fit appel à toute son expérience, mais ne put se rappeler une seule personne au monde capable de se contenter, pour s'éclairer la nuit, d'une lumière si ténue. Bien sûr cette lumière était quand même plus forte que celle de la lune, et n'en avait pas la teinte blême. Elle était pourtant, plus encore que la lune, d'une nature qui se rapprochait des frontières des ténèbres.

A la faveur de cette paisible et falote lumière, Sôsuke reconnut, à une distance d'environ un mètre cinquante de lui, la présence de celui que Gidô appelait le « Maître ». Son visage était comme à l'habitude aussi rigide que celui d'une statue de bronze, dont il avait aussi la couleur. Tout son corps était recouvert d'un surplis qui tenait du brun rougeâtre, du kaki et de la couleur du thé. On ne voyait ni ses mains ni ses pieds : seuls son cou et son visage apparaissaient. Son visage était figé dans une expression de gravité et de tension extrêmes, donnant l'impression qu'on pouvait attendre éternellement devant lui, sans crainte de le voir jamais changer. On ne voyait pas l'ombre d'un cheveu sur son crâne parfaitement lisse.

Sôsuke s'assit sans force devant lui, et le discours qu'il avait préparé se trouva épuisé en une phrase.

— Il faut venir ici avec quelque chose de plus consistant, lui fit aussitôt remarquer le Maître. N'importe qui, pour peu qu'il ait un peu étudié, aurait pu m'en dire autant.

Sôsuke, penaud comme un chien qui a perdu son maître, se retira, tandis que la sonnette, violemment agitée, retentissait derrière lui.

20

— Monsieur Nonaka, monsieur Nonaka !

L'appel retentit deux fois derrière les cloisons.

Dans un demi-sommeil, Sôsuke fit une tentative pour répondre, mais il avait déjà perdu conscience avant d'avoir pu articuler un mot, et sombra à nouveau dans un profond sommeil.

Quand il se réveilla pour la deuxième fois, il se leva d'un bond. Il sortit sur la véranda et y trouva Gidô, les manches de son kimono gris relevées et retenues par une cordelette, en train de frotter le sol avec entrain. Tout en tordant son chiffon humide de ses mains rougies et engourdies par le froid, il salua Sôsuke avec son expression aimable habituelle : « Bonjour ! » Ce matin encore, il avait déjà accompli ses dévotions au temple et faisait maintenant le ménage dans la chapelle. Se rendant compte de la paresse dont il avait fait preuve en ne se levant pas au moment où il l'appelait, Sôsuke se fit des réflexions on ne peut plus négatives sur son compte.

— Une fois de plus, je me suis montré impoli en dormant si longtemps, dit-il.

Puis il sortit furtivement par la porte de la cuisine et se rendit au puits. Il se débarbouilla rapidement le visage à l'eau froide. Sa barbe avait tellement poussé que ses joues rudes lui piquaient les mains, mais son état d'esprit actuel ne lui laissait pas le loisir de s'en préoccuper : il était occupé à se comparer mentalement à Gidô.

D'après ce que lui avait dit l'auteur de la lettre d'introduction à Tôkyô, ce Gidô était un jeune moine extrêmement doué, qui avait déjà atteint grâce à ses pratiques un niveau de réalisation élevé, mais quand il l'avait rencontré, il avait pourtant montré autant de révérence envers lui, Sôsuke, que s'il n'était qu'un jeune domestique illettré au lieu d'un moine érudit. A le voir ainsi travailler, les manches relevées, on ne pouvait se douter qu'il était le chef indépendant d'une des chapelles du temple. On aurait plutôt dit un novice ou un moine subalterne.

Tout jeune qu'il était, quand il s'était présenté pour la première fois au temple pour y accomplir une retraite – simple laïc, il n'était à l'époque pas encore entré en religion –, il était resté assis pendant sept jours consécutifs en posture de méditation, parfaitement immobile. A la fin, il avait si mal aux jambes qu'il ne pouvait plus tenir debout et arrivait à peine à se traîner en s'appuyant aux murs quand il devait se lever pour aller aux toilettes. A l'époque il exerçait le métier de sculpteur. Quand il réalisa la nature véritable de la Réalité, emporté par la joie, il gravit en courant la montagne située derrière le temple et cria de toutes ses forces : « Plantes, arbres, tout est de la nature de Bouddha ! » Après cela, finalement, il se fit raser la tête.

Depuis deux ans qu'il avait la charge de cette chapelle, raconta-t-il à Sôsuke, il ne s'était pas une seule fois étendu sur un matelas ni n'avait dormi à l'aise, les jambes allongées : vêtu même en hiver simplement de son kimono de coton, il dormait assis, appuyé le dos au mur. A l'époque où il étudiait en tant que moine serviteur, on allait même jusqu'à lui donner à laver les sous-vêtements du Maître. De plus, s'il s'asseyait pour se reposer un instant, il y avait toujours quelqu'un pour arriver par-derrière et le réprimander méchamment ou l'injurier, au point qu'il lui arrivait souvent de regretter le sort qui l'avait conduit à devenir moine.

— C'est seulement récemment que les choses sont devenues un peu plus faciles pour moi, mais je ne suis pas au bout de mes peines. La pratique de la Doctrine est vraiment une chose pénible. D'ailleurs, si c'était si facile à réaliser, même des imbéciles comme moi consentiraient-ils à souffrir dix ou vingt ans pour cela ?

Sôsuke en fut abasourdi. Non seulement il était agacé par son propre manque de persévérance et d'énergie, mais il était en pleine contradiction : qu'était-il en effet venu faire, lui, dans ce temple retiré, dès lors qu'il fallait tant d'années pour obtenir un résultat ?

— Croyez bien que vous ne serez pas venu ici en pure perte, lui dit Gidô. Si vous méditez dix minutes, vous n'obtiendrez qu'un résultat proportionnel à ces dix minutes. Et évidemment, si vous méditez vingt minutes, le résultat sera également proportionnel. De plus, si vous vous tirez bien d'affaire dans les débuts, vous obtiendrez des résultats sans avoir besoin de venir éternellement faire des retraites ici.

Par devoir, Sôsuke retourna alors dans sa chambre pour méditer à nouveau.

Gidô vint l'interrompre.

— Monsieur Nonaka, venez, il y a un sermon.

Sôsuke se réjouit sincèrement de cette invitation. Il trouvait parfaitement inutile de continuer à souffrir dans cette pénible position immobile, alors qu'il était confronté au douloureux problème d'un homme qui essaie d'attraper une tête chauve et ne trouve aucun point de prise. Faire de l'exercice physique lui semblait plus positif, et il aurait accepté n'importe quelle tâche lui permettant de dépenser son énergie.

L'endroit où se déroulait le sermon était situé à une centaine de mètres à peine du Issô-an. Ils dépassèrent l'étang aux lotus, mais au lieu de tourner à gauche, ils continuèrent tout droit jusqu'à une haute bâtisse surmontée d'un imposant toit de tuiles, construite au milieu des pins. Gidô avait pris sous son vêtement un livre à couverture noire, Sôsuke, évidemment, avait les mains vides. Il apprit là pour la première fois qu'un sermon correspondait à ce qu'on appelait à l'école un cours magistral.

Il faisait froid dans cette salle, très vaste et haute de plafond. La couleur passée des tatamis, en harmonie avec les reflets des piliers, avait un air de vétusté attestant d'un lointain passé. Tous les gens de l'assistance avaient un maintien modeste. Ils étaient assis un peu partout, sans ordre particulier, mais personne ne parlait à voix haute ni ne riait. Les bonzes portaient tous des surplis bleu foncé et étaient installés sur deux rangées, de part et d'autre d'un fauteuil laqué de rouge.

Bientôt le Maître parut. Sôsuke, absorbé dans la contemplation des tatamis, ne vit ni d'où il était venu ni par où il était passé. Tout ce qu'il remarqua fut son calme souverain et son air imposant quand il s'approcha du fauteuil. Il vit un jeune bonze se lever et dénouer un foulard violet, d'où il sortit un livre qu'il posa sur la table avec un air de profond respect. Il le vit aussi accomplir la prosternation rituelle avant de se retirer.

A ce moment les bonzes présents dans la salle se mirent à réciter en chœur les préceptes de Musô Kokushi. Tous les néophytes placés çà et là autour de Sôsuke se mirent à réciter le même texte en réglant leur ton sur celui des moines. En les écoutant, il sembla à Sôsuke qu'il s'agissait de sûtras ou de phrases ordinaires récitées avec une intonation spéciale.

« Il existe trois catégories de disciples : ceux qui, brûlant d'ardeur, ont renoncé à tout pour s'attacher uniquement à découvrir la véritable nature de l'ego, ceux-là forment la catégorie supérieure. Ceux dont la pratique n'est pas absolument pure et qui s'intéressent à diverses sciences mondaines forment la catégorie intermédiaire. » Le texte continuait dans la même veine, sans être excessivement long. Au début, Sôsuke ignorait qui pouvait bien être ce Musô, mais il n'avait pas tardé à apprendre de Gidô que Musô Kokushi était, avec Daitô Kokushi, l'un des principaux rénovateurs de l'école zen. Gidô lui avait aussi raconté une anecdote à propos de Daitô Kokushi : comme il était estropié, il ne pouvait croiser normalement les jambes pour méditer, et s'en irritait. Quand vint le moment de sa mort, il déclara que, ce jour-là au moins, il ferait comme il l'entendait, et il força sur sa jambe malade jusqu'à la briser pour croiser les jambes en position de lotus. Le sang coulant de la blessure teignit de rouge sa robe de prêtre.

Le sermon ne tarda pas à commencer. Gidô sortit de son vêtement le livre qu'il avait emporté, l'ouvrit aux pages du milieu et le posa devant Sôsuke. C'était un ouvrage intitulé : *Traité des lumières inépuisables de la Doctrine.* Gidô lui avait dit au moment où ils sortaient pour aller écouter le sermon : « C'est un livre excellent et très bénéfique. » Ce traité, composé par le grand prêtre Tôrei, disciple du grand prêtre Hakuin, contenait des enseignements progressifs destinés aux pratiquants assidus du zen, donnant des indications depuis les niveaux superficiels jusqu'aux plus profonds de la Voie, ainsi que les transformations intérieures qui les accompagnaient.

Sôsuke, qui n'avait écouté qu'à partir de la moitié, ne comprenait pas grand-chose aux enseignements, mais le Maître était éloquent, et à force d'écouter en silence, il finit par s'intéresser à certains passages. De plus, sans doute pour encourager les pratiquants, le Maître avait coutume d'entremêler ses sermons d'anecdotes colorées sur les adeptes du zen qui depuis les temps anciens s'étaient efforcés, dans la souffrance, d'obtenir des réalisations spirituelles. Il en alla de même ce jour-là, mais, parvenu à un certain passage, le Maître déclara tout à coup d'un ton des plus sérieux :

— Quelqu'un, arrivé ici récemment, s'est plaint de n'arriver à rien, à cause des pensées illusoires qui s'élevaient en lui.

Sôsuke frissonna involontairement, en entendant cette réprimande inattendue, adressée à un assistant qui manquait de ferveur. Car c'était en effet en lui-même que s'était élevée cette plainte, en entrant dans la salle.

Une heure plus tard, Gidô et Sôsuke, cheminant côte à côte, rentrèrent au Issô-an. En cours de route, Gidô lui dit :

— Pendant les sermons, il arrive souvent que le Maître fasse ainsi allusion au manque de conscience de certains pratiquants.

Sôsuke ne répondit rien.

21

Les jours consacrés à cette retraite s'écoulaient un à un. Deux lettres d'Oyone, assez longues, étaient déjà arrivées. Aucune des deux ne contenait rien qui fût susceptible de donner de l'inquiétude à Sôsuke. Contrairement à ses habitudes de mari attentionné, il négligea cette fois de lui répondre. Il avait l'impression que s'il ne trouvait aucune solution au *kô-an* avant la fin de cette retraite, il ne retirerait aucun profit de son séjour, et en même temps il garderait une dette envers Gidô qui avait fait tout son possible pour l'aider. A cause de cela, il était poursuivi tout le jour par une sorte d'oppression difficile à décrire, si bien qu'au fur et à mesure que les aurores succédaient aux crépuscules et que s'accumulaient pour lui les levers de soleil dans ce monastère, il éprouvait une angoisse croissante, comme si quelqu'un le pourchassait. Mais il n'avait pas pour autant avancé d'un pas et n'avait pas trouvé de réponse à l'énigme autre que celle qu'il avait envisagée au début. De plus, il avait beau réfléchir, il restait persuadé de la validité de cette première solution. Cependant, comme il l'avait découverte uniquement par un raisonnement logique, elle ne pouvait le satisfaire intérieurement. Il était donc prêt à rejeter ses certitudes et à les remplacer par d'autres. Seulement, rien d'autre ne se présentait.

Seul dans sa chambre, il méditait. Quand il était fatigué, il descendait par la cuisine et se rendait au jardin potager situé derrière la chapelle. Il pénétrait alors à l'intérieur de la cavité creusée sur un côté du talus et restait là, immobile. Gidô lui avait dit que l'on n'arrivait à rien tant que l'esprit était dispersé. Il disait qu'on ne pouvait arriver à rien si l'on ne se concentrait pas jusqu'à garder l'esprit aussi ferme qu'une barre de fer. Mais plus Sôsuke entendait ses conseils, plus il lui paraissait difficile de réaliser cette concentration. Gidô lui avait dit encore :

— Votre esprit est plein de préjugés, c'est pourquoi vous ne réussissez pas.

Sôsuke en fut encore plus découragé. Soudain, il se remit à penser à Yasui. Au cas où Yasui se serait mis à fréquenter la maison des Sakai, au lieu de retourner tout de suite en Mandchourie, le mieux à faire serait encore de quitter cette maison et d'aller s'installer ailleurs. Plutôt que de perdre son temps au monastère, il serait sans doute plus réaliste de rentrer immédiatement à Tôkyô et de mettre ce plan à exécution. Si jamais Oyone venait à apprendre cette histoire pendant qu'il était là à se prélasser, il n'y gagnerait qu'un surcroît de soucis. Il arrêta Gidô pour lui dire d'un ton convaincu :

— Il n'y a strictement aucune chance pour que quelqu'un comme moi parvienne à l'illumination.

C'était deux ou trois jours avant son départ.

— Absolument pas, répondit Gidô sans hésitation. Tout le monde peut atteindre l'Eveil, ce n'est qu'une question de foi. Restez absorbé sans défaillance dans la récitation du sûtra du Lotus, comme si vous frappiez sur un tambour, et quand vous serez empli de votre sujet de méditation, du sommet de la tête à l'extrémité des ongles des pieds, vous verrez, un monde nouveau se révélera soudain à vous.

Sôsuke regrettait profondément que ni sa nature ni les circonstances ne le prédisposent à se lancer aveuglément dans un exercice mental aussi violent. Le nombre de jours qui lui restaient à passer dans cette retraite était limité. Son intention avait été de se couper de la façon la plus directe des problèmes complexes de son existence, mais il avait en fait maintenant l'air d'un imbécile, venu stupidement s'égarer dans ce temple perdu dans la montagne.

Telles étaient les réflexions qu'il se faisait en son for intérieur, mais il n'osait pas les exprimer devant Gidô : il était retenu par le profond respect qu'il ressentait pour le courage, le sérieux et la bienveillance de ce jeune moine zen.

— Il y a une parole qui dit : « La Voie est proche, et vous la cherchez au loin. » C'est là une grande vérité : ce que vous cherchez est juste sous votre nez, et vous n'y prêtez même pas attention, lui dit Gidô d'un air de regret.

Sosuke retourna dans sa chambre et fit à nouveau brûler un bâtonnet d'encens.

Malheureusement, cette situation se prolongea jusqu'à la fin de la retraite de Sôsuke au temple, sans qu'une seule fois se présentât à lui l'occasion d'ouvrir les yeux sur une nouvelle façon d'envisager l'existence. Quand enfin arriva le matin de son départ, Sôsuke rejeta courageusement au loin toute tentation de regret, et fit ses adieux à Gidô.

— Je vous remercie de vous être occupé de moi si longtemps. Je n'ai pu arriver à rien, c'est vraiment dommage. Comme je ne pense pas avoir l'occasion de vous revoir avant longtemps, je vous souhaite une bonne santé.

Gidô avait l'air navré.

— M'occuper de vous ? Mais vraiment, je n'ai absolument rien fait, votre séjour a du être des plus inconfortables. Ce qui est important, c'est que vous soyez resté si longtemps assis à méditer. Cela fera sûrement une différence dans votre vie. D'ailleurs, simplement le fait que vous soyez venu ici est déjà suffisant.

Mais Sôsuke avait clairement conscience d'être seulement venu perdre son temps. Il pensait que Gidô lui parlait avec autant de ménagement par égard pour sa faiblesse, et il en était honteux au fond de lui-même.

— Le manque de rapidité à la compréhension intuitive est une question de nature, c'est loin d'être une infériorité : certains commencent par faire des progrès rapides, puis ils restent bloqués, tandis qu'il y en a d'autres qui mettent longtemps au début, mais progressent ensuite avec succès. Vous ne devez surtout pas perdre espoir. Ce qui est important, c'est la ferveur. Le grand prêtre défunt Kôsen avait commencé par étudier le confucianisme, ce n'est qu'à la moitié de sa vie qu'il commença à pratiquer le zen. Après être devenu moine, il n'avança pas d'un degré dans la réalisation pendant trois années. Il finit par conclure que c'était à cause des fautes accumulées au cours de ses existences passées, et en arriva à faire des prosternations rituelles jusque dans les cabinets tous les matins. Après cela il atteignit le degré de connaissance que l'on sait. C'est un exemple des plus excellents.

Gidô citait apparemment cet exemple à Sôsuke pour l'avertir indirectement de ne pas abandonner complètement la méditation une fois rentré à Tôkyô. Sôsuke lui prêtait l'oreille en toute humilité, mais, au fond de lui, son intérêt était déjà à demi émoussé. Il était venu demander qu'on lui ouvre une porte. Mais le gardien de la porte était resté de l'autre côté, et il avait eu beau frapper, il n'avait même pas daigné montrer son visage. Il avait seulement entendu une voix lui dire :

— Il ne sert à rien de frapper. Ouvre toi-même.

Il s'était demandé comment faire jouer le verrou de cette porte. Il avait clairement réfléchi à trouver un procédé et une méthode pour cela. Mais il n'avait pu trouver la force nécessaire pour les mettre réellement en application. En conséquence, il se trouvait toujours exactement à la même place qu'avant d'avoir commencé à réfléchir à ce problème. Aussi incapable et sans force qu'avant, il était resté abandonné devant les battants clos de cette porte. Jusqu'ici, il avait vécu en s'en remettant à sa seule intelligence. Maintenant il constatait avec amertume que l'intelligence même était cause de sa chute. La simplicité et la naïveté d'un être borné qui n'aurait jamais éprouvé le besoin de choisir ou de délibérer lui parurent alors enviables. Le sommet de la perfection lui sembla être ces hommes et ces femmes emplis de foi qui, oublieux du savoir et sans velléité de réflexion, suivent le chemin de la sainteté. Quant à lui, le destin paraissait le condamner à piétiner longtemps devant cette porte fermée. Il n'y pouvait rien, mais il lui paraissait quand même contradictoire d'avoir pris la peine de marcher jusqu'à cette porte si elle devait rester à jamais infranchissable. Il regarda en arrière : il n'avait pas le courage de rebrousser chemin pour se retrouver au point de départ. Il regarda devant lui : les battants inébranlables de la porte lui cachaient à jamais l'immensité du paysage. Il n'était pas homme à franchir le passage, mais il n'était pas non plus homme à trouver le bonheur en restant seulement devant. Il était l'infortuné condamné à attendre la tombée du jour, recroquevillé au bas de la porte.

Avant de partir, il alla faire ses adieux au Maître, accompagné de Gidô. Celui-ci le fit entrer dans la salle dont la véranda, bordée d'une balustrade, dominait l'étang aux lotus. Dans la pièce voisine, Gidô prépara lui-même le thé.

— Il doit encore faire froid à Tôkyô, dit le Maître. Le retour aurait été plus facile pour vous si vous aviez attendu d'obtenir un peu plus de résultats. C'est regrettable…

Sôsuke remercia poliment le Maître, puis repassa le portail du monastère qu'il avait franchi dix jours auparavant. Derrière lui, les hautes cimes des cèdres pressaient sur le toit de tuiles leurs ombres noires et hivernales.

22

En franchissant le seuil de sa maison, Sôsuke se rendit compte de sa piteuse apparence. Au cours des dix jours qui venaient de s'écouler, il s'était contenté de se laver le visage tous les matins à l'eau froide, et n'avait pas une seule fois pris la peine de se passer un peigne dans les cheveux. Evidemment, il n'avait pas non plus trouvé le temps de se raser. Il avait bien mangé du riz trois fois par jour, grâce à Gidô qui avait eu l'obligeance de lui en faire cuire, mais en accompagnement il n'y avait guère que des navets ou autres légumes bouillis. Son visage avait donc pâli, et il était un peu plus maigre que lors de son départ. De plus, l'habitude qu'il avait prise au Issô-an de méditer du matin au soir ne l'avait pas encore quitté. Il avait gardé un peu de cet état d'esprit qui consiste à observer ses propres pensées comme une poule qui couve ses œufs, et était incapable de penser normalement comme d'habitude. Et bien entendu, il était toujours préoccupé par Sakai. Ou, plutôt, par ce qu'il était advenu de son « aventurier » de frère (cette épithète résonnait toujours à ses oreilles) et de l'ami de celui-ci, ce Yasui dont le retour avait causé tant d'agitation dans son esprit. Il ne se sentait cependant pas le courage d'aller se renseigner lui-même chez son propriétaire, pas plus que de demander directement à Oyone si elle avait des nouvelles. Même pendant son séjour au temple, il ne s'était pas passé un seul jour sans qu'il se dise : « Pourvu qu'Oyone n'ait pas eu vent de cette histoire ! »

Enfin assis dans le salon de cette maison qu'il habitait depuis tant d'années, il déclara :

— C'est peut-être une impression, mais il me semble que les voyages en train, même courts, sont bien fatigants ! Au fait, il ne s'est rien passé de particulier pendant mon absence ?

A la vérité, il avait bien la mine de quelqu'un qui ne supportait pas les voyages en chemin de fer, si brefs soient-ils. Oyone avait du mal à arborer la figure souriante qu'elle ne manquait jamais de présenter à son époux en toute circonstance. Elle ne voulait pas lui faire de peine en lui disant qu'elle lui trouvait plutôt plus mauvaise mine qu'avant son départ, alors qu'il venait à peine de rentrer d'un séjour supposé le remettre sur pied, aussi essaya-t-elle de prendre un ton joyeux.

— Même quand on a récupéré la santé, la fatigue ressort toujours un peu au retour d'une cure... Mais quand même, tu es d'une saleté repoussante ! Je t'en supplie, dès que tu te seras un peu reposé, va prendre un bain et va te faire couper les cheveux et raser la barbe !

Elle alla ouvrir un tiroir de la table, d'où elle sortit un miroir de poche qu'elle lui tendit.

En entendant ce discours, Sôsuke eut l'impression qu'un grand vent venait de balayer l'atmosphère du Issô-an. Il avait enfin quitté sa retraite pour rentrer chez lui, il était redevenu le Sôsuke d'avant son départ.

— Il n'y a pas eu de message pour moi de la part de Sakai après mon départ ?

— Non, rien du tout.
— Rien à propos de Koroku non plus ?
— Non, rien.
Ledit Koroku, étant parti à la bibliothèque, se trouvait absent. Sôsuke prit sa serviette et son savon et sortit.
Quand il retourna au bureau le lendemain, tout le monde lui demanda des nouvelles de sa santé, certains le trouvèrent amaigri. Sôsuke écoutait ces commentaires froidement, sans réaction. Le lecteur assidu d'ouvrages zen lui demanda simplement si tout s'était bien passé, et cette question éveilla en lui des pensées pénibles. Le soir, Oyone et Koroku l'accablèrent tour à tour de questions sur Kamakura.
— Ils ne s'en font pas là-bas, dit Oyone, s'ils peuvent sortir comme ça sans laisser personne pour garder le temple.
— Combien te prenaient-ils par jour pour la pension ? demanda Koroku, avant d'ajouter : Ce serait amusant d'aller là-bas avec un fusil, pour chasser un peu.
— Quand même, tu as dû t'ennuyer, dans un endroit aussi solitaire. Tu ne pouvais quand même pas rester à dormir du matin au soir ? remarqua à son tour Oyone.
Et Koroku de surenchérir :
— Ça ne devait pas être très bon pour la santé, s'ils ne te donnaient rien de plus nourrissant que ça à manger…
Ce soir-là, en se couchant, Sôsuke prit la résolution d'aller le lendemain chez Sakai demander des nouvelles de Yasui, et de déménager le plus loin possible, si jamais il était encore à Tôkyô et fréquentait régulièrement la maison Sakai.
Le lendemain, le soleil brilla comme d'habitude au-dessus de la tête de Sôsuke, avant de disparaître à

l'horizon sans incident. Quand vint le soir, il lança, avant de sortir :

— Je vais faire un petit tour chez Sakai.

Il gravit la côte dans la nuit noire, ses pas crissèrent sur le gravier éclairé par un bec de gaz, enfin, il franchit le portail, essayant de se rassurer : il y avait une chance sur mille pour que le hasard lui fasse croiser Yasui précisément ce soir-là. Il passa malgré tout par l'entrée de service, sans omettre de demander à la servante s'il y avait d'autres visiteurs.

Le maître de maison l'accueillit avec sa bonhomie habituelle.

— Ah, vous revoilà enfin ! Il fait toujours aussi froid, n'est-ce pas ?

Une ribambelle d'enfants alignés devant lui, il était occupé à jouer à « pierre, papier, ciseaux ! » avec une petite fille qui paraissait âgée d'environ six ans. Un large ruban rouge noué en papillon au sommet de sa tête, elle tendait énergiquement en avant son petit poing fermé, animée par la volonté de gagner. Son attitude décidée et le contraste entre sa petite main et l'énorme poing de Sakai provoquaient l'hilarité générale. Mme Sakai, qui observait la scène, assise à côté du brasero, s'écria joyeusement en exhibant de belles dents blanches :

— Ah, cette fois, c'est Yukiko qui a gagné !

Près des genoux des enfants était éparpillée une montagne de billes, blanches, rouges et bleues. Le propriétaire se leva en disant :

— Finalement, je me suis fait battre par Yukiko ! puis il se tourna vers Sôsuke : Je vous invite dans mon antre, voulez-vous ?

La dague mongole dans son étui de brocart était toujours suspendue au pilier de son cabinet de travail.

Comme décoration florale, il y avait dans un vase des fleurs de colza, déjà d'un jaune printanier – où avaient-elles donc fleuri ? se demanda Sôsuke. Les yeux fixés sur l'étui de brocart étincelant qui ornait élégamment le centre du pilier, il observa :

— Je vois que cette dague est toujours là.

Tendu, il guettait la réaction du maître de maison. Celui-ci répondit :

— Oui, quel curieux objet, n'est-ce pas, une dague mongole ! Quel ennui, tout de même, de penser que mon chenapan de frère ne me rapporte ce genre de babiole que pour mieux m'enbobiner !

— Qu'est devenu monsieur votre frère depuis la dernière fois ? demanda Sôsuke en prenant un air détaché.

— Il est finalement reparti il y a quatre ou cinq jours. Lui, vous savez, il ne pense qu'à sa Mongolie. Dépêche-toi donc de retourner là-bas, lui ai-je dit, un sauvage comme toi est tout à fait inadapté à la vie de Tôkyô. Vous savez ce qu'il m'a répondu ? « C'est bien mon avis ! » et il est reparti ! Ce genre de type est beaucoup mieux de l'autre côté de la Grande Muraille de Chine, croyez-moi. Il vaut mieux qu'il reste dans le désert de Gobi à chercher des diamants.

— Et la personne qui l'accompagnait ?

— Ah, Yasui ? Il est parti avec lui, évidemment. Il n'a pas l'air de pouvoir tenir en place, celui-là. Il paraît qu'autrefois il a étudié à l'université de Kyôto. Je me demande comment il a pu changer ainsi !

La sueur coulait des aisselles de Sôsuke. De quelle façon avait-il changé, pourquoi ne pouvait-il tenir en place ? Il n'avait aucune envie de demander des précisions. Il était seulement reconnaissant au ciel de n'avoir encore jamais laissé échapper devant Sakai qu'il avait fréquenté la même université que Yasui. Cependant, quand il avait invité à dîner son frère et Yasui, Sakai avait paru désireux de les présenter à son locataire, et si celui-ci avait de son côté réussi à se rétracter, trouvant une excuse pour échapper à la honte de paraître à ce dîner, le propriétaire, lui, n'avait-il pas ce soir-là, à une occasion ou à une autre, prononcé son nom ? C'était dans le domaine du possible. Sôsuke ressentit alors à quel point il devait être commode, pour un homme au passé répréhensible, de vivre sous un faux nom. Il avait une envie irrésistible de demander au propriétaire : « N'avez-vous pas par hasard prononcé mon nom devant Yasui ? » Mais, bien entendu, c'était la seule question qu'il lui était impossible de poser.

La servante apporta une curieuse pâtisserie sur un grand plat à gâteau : à l'intérieur d'un bloc gélatineux d'agar-agar sucré apparaissait par transparence la forme de deux poissons rouges. On avait posé ce gâteau tel quel sur un plat, simplement découpé en tranches, en faisant attention de ne pas le détruire. Sôsuke y jeta un coup d'œil en se disant : « Tiens, c'est curieux ! » mais son esprit était trop occupé dans une autre direction pour qu'il s'y intéressât davantage.

— Servez-vous, si cela vous dit, dit Sakai, tendant la main pour se servir le premier, selon son habitude. On m'a offert ce gâteau hier, au cours d'une fête célébrant des noces d'argent. C'est un porte-bonheur, vous devriez en prendre un morceau pour avoir la même chance.

Sous prétexte de mettre la chance de son côté et atteindre les noces d'argent, Sakai se gonfla les joues de nombreux morceaux de cette pâtisserie douceâtre et molle. La santé de cet homme, qui lui permettait de boire du saké comme du thé et de manger des gâteaux comme du riz, était vraiment un précieux trésor !

— A vrai dire, fit-il remarquer, on ne peut pas réellement considérer comme une chance pour des époux de passer vingt ou trente ans ensemble, jusqu'à être tout couverts de rides. Mais tout est relatif, n'est-ce pas ? Un jour, en passant devant le parc de Shimizudani, j'ai vu quelque chose d'étonnant...

Cette façon de sauter du coq à l'âne lui était coutumière, c'étaient là ses manières habituelles d'homme du monde, variant les sujets pour éviter de lasser son auditoire.

Il se mit à raconter que certain fossé où coule un ruisseau, entre Shimizudani et le pont de Benkei, s'emplissait au printemps d'un nombre incalculable de têtards. Ils ne tardaient pas à se muer en grenouilles, grouillantes et coassantes et, à la saison des amours, des centaines, voire des milliers de couples se formaient dans ce fossé. Toutes ces grenouilles ivres d'amour étaient serrées au point d'être presque empilées les unes sur les autres et flottaient ainsi toutes ensemble, dans un bain d'affection mutuelle, entre Shimizudani et le pont de Benkei. Or, il arrivait qu'un gamin ou un promeneur désœuvré passant par là leur lance des pierres, puis s'en aille non sans avoir massacré sans pitié un nombre incalculable de ces grenouilles amoureuses.

— Ce qu'on appelle un monceau de cadavres ! C'est vraiment triste, si on se dit que toutes ces victimes sont maris et femmes ! Autrement dit, à deux pas de chez nous, se déroulent je ne sais combien de tragédies horribles ! Si on réfléchit à ça, notre sort à nous est bien heureux, non ? Puisque nous n'avons pas à craindre d'avoir le crâne fendu à coups de pierre simplement parce qu'on trouve notre couple laid à regarder. Pas de doute, c'est un grand bonheur de pouvoir rester ensemble sans risque pendant vingt ou trente ans ! Par conséquent, mieux vaut avaler un morceau de ceci pour mettre le plus de chances de notre côté.

Sur ces mots, Sakai prit entre ses baguettes un morceau de gâteau qu'il déposa devant son invité. Celui-ci l'accepta avec un sourire forcé.

Sakai pouvait poursuivre indéfiniment ce genre de conversation entremêlée de plaisanteries, et Sôsuke ne pouvait s'empêcher, jusqu'à un certain point, d'en goûter le charme. Mais au fond de lui, il ne pouvait partager l'heureuse insouciance de son propriétaire. Quand il se retrouva dehors après avoir pris congé, et qu'il leva à nouveau les yeux vers le ciel sans lune, il ressentit sous cette voûte sombre une sorte de détresse mêlée d'horreur.

Il était allé chez Sakai dans l'espoir de calmer tant soit peu son angoisse. Pour atteindre ce but, il avait, maîtrisant sa honte et sa tristesse, mené de façon calculée la conversation avec un hôte pétri de bienveillance et de sincérité. Cependant il n'avait pas obtenu l'information qu'il était venu chercher. Et non seulement il n'avait pas eu le courage d'avouer à son hôte ses propres torts dans toute cette histoire, mais il n'en avait même pas perçu la nécessité.

Les nuages menaçants accumulés au-dessus de sa tête étaient passés de justesse sans l'atteindre. Mais quelque part, il pressentait que ce genre d'angoisse se renouvellerait souvent dans le futur, à toutes sortes d'occasions. Mais si le renouvellement de ces occasions était l'œuvre du destin, c'était à lui-même qu'il appartenait de tout faire pour y échapper.

23

Avec le changement de mois, le temps s'était adouci. Quant aux nombreuses révocations d'employés et suppressions de postes qui, d'après la rumeur, devaient être le contrecoup des augmentations de salaires des fonctionnaires, elles furent pratiquement terminées fin janvier. Pendant toute cette période, Sôsuke avait entendu chaque jour, les uns après les autres, des noms de gens connus ou inconnus de lui qui étaient licenciés, et il lui arrivait de dire à Oyone en rentrant le soir à la maison :

— La prochaine fois, ce sera peut-être mon tour.

Oyone prenait cela parfois au sérieux, parfois à la plaisanterie. Il lui arrivait aussi de temps en temps d'interpréter ces paroles de mauvais augure comme un effort de Sôsuke pour forcer le destin à montrer ses cartes. Quand il exprimait ainsi ses craintes, les mêmes nuages traversaient son cœur et celui de sa femme.

Début février, en apprenant que les suppressions d'emplois s'arrêteraient là, Sôsuke considéra son sort de survivant à la fois comme une chose normale et comme un heureux accident. En rentrant chez lui, il regarda Oyone de haut en bas et, avant même de s'asseoir, déclara d'un ton mi-figue mi-raisin :

— Eh bien, je l'ai échappé belle !

L'expression qu'il avait en prononçant ces mots parut aussi comique à Oyone que s'il venait de tomber du ciel.

Deux ou trois jours plus tard, Sôsuke recevait une augmentation de salaire de cinq yen.

— Ce n'est déjà pas mal, même s'ils n'appliquent pas l'augmentation de vingt-cinq pour cent qui était prévue. Il y en a beaucoup qui ont été renvoyés, et d'autres qui gardent le même salaire.

En disant cela, Sôsuke arborait un air aussi satisfait que si ces cinq yen lui avaient été attribués par erreur et qu'il ne méritait pas leur valeur.

Quant à Oyone, elle n'avait bien entendu aucune raison, au fond, de se plaindre de l'insuffisance de cette augmentation.

Le lendemain soir, Sôsuke se vit servir un plat de choix : un poisson cru entier, dont la queue relevée dépassait du plat. Ses narines humèrent le parfum du riz de fête, parsemé de haricots rouges. Oyone avait envoyé Kiyo tout exprès chez les Sakai pour aller chercher Koroku, maintenant installé à demeure chez le propriétaire.

— Quel festin ! s'était exclamé Koroku en entrant par la porte de la cuisine.

Çà et là, les fleurs de prunier commençaient à faire leur apparition. Les plus précoces avaient même déjà perdu leurs couleurs et s'étaient fanées. De petites bruines commencèrent à tomber. Quand le soleil revenait, des bouffées tièdes d'humidité, évoquant le retour du printemps, montaient de la terre et des toits. Il y eut ainsi de belles journées paisibles où les chiots venaient gambader auprès des parapluies mis à sécher aux portes derrière les maisons, tandis que s'élevaient de la terre après la pluie des vapeurs aux reflets aussi scintillants que des yeux de serpent.

— On dirait que l'hiver est enfin terminé. Dis donc, il faudrait que tu ailles chez la tante Saeki samedi prochain, pour prendre une décision à propos de Koroku. Si on retarde les choses indéfiniment, Yasu finira par oublier ses promesses.

— Bon, j'irai, c'est décidé, répondit Sôsuke aux remarques pressantes de sa femme.

Grâce à la bienveillance de Sakai, Koroku travaillait maintenant chez le propriétaire comme secrétaire à demeure. C'était Sôsuke qui avait prévenu Koroku que lui-même et Yasunosuke prendraient si possible en charge le reste de ses frais d'études. Sans attendre que son frère se décide à bouger, Koroku était aussitôt allé poser directement la question à Yasunosuke, et avait fait avancer les choses au point que son cousin s'était déclaré prêt à accepter dès que Sôsuke lui en aurait fait la demande formelle.

La vie de ces deux époux qui n'aimaient guère les imprévus avait ainsi retrouvé sa tranquillité. Le dimanche, Sôsuke se rendit enfin à l'établissement de bains de la ruelle voisine, pour y nettoyer la crasse des quatre jours précédents. Il y avait là un homme d'une cinquantaine d'années – un bonze au crâne rasé – et un boutiquier de la trentaine qui échangeaient des réflexions sur le temps.

— On dirait que le printemps est enfin arrivé, s'accordaient-ils à dire.

— Ce matin, dit le plus jeune, j'ai entendu un rossignol chanter pour la première fois.

— Moi, répondit le bonze, j'en ai entendu un il y a deux ou trois jours, mais comme ils commencent à peine à chanter, leur chant est encore malhabile.

— Eh oui, leurs trilles manquent un peu d'entraînement.

De retour à la maison, Sôsuke rapporta à sa femme cette conversation sur les rossignols. Oyone regarda le soleil splendide qui brillait à travers les vitres de la cloison et répondit, le sourcil serein :

— Oui, vraiment, nous sommes gâtés. Le printemps est enfin là !

Sôsuke s'était installé sur la véranda pour se couper les ongles.

— Oui, mais l'hiver ne tardera pas à revenir, répondit-il sans lever la tête, en continuant à actionner ses ciseaux.

Achevé d'imprimer
sur les presses du

Groupe Horizon

Parc d'activités de la plaine de Joucques
200, avenue de Coulin
F - 13420 Gémenos

Dépôt légal : avril 1997